KB174944

자
립
인
간

알맞게 욕구하고 필요한 만큼 소비하는
자립인간(큰글자도서)

초판인쇄 2022년 8월 18일
초판발행 2022년 8월 18일

지은이 변현단
발행인 채종준
발행처 한국학술정보(주)

주소 경기도 파주시 회동길 230(문발동)
문의 ksibook13@kstudy.com
출판신고 2003년 9월 25일 제406-2003-000012호

ISBN 979-11-6801-562-3 03340

저작권법에 의해 한국 내에서 보호를 받는 저작물이므로 무단전재와 복제를 금지하며,
이 책의 내용의 전부 또는 일부를 이용하려면 반드시 한국학술정보(주)와
저작권자의 서면 동의를 받아야 합니다.

알맞게 욕구하고 필요한 만큼 소비하는

자립인간

변현단 지음

이담
Books

행복하게 살고 싶거든 농사를 지어라.

자유롭고 싶거든 농사를 지어라.

농사를 짓되 시골에서 지어라.

시골에서 짓되 생태적으로 지어라.

생태적으로 농사를 짓되 자급하는 농사를 먼저 지어라.

자급하는 농사를 짓고 나머지는 다른 이들에게 나눠 주어라.

농사를 짓되 야생에서 채취하는 것에 더 많이 의존하라.

생태적으로 농사를 짓는 것은 생태적으로 생활한다는 것이며

생태적으로 생활한다는 것은 생태적으로 사유한다는 것이다.

생태적으로 사유한다는 것은 지금까지의 자연관과 인간관과 사유 방식이 모두 생태적으로 바뀌는 것이다.

삶과 죽음, 자연 순환 질서에 순응한다는 것이다.

적게 먹고, 적게 싼다. 적게 노동한다.

적게 먹을수록 다른 이들과 나눌 수 있는 것이 많아진다.

약간의 나의 노동으로, 자연의 힘으로 얻은 것은 절약하고 나누는 것이 자연에게 보답하는 것이며 굴종하지도 종속되지도 않으며 자유롭게 사는 것이다.

자유롭고 싶다고? 행복하게 살고 싶다고?

자기가 쓸 것을 자급하고 자립하면 두려울 것이 없다.

타인이 나를 배제할까 봐 두려워하지 않는다.

관계에 얽매이지 않는다.

스트레스도 없다.

누군가 나를 간섭하는 것에 거부할 수 있다.

국가가 나를 구속하는 것에 저항할 수 있다.

자연은 내가 태어날 때부터 나에게 먹을 것과 입을 것과 잘 곳을 주었고 나는 그것을 조작하고 이용하는 방법을 터득하면 된다.

가지고 태어난 그것을 사람들이 빼앗고 강탈하여 노예가 되도록 양육하고 교육시키며 인위적인 것에 익숙하도록 훈련시켰다.

어른들이 아이들에게 주고자 했던 것은 무거운 짐을 이고 힘겹게 살아가도록 하는 것이다.

고행의 삶이라고, 불완전한 인간이라고 종교는 몰아갔다.

그것이 생이라고 생각했고 그것이 전부라고 생각했다.

신에 갈구하는 것이 탈출구인 것처럼.

국가가 백성에게, 기업이 국민에게 준 거짓말이다.

노인이 되면서 덧씌운 불편한 것들을 벗어던진다.

벗어던지면서 그전에는 불편했던 것들이 다시 익숙해진다.

그리고 우리는 알게 된다.

죽는다는 것은 그저 변화되는 것이라는 것을.

세상이 우리에게 탐욕스럽고 인위적인 삶을 강요했다는 것을.

우리는 아무런 저항 없이 굴레에 덧씌워진 것이라는 것을.

늙는다는 것은 자연으로 돌아간다는 것.

늙는다는 것은 아이의 본성을 회복한다는 것.

아이들에게 그 굴레를 씌우지 말자.

아이들에게 자유를 박탈하지 말자.

아이들에게 겪어온 것을 겪게 하지 말자.

아이들은 애초에 사자와 아무런 적개심 없이 놀 수 있었다.

아이들은 자라는 것이지 키우는 것이 아니었다.

식물도 동물도 아이들과는 소통한다.

고양이도 개도 아이들은 안다.

사나운 짐승의 새끼들도 아이들과 어울린다.

아이들은 어미동물에게도 아이들이다.

아이들은 온 삶으로 자연을 한 아름 안고 태어났다.

아이들을 위해 살자.

물은 아래로 흐른다.

아이들을 위해 지금의 세상이 아닌 새로운 세상이 열리도록.

거추장스러운 것들이 자연스럽게 사라지도록.

우리만 바뀌면 된다.

우리 자신이 행복하게 살고 자유롭게 사는 것.

태어난 그대로 이 세상에서 살고 죽는 것.

아이들은 저절로 자라고 아이들은 저절로 온 삶을 살게 된다.

당신이 이것에 반박하고 싶다면 당신의 몸과 마음을 옥죄인 굴레 구속을 보라.

그 쇠사슬은 무엇인가? 돈이라고? 뜨거운 물이 콸콸 나오는 아파트의 편리

한 생활이라고? 예쁜 옷이라고?

보라! 돈과 소비, 그것은 쳇바퀴다.

인생이 돈을 벌기 위해 노동하고, 돈은 소비하려고 벌고, 소비하는 것은 기업들이 프로모션 마케팅을 하는 유혹적인 것들일 뿐이다.

더 큰 아파트를 더 많은 세간으로 채우기 위해 돈을 벌고, 더 많은 세간의 수납에 채울 것을 위해 시장을 보고, 더 많은 것을 먹기 위해 냉장고는 채워지고, 거기에 채워지는 더 많은 것들은 기업이 더 많은 이윤을 위해 더 싼 원료를 찾아 만들고, 우리는 기업들이 선전하는 것이 우리의 행복인 줄 알고 그런 것을 채우기 위해 더 많은 노동을 하고, 아이들에게는 그렇게 살라고 그러기 위해 매일 공부하라고 재촉해 오지 않았는가?

그렇게 달려와 잠시 멈추어 돌아보니,

아, 진정 행복한 이들은 어디에 있을까?

자연과 뛰노는 아이들에게 있는가?

컴퓨터와 스마트폰에 매달려 있는 아이들에게 있는가?

책상맡에 앉아서 공부하는 아이들에게 있는가?

당신의 자식이 지금 어떻게 지내기를 원하는가?

차례

02 자립의 실행

3장 맨발로 닿아도 아프지 않은 땅에 서다 | 자립의 삶 들여 놓기 • 73

03 자립의 확장

01

자립의
성찰

삶에 뼛속 깊이 관여하고 결정하도록

강제하고 있는 시스템에 연결된 고리를 끊을 때,

비로소 지속가능한 삶을 회복할 수 있다.

1장

자유와
소비의 경계에서
머뭇거리다

돈과 소비에 종속된 우리의 생애

저는 아이를 가졌어요. 사내인지 계집애인지는 모르지만 두 명만 낳을 생각이에요. 병원에 가서 정기검진도 받아요. 아이가 커가는 것을 초음파를 통해서 보기도 해요. 임신했다고 해서 마냥 집에서 쉬기만 하면 살만 찌고 우울해지기 쉽더라고요. 그래서 적당한 운동과 일상의 활력을 줄 수 있는 것을 찾아서 나와 같은 임신부들을 만나 임신에 대한 궁금증과 고민을 나누는 산모교실에 다녀요. 유아 출산용품 마련에도 꽤 도움이 되고, 육아 정보도 많이 얻을 수 있어요. 직장생활은 계속 할 거예요. 음, 아이를 키우려면 돈이 많이 들잖아요. 그래서 아이는 한 명만 갖고 싶지만 아이가 혼자라서 외로울까 봐 둘 정도는 생각하고 있어요.

아이를 낳으면 산후 조리를 해 줄 사람이 마땅치 않아요. 엄마가 계시긴 하지만 그냥 편하게 산후조리원에서 2주 정도 할 생각이에요. 가격이 250만 원 정도라 부담이 되긴 하지만 어쩌겠어요. 어차피 언니나 엄마에게 부탁해도 돈을 좀 드려야 하니까, 차라리 맘 편하게 시설을 이용하는 것이 나은 것 같아요. 산후조리원에서는 아이와 산모를 꾸준히 체크해 주기 때문에 안심도 되고요. 산후조리원을 나와서 아이는 언니한테 돈을 주고 맡겨요. 어차피 아이를 맡길 곳이 필요하잖아요. 소모용품을 보면 기저귀, 물티슈, 분유 값이 제일 많이 드는 것 같아요.

아이가 몸집은 크고 건강한 것 같은데 이상하게 병원을 자주 다니게 되네요. 열이 자주 나서 해열제와 감기약을 많이 먹는 편이에요. 아토피도 좀 있고. 새 집이 아닌데도 그러네요. 기본적으로 면역력이 떨어지는 것 같아서 면역력을 강화시키는 약을 사 먹이고 있어요. 여름엔 시원하고 겨울엔 난방이 잘되는 아파트니까, 아이의 건강에도 괜찮을 것 같은데 감기에 잘 걸린다는 게 납득이 되지 않아요. 물론 가습기도 틀어 놓았지요.

유치원에서 한 아이가 감기에 걸리면 거기서 감기를 옮겨 오기도 해요. 그렇다고 안 보낼 수도 없고. 유치원에서는 먹는 것이나 노는 것이나 배우는 것들을 알아서 해 줘요. 또래아이들과 사귀면서 사회성도 키우고 배우는 것도 많아지죠. 일상적인 행동을 보면 유치원에서 많이 배워 오는 것 같아요. 그리고 저도 직장에 다녀야 하니까요.

토요일이나 일요일에는 아이를 데리고 쇼핑을 해요. 여러 가지를 사기도 하고, 음식도 사 먹고, 놀고 오지요. 휴일이라는 것이 대부분 그렇지요. 대형마트에 가면 모든 것을 한꺼번에 해결할 수 있잖아요. 집 근처에 있으니까 얼마나 다행인지 모르겠어요.

이제 아이가 스마트폰을 사달라고 하네요. 초등학생들도 모두 다 가졌다고. 그런데 온종일 스마트폰만 가지고 놀아요. 밥 먹을 때도 그렇고, 텔레비전을 보면서도 스마트폰만 들고 있더라고요. 거기서 눈을 떼지 않아요. 바깥에는 나갈 생각도 안 해요. 학교에서도 그런가 봐요. 학교에서 돌아와서는 컴퓨터로 숙제하고 학원도 다녀와요.

이제 아이들 공부하는 데 신경을 좀 써야겠더라고요. 요즘엔 누구나 대학에 들어가니까 우수한 대학에 들어가야 겨우 취직이 되는 것 같아요. 대학만이 아니라 대학원도 다녀야 할 것 같고. 그렇게 고등교육을 시키려면 돈이 더 많이 필요하겠죠? 아이 교육비가 만만치 않아도 별수 없어요. 사교육은 안 하고 싶어도 어쩔 수 없어요. 모두 필요한 것이니까요. 아이도 오히려 불안해하니까 그냥 해요. 우리 아이의 일상생활? 책상에서 지내는 것이 전부지요. 그래야 하고요. 아이들이 논다는 것은 컴퓨터 게임 정도? 별것 없잖아요. 놀 만한 것들이 뭐가 있겠어요? 부모 입장에서는 아이들이 사달라는 거 잘 사 주면 되죠.

대학을 졸업하고, 3년 취업재수생을 겪고 겨우 취직했어요. 근데 언제 직장에서 쫓겨날지 모르니까 회사에서 요구하는 것을 부지런히 해야지요. 직장생활이 이제 만만치 않아요. 상품을 잘 만드는 것보다 회사에서는 고객서비스를 최우선으로 하니까 잘 웃고 잘 대해줘야 해요. 사실 스트레스가 많지요. 저는 원래 무뚝뚝한 편이라 잘 웃는 연습을 해요. 웃는 학원도 다녔어요. 친절을 몸에 익혀야 하니까. 직장 동료든 상사든 관계가 원만하지 않으면 안 돼요. 적극적이어야 할 때도 있고, 적당히 드러나지 않아야 할 때도 있고, 숨은 듯 있어야 하기도 해요. 그런데 어떤 때는 잘 드러나지 않으면 묻혀 잘리기도 하니 어느 장단에 맞출지 참으로 어려워요. 제 성격과 습성대로 살지 못하는 거지요. 상품보다도 나의 웃는 모습과 상냥한 어투를 파는 것이니까요. 물건을 만드는 데 더 적은 노동력이 필요한 시대에 사람들이 더 열심히 일해야만 살 수 있다는 것이 이상하긴 해요. 기계는 더 이상 인간을 필요로 하지 않지만 인간은 끊임없이 일해야 하는 사회지요.

전셋집이든 내 집이든 집 마련을 해 놓았으니 가족 모두 별 탈 없이 지내면 되지요. 아이들은 집에서 오순도순 얘기하는 것보다 바깥에서 지내는 것을 더 좋아하고 남편과의 대화는 별로 없고. 뭐랄까, 허무하기도 하고, 고적하기도 하고. 지금까지 뭐하면서 살아왔나 하는 생각도 들고. 나이 오십이 되니까 나의 모습을 돌아보게 되더군요. 그리고 친구들 모습도 하나하나 다르게 보이더군요. 남자들은 기업 임원이 되기도 하고, 어떤 친구는 아직도 일자리를 찾아다니기도 하고, 자가용과 조그만 아파트 정도는 다 있다 하더라도 노후에 대한 생각은 모두 다르죠. 안정된 직업을 가진 친구들은 골프나 해외 휴가를 즐기는 것 같고, 그렇지 않은 집은 여전히 힘겹게 살아가면서 술잔을 기울이는 것이지요.

어제는 간암으로 친구가 죽었어요. 대장암 걸린 친구도 있고, 병원을 전전하다가 죽은 친구도 있고, 뇌졸중으로 갑자기 죽은 친구도 있어요. 보험을 들어 병원비 부담을 줄여야 한다는 게 뭔지도 알게 돼서 저도 보험을 두 개나 들었어요. 보험료가 한 달에 60만 원이 들더군요. 그 정도는 들어야 혹시 아프게 돼도 자식들 덜 고생시킬 것 같아서. 노후라는 것이 뭐 있겠어요. 병원비이지요. 내가 그냥 팍 죽고 말면 상관없는데 뇌졸중이나 걸려서 수족을 못 쓰면 어떻게 해요? 간병인이 있어야지요. 노후가 그런 것 때문에 두려운 거지요. 자식이 있어 봐야 오랜 병에 장사 없다고, 열심히 벌어서 병원비로 다 들어가는 것 같아요. 장례비를 책임져 주는 상조보험도 들어야 하고. 어제 보니까 장례식장 비용이 만만치 않더라고요. 상조보험을 들어 놓아야 화장과 납골당까지 다 해결이 되나 봐요. 내가 죽어서 묻히는 것까지 모두 내가 준비해 놓고 가야지.

인생이란 게 별거 있나요. 그냥 먹고 살다 가는 것이 전부인 것 같은데 부대 비용이 많이 드네요. 남에게 신세지고 살지 않으려면 돈이 많이 필요한 것 같아요. 많으면 많을수록 좋지요. 제일 행복한 것이 건강하게 있다가 하루 사이에 그냥 죽는 건데, 그것도 내 맘대로 안 되니까. 병원에서 태어나서 병원에서 죽는 것이 현대인의 삶 아니겠어요? 그러니까 돈이 없으면 서러운 게지.

당신은 행복하세요?

"당신은 행복하세요?"라는 질문에 "예, 행복해요"라고 한 치의 주저함도 없이 대답하는 사람은 연애나 결혼을 한 지 얼마 되지 않아 세상이 핑크빛으로 보이는 사람이거나, 신생아를 안고 있는 부모이거나, 자신이 간절히 원하는 바를 얻고 기뻐하는 사람일 게다. 그러나 주저 없이 행복하다고 말한 그들의 행복함이 얼마나 오래 지속될지는 알 수 없다. 지금의 행복함이 영원하리라는 기대는 세상살이의 경험이 길면 길수록 요원해진다.

식물이든, 동물이든, 인간이든 자연계의 모든 생물은 자신의 생애로 이 세상에 존재하며, 길든 짧든 그 생애가 이 세상에서는 전부이다. 생애란 기준이 없는 일이다. 하루살이의 하루의 생이든, 십수 년을 살다 간 어느 청소년의 생이든, 교통사고로 사십 년의 생을 마감하든, 누구에게는 하루가 전부의 생애고, 십수 년을 살다 간 사람은 십수 년이 생애가 된다. 하루살이의 생애가 인간보다 짧다고 인간보다 하찮은 삶이라고 치부할 수 있을까? 또한 자신의 천수가 얼마나 될지 알 수 없는 인생에서, 살다 간 생애가 짧았다고 그의 생애가 불행했다고 할 수 있을까? 결국 지금 현재만이 '행복'의 기준이 될 뿐이다. 만약 미래를 위해 현재를 감내하면서 살아가는 것이 자신의 행복한 삶이라고 자부하면서 지금의 고통을 행복이라고 느끼며 살아간다면 그 자신에게는 그것으로 충분하다. 하지만 대부분 그렇지 못하다. 사실 이는 계속된 인식의 주입으로 인한 심대한 착각이다. 예를 들면 근육과 골격이 성장하고 있는 시기로 한창 몸을 움직여야 하는 3세부터 19세까지 어린이나 청소년들이 부모나 사회가 말하는 '미래를 위해' 밤낮으로 책상맡에 앉아서 '공부'에만 매달려 있는 것을 생각해 보라. 아침에 일어나서 세수하고 학교에 가고 귀가하자마자 학원에 가서 밤 10시에 돌아오고, 과제를 한다고 새벽 1시에나 잠이 드는 그들의 일상. 그들에게 물어 보자.

"행복한가?"

그리고 그들의 부모에게 물어 보자.

"행복하세요?"

그들은 '지금 존재하지도 않는 미래'에 현재의 행복을 저당 잡혔다. 그리고 지금의 불행을 인고하면서 살아가고 있다. 그런데 그들이 열심히 공부해서 그들이 말하는 미래에 도달했는데 그 미래에도 행복하지 않다면 어떻게 될까? 열심히 공부하다가 암에 걸려서 병원을 전전하다가 결국 저 세상으로 간다면, 혹은 뜻하지 않은 교통사고나 사고사로 급사한다면, 설혹 죽지 않았다손 치더라도 육체적으로 불구가 된다면, 세계를 여행하고 싶었지만 먼 훗날로 미뤄 놓았는데 영영 못하게 된다면 어떻게 할 것인가? 호기심으로 살아가는 우리가 그 호기심을 채우기 위해 하는 공부라면 모를까, 더 좋은 직업과 직장을 얻기 위해 공부하며 그 직업과 직장을 얻었다면 그것으로 우리의 꿈은 끝나는 것일까? 삶이란 계속되는 것, 그 속에서 우리는 계속 행복을 추구하기만 하는데, 그 행복은 진짜 존재하고 있는 것일까? 지금 우리의 삶을 되돌아보면 언제나 '끊임없는 미래'에 행복을 이전시키고 계속해서 현재를 희생시켜 왔다.

어젯밤의 술이 덜 깬 상태로 알람 소리에 일어나 세수하고, 사람들의 어깨가 부딪히는 지하철에 몸을 싣고 '돈 벌러 가는' 도시 직장인들의 시곗바늘 같은 생활을 상상해 보라. 눈 뜨면 특별히 몸 움직일 곳 없이 아파트 경로당을 오가며 볕 쬐는 햇병아리마냥 축 늘어져 시간을 죽이는 노인들을 상상해 보라. 병원 침대에 누운 환자들을 상상해 보라. 행복한 삶이라고 생각되는가? 하지만 그들 당사자가 자신의 처지에서도 행복을 느낀다면 그것으로 행복한 삶이다. 자신의 처지에 대해 불행해하거나 힘겨워하지 않고 있는 그대로 받아들이면서 이 하늘 아래서 숨을 쉬고 있는 것 자체에 감사한다면 그는 현재를 사는 사람으로 행복할 것이다. 그것으로 족한 일이다.

현재의 내 삶이 얼마나 소중하고 의미가 있는가에 따라 '행복한가?'에 대한 답이 나온다. 현대 사회에서 행복은 복잡하고 다양한 모습으로 나타난다. 저마다 다른 행복을 꿈꾸며 각자의 삶을 살아간다. 행복은 그 사람의 상황과 마음가짐에 따라 다르다. 행복은 참된 가치를 추구하는 삶에서 저절로 따라오는 부산물이며 결과이다. 그래서 행복이란 누가 주는 것도 아니고, 도달해야 할 것도 아니다. 행복이란 내 삶의 진정한 가치를 어디에 두고 살아가는가에 따른다. 엄밀한 의미에서 행, 불행이란 없다. 그저 내가 추구하는 가치에 만족스러울 때 '내 삶은 불행하지 않다'고 느끼는 것이다.

만약 당신이 행복함을 느끼지 못하고 있다면 어떤 연유에서 그러한지, 지금 삶이 어떤 문제가 있는지 생각해 보기를 권한다. 문제를 진단하고 난 뒤 행복을 먼 훗날로 미루지 말라. 행복을 옭아매는 것들이 명확해지면 지금 여기서 당장 털어내자. 이유는 간단하다. 지금 당신이 죽는다고 가정해 보자. 내 삶에 대해 어떻게 느끼고 어떻게 나머지 생을 살 것인가?

돈과 소비, 그 순환에 볼모로 갇힌 우리

"지금 상황이 힘겹고 고통스럽다면 그것을 벗어나면 되잖아요."

"벗어나고 싶지만 그럴 수 없어요. 아직 돈이 필요해요."

"자유롭고 싶다고 해 놓고, 왜 벗어나질 못 하죠?"

"처자식이 있는데 어떻게 그렇게 해요? 벗어날 수 없어요. 혼자서 살수 있는 능력이 안 돼요. 돈도 없고 능력도 없고. 그래서 이렇게 살아갈수밖에 없어요."

뭔가 힘든 상황, 벗어나고픈 상황은 '벗어나면' 된다. 매우 간단한 해법이다. 그런데 벗어나길 갈망하면서도 막상 벗어나지 못하는 이유는 무엇일까? 벗어나야 한다고 스스로 생각하면도 그 굴레에 갇혀서 고통스럽게 신음하는 이유는 무엇일까?

사람들은 그런 원인을 '돈'이나 돈을 벌어들이는 '능력'에서 찾는다. 돈을 벌 수 있는 능력이 되어도 자신이 아니면 먹고살 수 없는 처자식이 있다고 '책임'을 강조한다. 책임론은 가족의 문제로 옮겨진다. 가족 구성원 모두가 한 사람에게 의존하고 있다는 것이며, 그 의존으로 인해 자신은 볼모로 기꺼이 잡혀 있다는 것이다. 돈이 충분하다면? '충분'이라는 것은 또한 개인의 기준에 따라 달라진다. 홀로 선다는 것은 결국 돈을 의미하지만 돈의 양이 개인별로 다르기 때문에 '무엇이 행복을 위한 자립을 저해하는가?'는 결국 '자신'의 선택 여부로 다가온다. 행복하고 자유롭게 살 수 없는 이유를 들 때 돈을 핑계 삼아 스스로 족쇄를 채운다는 것은 명백하다. 즉, 우리 삶을 꽁꽁 묶어놓은 것은 '돈'이 아니라 명확한 기준도 없는 '돈의 환상'이다.

돈을 버는 이유는 살아가기 위해서다. 이때 살아간다는 것은 목숨을 유지하고 만족스럽게 사는 것을 의미한다. 물론 개인과 사회문화에 따라서 살아간다는 것을 다르게 정의한다 해도 분명 자신의 생명을 건강하게 유지하고 행복하게 사는 것을 기준으로 한다는 것은 어디에서도 명확하다. 그것이 돈의 풍요를 의미하든 마음의 풍요를 의미하든, 궁극적으로 '행복하게 사느냐?'의 문제인 것이다. 행복하게 사는 것은 자립을 전제로 한다. 그리고 돈은 자립을 위한 매개체이다.

현대 사회에서 소비하지 않는 돈이란 사실 아무런 의미가 없다. 은행에 저축된 돈이나 부동산으로 가지고 있는 재산은 미래에 무언가를 구매하기 위한 것이다. 만약 필요한 것을 사지 못한다면 돈은 아무 의미가 없을 것이다. 미래의 자립을 위한 돈의 축적이라고 해도 미래에 자신이 살아 있을지 또는 돈이 행복의 기준이 될지는 알 수 없는 일이다. 작금의 자본주의 사회가 그대로 유지될지도 알 수 없다. 상품 사회의 일원으로 있는 한, 개인은 세계경제의 흐름에 그물망처럼 연결되어 원인 행위를 하지 않더라도 그 변화의 결과는 나에게 영향을 미친다. 나비효과처럼. 물론 현대 사회에서 돈이 최고의 위력임은 두말할 필요가 없다.

'돈이 있느냐, 없느냐', '얼마나 많이 있느냐'에 따라 사람들은 '자립이 가능한가, 가능하지 않은가', '행복한가, 불행한가'를 판단한다. 이러한 기준은 명확하게 돈을 신격화함으로써 비롯된 것이다. 이미 말한 대로 돈은 소비를 위해 존재하는 매개체일 뿐이다. '돈=소비'다. 소비되지 않는 돈은 아무런 의미가 없다. 따라서 소비가 줄어들수록 돈의 필요성은 줄어든다.

지속적인 행복을 느끼는 삶의 전제 조건

그렇다면 소비가 일어나는 곳을 찾아볼 필요가 있다. 얼마나 절실한가에 의해 우리는 소비를 줄일 수 있기 때문이다. 도시는 본디 비자립적이기 때문에 모든 것을 돈으로 구입할 수밖에 없다. 그러나 돈으로 구입할 수 없는 것도 있다. 자원은 유한하기 때문이다. 자원의 유한성으로 인해 내가 필요할 때 얻지 못한다면 그것도 자립을 방해하는 요소가 된다. 자립이란 의존하지 않고 스스로 살아가는 것, 설혹 그것을 얻지 못하더라도 살아갈 수 있는 것을 말한다. 에너지가 고갈될 뿐만 아니라 전쟁이나 자연재해로 인해 전력이 끊기고 교통마비로 인해 어디에도 갈

수 없이 고립되었을 때, 그때도 우린 먹고 살아갈 수 있을까?

자신의 땅이 있다고 가정해 보자. 그 땅에서 순환적 농사를 한다면 식자재의 자립은 가능하다. 거기에 음식조리과정과 저장을 위한 것도 자연에너지를 활용할 수 있다면 밥상의 자립은 가능하다. 그렇다면 주(住)의 자립은 어떠한가? 집을 지을 수 있는 자재로 자신의 땅에서 자라는 나무와 흙 등을 이용한다면 역시 살 곳도 마련될 수 있다. 거기에 장작을 활용해 땔감을 마련할 수 있는 등 자연 생태계가 활성화된 공간이 있다면 이제 돈이라는 것도 불필요하게 된다. 태어날 때부터 개인이 국가에 귀속되어 자신이 원하지 않더라도 건강보험료·주민세 등을 물도록 되어 있는 현대 사회에서는 국가가 인정한 '돈'이 필요하다. 그런 세금을 내지 않으면 재산을 압류당하는데 이는 개인이 국가에 종속되었음을 의미한다. '식주의'를 돈이라는 매개를 거치지 않고 직접 손으로 짓고 유지하는 자급생활을 하면 곧 자립적이 된다. 더욱이 극한적으로 교류를 최소화한다면 최소한의 화폐로 살아갈 수 있다. 최소한의 화폐 소요는 아마도 국가가 국민에게 강요하는 '돈'일 것이다.

하지만 도시에서 이것은 환상에 불과하다. 도시에서는 자기 혼자만 그렇게 살아가기가 어렵기 때문이다. 도시는 그렇게 이용할 수 있는 자연환경이 이미 극심하게 훼손되었고, 제아무리 자기 소유의 땅과 산림이라도 맘대로 건드릴 수 없도록 국가가 '공공성'을 부여하였다.

'자신이 살아가는 데 얼마만큼의 돈이 필요한가?'에 대해서 진지하게 생각해볼 필요가 있다. 그래야 자신의 소비를 줄일 수 있으며 소득도 줄일 수 있다. 소득을 줄일 수 있다는 것은 다른 것에 덜 종속된다는 것을 의미한다. 엄밀한 의미에서 곡물 조달이 가능하다면 소수의 식재로도 살아갈 수 있다. 조리과정 또한 단순화시킬 수 있다. 옷 몇 벌과 신발 몇 켤레, 냄비와 숟가락 정도가 담긴 가방 하나면 충분하다. 장기 여행을 해보면 알겠지만 우리가 살아가는 데 필요한 것은 몸에 걸치고 있는 것이 전부다. 요즘엔 통신과 교통비가 추가된다. 전화를 가지고 다니지 않는 사람이 없고, 혹시 전화가 없더라도 컴퓨터 통신으로 대체한다. 대부분의 사람들이 디지털 세상에서 그리 멀리 떨어져 있지 못하다. 나의 소비 지출의 대부분은 통신비와 교통비다. 최소한의 교류에 사용되는 비용이다. '식주의'에 들어가는 비용은 거의 없다고 봐도 된다. 우리가 소비하는 것은 '자신이 생각하는 삶의 가치'에 의해 그 양이 정해진다.

자립이란 무엇인가?

명절 연휴 마지막 날 부모님께 붙여 드릴 패스를 사러 대형마트에 갔다. 명절 연휴이므로 사람들이 많지 않을 것이란 기대는 마트 입구에 들어서자마자 깨끗하게 무너졌다. 가족단위로 삼삼오오 나와 수많은 인파로 붐볐다. 카트에 장난감과 생활용품 등을 수북하게 싣고, 아이들은 손에 아이스크림이나 게임기를 들고, 삼삼오오 가족단위로 에스컬레이터를 탄 모습은 아파트나 쇼핑센터 건설 현장에 걸려 있는 조감도에 그려진 '도시 생활의 로망'을 실제 모습으로 보여줬다. 아~ 살기 좋은 아파트 조감도, 그것은 기업 홍보물이었다. 아이들은 어른들로부터 세뱃돈을 받아 대형마트에서 소비의 풍요를 누렸다. 먹을 것도 입을 것도 남아돌 것 같은 명절 연휴 마지막 날에 도시의 가족들은 대형마트에서 휴식을 마무리한다. 휴식조차도 소비에 젖은 도시 중산층의 풍경은 아이들이 태어날 때부터 소비를 배우고 자란다는 사실을 확인시켜 준다.

태어나면서 '소비'를 배우고 '소비'가 전부인 사회에서 '도시의 로망'을 익힌 어린이들에게 '자립'이란 원시적인 일로 비칠 것이다. 사회문화시스템을 주도하고 있는 국가와 기업은 '국민들'에게 소비가 최대의 미덕임을 주지시키기 위해 태어날 때부터 상품 소비를 위한 완벽한 학습 환경을 만들어 그들의 생애를 통째로 길들인다. 국민들로 하여금 좋은 직장을 얻어 많은 연봉을 받아 그것을 소비하는 것을 '행복의 척도'로 삼도록 말이다. '행복의 척도'를 알려주는 것, 그런 세상을 만들어 주는 것, 기업은 사람들을 소비에 길들이고, 그 소비를 위해 기업으로부터 발탁되어 일하게 하는 것, 그것이 엘리트 코스이며 행복한 삶이라고 가르친다. 평생을 기업의 지배논리에서 살 수 있도록 기업의 행복을 개인의 행복과 완전히 일치시키는 사회문화를 완성한 셈이다

이렇게 길들여진 사람들에게 '자립적 삶'이 얼마나 중요한가에 대해 역설해 봤자 씨알이 먹히겠는가. 그나마 상품 소비를 잘 모르고 살았던 1970~80년대 사람들의 '향수'와 '기억'만이 자립적 삶으로의 회귀를 생각하게 하고 있다. 따라서 지금의 10~20대에게 이를 기대하기에는 회의적일 수밖에 없다.

그럼에도 불구하고 이 사회·경제·문화시스템은 자립의 필요성을 우리 개인의 스트레스와 질병, 생존의 위기를 통해 끊임없이 제기한다. 미약하지만 서서히 그것으로부터 탈피하여 '자립'을 꿈꾸는 사람들이 늘어나고 있다. 홀로 살아갈 수 있는 의지는 사회가 요구하는 권력과 명예, 사회적 가치를 멀리함으로써 삶의 가치가 바뀌고 생활 방식이 변

화하면서 구현된다. 진정 자립적인 사람만이 자유로울 수 있다는 것은 예부터 거짓됨이 없다. 자립과 자유는 동전의 양면과도 같다. 자기 스스로 자립에 대한 의지와 인내가 있다면 돈은 살아가는 데 있어 어떤 상황에서도 핵심적 이슈가 되지 않는다.

종속적인 사회경제적 구조로부터의 자립

행복이란 돈이 많고 적음에 의해 결정되는 것이 아니라 자신의 욕심의 크기, 궁극적으로는 '자신의 삶의 철학과 가치'에 따라 달라지므로 행복을 얻을 수 있는 기본적인 자립은 의지의 문제로 귀결된다. 실제 많고 적음, 크고 작음도 대립적으로 존재하는 것이 아니라, 자신의 주관적 판단에 따라 달라진다. 그럼에도 불구하고 크고 작음, 많고 적음과 같이 두 종류만이 존재하고, 그 두 가지를 서로 배타적인 것으로 생각하면서 그것을 실제 잣대로 삼아 휘둘려 산다.

'자립을 할 수 있는가?'는 자립에 대한 간절함에 근거한다. '자유롭고 싶다'는 말은 어쩌면 도피성 발언으로 툭 던져버리고 마는 것일지 모른다. 실은 진정한 자립으로부터 오는 자유는 두려우면서, 단순히 현실 상황을 피하고 싶은 심리적 충동으로 던지는 변명 아닐까?

하지만 이제 자신의 의지와 무관하게 우리는 자립적으로 나아갈 수밖에 없다. 왜냐하면 화석연료를 사용하는 현대 석유문명은 끝을 보이고 있으며, 인간의 편리함과 최대한의 이기를 추구하기 위해 자연 생태계를 파괴하고 망가뜨린 결과는 지진과 기후 변화, 자연 재앙으로 인간에게 돌아오고 있고, 원자력과 화석연료의 남용은 인간의 생명만이 아니라 지구 생태계의 생명을 위기에 빠뜨려 이제 더는 갈 곳이 없는 상황이 만들어지고 있기 때문이다. 알 수 없는 질병의 만연으로 코너에 몰려 있는 인간은 이제야 먼지만 한 반성을 하면서 이제라도 자연의 품으로 돌아가지 않으면 안 된다는 것을, 자립하지 않으면 자신이 죽는다는 사실을, 종족이 사라진다는 사실을 희미하게 깨닫기 시작했다.

'돈'으로 대변되는 현대 산업사회의 편리성과 단속성, 금융 자본주의 체제 속의 허구적 삶, 국가의 간섭과 구속, 사회 윤리 등이 개인과 부부, 가족, 마을 공동체의 삶에 뼛속 깊이 관여하고 결정하도록 강제하고 있는 시스템에 연결된 고리를 끊을 때, 비로소 지속가능한 삶을 회복할 수 있다는 것을 자각하기 시작한 것이다. 그것은 다름 아닌 '식주의 자립'을 통해 가능한 일이다. 자립이 되면 우리는 국가와 사회를 향해 요구할 것도 없고, 국가와 기업 등 권력자들이 우리를 농락할 수도 없다. 자립이 되면 개인만이 아니라 모두가 행복할 수 있다는 것을, 자신의 족쇄를 채울 것도 없이 남은 것은 행복할 자유밖에 없다는 것을 이 사회의 불가피한 경로를 통해서, 자신의 필연적 생애를 통해서 알게 될 것이다.

2장

자유로운
자립의
시작 / 걱정 덜어내기

귀소

병들고 지친 삶들의 귀소

〈나는 자연인이다〉이라는 텔레비전 프로그램이 있다. 이 프로그램은 산속이나 섬 등 외딴 곳에서 혼자 살아가는 사람들의 이야기를 다룬다. 그들은 대부분 남성이며 짧게는 10년부터 30년 가까이 문명과 사회적 관계에서 일탈해 살아온 사람들이다. 한결같이 현재의 삶을 예찬하고 세속으로 돌아가고 싶어 하지 않는 그들의 사연을 들어보면, 사회에서 사업에 실패한 뒤 이것저것 하며 살아 보려 했으나 뜻대로 되지 않아 가족을 도시에 남겨두고 도망치듯 시골로 내려온 사람들이거나, 중병에 걸려 병원에서 치료가 어렵거나 병원에서 치료받기를 거부하고 스스로 시골로 내려와 자연에 의존해 치유하려는 사람들이다. 그렇게 심신이 병들어 지친 몸을 이끌고 자연으로 들어와 살면서 바라던 대로 심신이 치유되었지만 그들은 다시 도시로 돌아가기를 거부한다. 그리고 죽을 때까지 그 속에서 살 것을 고집하고 있다. 그들은 주로 산에서 약초를 캐거나 산나물을 뜯고, 작은 텃밭을 일구며 자연이 주는 식재를 그대로 음식으로 사용하고, 전기에너지가 마을로부터 들어온다고 하여도 가전제품을 풍족하게 활용하면서 생활하지는 않는다. 텔레비전이나 가스레인지, 전기 불빛 정도에서 에너지를 사용한다. 물 또한 계곡에서 흐르는 물을 사용한다. 그렇게 그들은 가능한 한 도시의 편리함보다는 자연의 불편함을 노동으로 대체하며 '식주의'를 해결하고 있다. 인간관계도 마을이나 장터 이상의 인맥은 맺지 않는다. 심지어 도시의 가족과도 인연을 멀리하며 고독하게 살아간다. 이들은 지금의 삶에 만족하며 자연이 주신 것에 감사하면서 살아가고 있다. 또한 자연에 의존하여 자신의 몸으로만 살아간다. 그들의 벗은 식물이자 나무이며, 동물이다.

그들은 도시의 삶으로 다시는 돌아가고 싶지 않다며, 자연에서 자신의 건강을 유지하면서 즐겁게 살 수 있다고 말한다. 병들고 지친 자들의 귀소가 자연스럽게 자연을 택하게 만든 것이다. 또한 그 선택은 믿음 그대로 건강한 몸과 마음을 돌려주었다. 자연스럽게 사는 것만이 힘들고 지치지 않게 살아가는 방법임을 깨달은 것이다.

'조화로운 삶'을 찾아 나선 혁명가들의 귀소

1970~80년대 한국의 정치는 경제를 볼모로 한 군사독재 시대였다. 군사독재에 맞서 정치 사회의 민주주의 쟁취와 저임금과 열악한 근로조건의 개선을 위한 노조운동이 일어나고 6·29 민주화선언을 거치면

서 한국의 정치사회는 미미하나마 숨통이 조금씩 트여 가고 있었다. 말도 꺼낼 수 없었던 사회주의에 대한 낭만도 정치제도 속으로 유입되는 가운데, 사회주의의 상징이었던 구소련의 멸망과 동서독의 통일 등으로 인해 사회주의를 목표로 삼았던 진보세력이 허망하게 주저앉던 1990년대 초반, 희망을 안고 살던 젊은 세력들은 자신의 갈 길을 찾아 뿔뿔이 흩어졌다.

일부는 사회 기존세력에 편승하여 사업가가 되기도 하고, 사법시험을 통해 법조계에 들어가거나 기업에 입사하는 등 생계를 찾아 자신의 방향을 틀었다. 또 다른 부류는 시민단체에 남아 생활협동조합운동이나 환경운동을 통해 지역에 밀착한 시민운동을 벌여나갔고, 다른 한편으로는 스콧 니어링, 헬렌 니어링의 '조화로운 삶'의 희망을 찾아 농촌으로 들어갔다.

당시 '이병철의 귀농운동본부'의 귀농운동이나, '생명'을 위해서는 관행농업이 아닌 유기농업으로 돌아갈 것과 '농업'을 산업이 아닌 '농자천하지대본(농업은 천하의 사람들이 살아가는 큰 근본)'으로 봐야 자립경제가 가능함을 역설한 녹색평론, 한살림운동 등을 통해, 농촌으로 돌아가는 귀농운동이 미미하지만 실행되었다. 소위 운동권이었던 소수의 사람들은 '밥' 한 그릇에 우주가 담겨 있다며 환경·생명운동에 앞장선 장일순 선생의 철학과 노장사상, 그리고 무엇보다도 스콧 니어링과 헬렌 니어링 부부의 조화로운 삶을 사회적 실천으로 삼고 귀농하였다. 이들은 화학비료와 농약으로 농사를 짓는 당시의 농업 관행에 대한 반기로 유기농업을 제창한다. 그리고 땅을 살리고 생명을 살린다는 취지 아래 유기농업을 실행하면서 소비자생활협동조합인 한살림운동을 벌여

나갔다. 그러나 한편 좌파운동으로부터의 도피 혹은 회피라는 소리를 듣기도 했다.

2000년에는 친환경농업단체협의회가 발족되면서 개별농가나 농업단체들이 한 축을 형성하기도 하였다. 생태주의적 가치관에 따라 움직였던 소수의 사람들은 개별적으로 마을에 들어가 촌부의 삶을 사는 것으로 만족하거나 농촌마을의 소득을 올려 주는 귀농자로 참여하면서 지리산 주변과 강원도 일부에 정착해 나갔다. 신념을 가지고 들어간 이들은 귀농 1세대라고 부를 정도로 생태주의 삶에 천착하여 자신의 삶을 시골생활과 자급자족이라는 것에서 찾기 시작했다. 그러나 이때 '교육'의 벽에 부딪혀 다시 도시로 돌아오는 경우도 빈번했다. 하지만 이들을 중심으로 하여 공동체운동, 자급자족운동, 지역환경지키기 등 새로운 농촌운동이 전개되었다. 귀농운동본부, 실상사귀농교육, 부안의 윤구병공동체, 산청의 민들레마을 등 단체와 공동체를 중심으로 한 교육운동이 지금은 그 중심을 이루고 있다.

은퇴자와 실직자들이 찾는 귀소

2008년 한국 사회는 세계 금융자본주의의 몰락과 산업자본 침체의 영향으로 구조조정이 대대적으로 일어나면서 실업자를 대거 양산해냈다. 때마침 '새로운 일자리 창출'이라는 슬로건을 앞세운 이명박이 대통령에 당선되었을 정도로 '일자리'는 정치사회의 최고 이슈였다. 그리고 그때부터 사람들은 농촌으로 눈을 돌리기 시작했다. 지금은 실직자들이 새로운 일자리로서 귀농을 선택하거나 은퇴자들이 노후의 안정을 위한 전원형 귀촌을 선택하는 등 그야말로 귀농·귀촌 붐이 일고 있다.

은퇴자들의 귀촌은 퇴직금이나 노후자금을 가지고 공기 좋은 곳에서 텃밭을 일구며 노후를 편안하게 보내겠다는 1960~70년대 세대들로, 50대 후반에서 60대들이 주를 이룬다. 이들은 귀촌을 위해 벤처농업대학·여주농업대학 등에서 은퇴자들에게 제공하는 귀농프로그램들을 이수하기도 한다. 귀농교육 수강생의 2/3가 이들이다. 이들은 편안한 노후생활에 관심을 가진 터라 불편한 생태적 삶보다 농촌에서 텃밭을 일구는 정도에 관심이 머문다.

반면 실직한 40~50대 남성의 경우, 귀농을 새로운 일자리로 보고 농업을 산업적 측면에서 접근하여 '부농 만들기' 등의 교육을 받고 농촌에 정착한다. 이들은 주로 지역 농민회의 구성원처럼 축산·임업·단일작물농업·특용작물에 농업자금을 지원받고 그들의 삶을 전개하는 데 많은 관심을 갖는다. 이들의 농촌 생활은 또 다른 도시형 생활의 이전에 불과한 경우가 허다하다. 이에 전국귀농운동본부를 비롯한 대전 생태귀농학교, 광주전남귀농학교, 남원귀촌귀농학교 등 지역을 기반으로 한 소수의 귀농교육은 자급자립형의 생태적 가치를 그들에게 교육하면서 소박한 삶을 유도하지만 몇 차례의 교육만으로 그동안 살아온 삶을 변화시킨다는 것은 역부족이다. 그럼에도 귀농·귀촌 인구는 꾸준히 늘고 있다. 그러나 급속히 유입된 귀촌 인구 가운데 실제 농사를 짓고 살아가는 이들은 그리 많지 않다.

젊은이들의 반란, 싱글 여성들의 귀농

내가 귀농교육을 전담하는 곳에는 20대와 30대 초반의 젊은이들이 종종 오는 편이다. 이들 중에는 대학생도 있고, 대학을 졸업하고 직장 생활을 하다 그만둔 사람도 있다. 그들 중 일부는 교육을 받은 후 아예 시민단체 활동가가 되기도 한다. 최근에는 젊은이들이 취직을 하지 못하고 비정규직이나 아르바이트로 생계를 꾸려나가는 경우가 절반이나 된다. 도시농업의 활황은 젊은이들로 하여금 농업을 쉽게 접할 수 있도록 해주었으며, 생태적 가치와 반문명적 삶에 경도되어 '조화로운 삶'의 기치를 이어갈 수 있는 기회를 준다. 이들은 친구들끼리 이곳저곳을 떠돌면서 정착지를 찾거나 정착을 당분간 미뤄 두고 농사일을 거들며 삶을 익혀 나가기도 한다.

여성들에게도 반란은 이어진다. 결혼을 하지 않은 미혼 여성들 몇 사람이 모여 함께 귀농을 하는 경우도 종종 볼 수 있다. 예전에는 전혀 볼 수 없었던 일이다. 2000년 초반 내가 혼자 귀농을 한다고 했을 때 남편 없이 여자 혼자 무엇을 하냐고 주변에서 만류했던 기억이 난다. 하지만 지금은 여성 혼자나 또는 친구와 함께 귀농을 하여 포도농사를 짓거나 밭농사를 짓는 사람들이 늘어나고 있다. 그들은 남성 없이도 여성 혼자나 여성들의 공동노동으로 농사를 지으며 공동생활을 해나가고 있다. 그들은 대부분 생태적 가치나 자립생활에 관심을 갖고, 반문명적·생태적 가치를 목표로 한 삶을 향해 가려는 경향이 크다.

도시문명을 찾아 떠났던 이들의 자연으로의 회귀

1970년 나와 나의 가족은 구미 선산을 떠나 경기도 광주대단지라는 곳으로 이사하기 위해 기차에 몸을 실었다. 전학 온 첫날, 70명의 아이들이 고물고물 있던 그 학급에 들어가 인사를 하니 모두가 까르르 웃었다. 국어시간에 책을 읽을 때도 그러했다. 나의 경상도 사투리를 도시 아이들은 신기하게 여겼다. 그렇게 나는 도시생활을 하게 되었다. 시골에서 떠나올 때는 친구들과 선생님과 헤어지는 시간이 슬퍼서 같이 울고, 수업시간에 배운 춤과 노래를 하면서 마지막 시간을 보냈고, 저녁에는 정든 학교를 떠나기 싫은 마음에 그네를 타고 해거름까지 있던 기억. 그때는 모두 시골에서 도시로 돈 벌러 올라갔던 시절이라 우리 집도 여느 집처럼 '돈 벌러' 도시로 갔던 것이다. 부모님에게는 '가난한' 농촌생활이었지만 나에게는 신나게 놀고 정겨웠던 농촌생활이었다. 농촌과 도시는 학교도 달랐고 아이들도 달랐고 부모의 생활도 달랐다.

시골에 신작로가 생겨 차가 먼지를 일으키고 달려가면 우리는 그 차 뒤를 쫓아가곤 하였다. 시골에서 차는 우리의 놀잇거리였다. 시골은 우리가 한껏 뛰노는 공간이었다. 공부에 대한 부담도 없었다. 한글을 다 익히지 못해 킥킥대면서 나머지 공부도 하였다. 엄마가 밥 먹기 전에 받아쓰기 한 번 더 하라고 소리치는 것 외에는 달리 공부하라고 닦달하지도 않았다. 엄마는 동네 아줌마들과 누에치는 것을 도와 뽕도 따고 돼지도 키웠다. 저녁 으스름할 때는 동네 아줌마들과 뜰 평상에 모여서 옥수수를 먹으며 동네 가십거리를 나누었다. 아버지는 막걸리를 한잔 걸치고 돌아와 드르렁 잠을 잤다. 시골 집에 방 한 칸 얻어 다섯 식구가 살면서도 집이 좁다고 생각하지도 않았고, 먹을 것이 없어서 굶는다고 생각하지도 않았다. 가을 논바닥에 가면 검정콩처럼 생긴 올갱이가 있었고, 5월이면 뽕나무에서 오디를 따 먹느라 입이 귀신처럼 까맣게 변했다. 산과 들로 돌아다니며 먹느라 밥이 적어도 투정하지 않았다.

그렇게 내 기억 속 나는 즐거운 촌 아이였다. 그 당시 가난은 정부에서 만들어 낸 것이 아닌가 하는 생각이 든다. '가난한 농촌'이라는 타이틀이 결국 '가난하다'고 생각지 않던 사람들에게 '가난하다'는 생각을 주입한 것은 아닐까? 기껏해야 라디오가 있던 시절, 앞집에는 텔레비전이 있어서 우리보다 '부자'였지만 내가 결코 가난하다고는 생각지 않았는데, 나중에는 텔레비전이 없으면 가난하고, 고기를 자주 먹지 못하면 가난하며, 고무신을 신으면 가난하고, 책가방 없이 책 보따리를 가지고 다니면 가난한 것으로 규정되었다. 그렇게 가난은 우리가 느낀 것이 아니라 정부가 가난하다고, 그리고 가난은 벗어나야 하는 것이라고 인식하도록 만들었다.

정부는 인식을 강요할 뿐만 아니라 가난하다고 한 그 삶을 벗어나 도시로 향하도록 명확한 지침을 내려주었다. 도시로 향한 우리의 삶은 병원에서 시작해 병원에서 끝나는 삶, 일회용 기저귀로 일회용 생리대로 일회용 팬티를 입고 살기 위해 돈을 벌어야 하는 삶을 살라는 것이다. 일회용의 남용은 생태환경을 파괴시키고, 내 몸마저 암과 알 수 없는 피부병을 생기게 했다. 매번 갈아입는 멋진 옷과 멋진 집, 멋진 데이트를 위해, 하루 써야 할 돈을 얻기 위해 끊임없는 경쟁에서 살아남을 생존법을 익혀야 하는 그런 도시문명이 준 '부자'라는 환상을 좇아 아무리 일해도 우리에게 돌아오는 것은 쳇바퀴뿐이었다. 일한 것의 이익도, 도시문명의 혜택도 소수의 부자들만이 온전히 누릴 수 있다.

우등생을 위한 교과과정에는 농작물 재배, 음식 준비, 옷 수선, 엔진 수리 등은 없다. 이것은 오로지 '가난한' 사람들이 권력자를 위해 배워야 하는 것들이다. 따라서 우등생은 권력을 가지기 위한 교육, 사람을 부리는 방법인 경영학이나, 지키지 않으면 벌 줄 방법을 연구하는 법학과 행정학을 배운다. 우리도 지금껏 가난한 자를 부리기 위한 법학과 행정학, 경영학을 배웠지만 실상 그것은 소수의 사람들에게나 유용한 것이라는 사실을 이제 겨우 깨달았다. 그리고 중년이 되어서야 기술을 배워야 한다는 것을 알게 됐다.

농촌은 도시를 위해 존재했다. 도시를 살찌우기 위해 농촌을 죽여야 했고, 농촌의 젊은이들을 유인하여 도시에 수혈했다. 그리고 이제 우리가 살기 위해서는 도시에서 배회하는 것이 아니라 농촌으로 다시 돌아가야 한다. 병든 몸으로 가든, 경쟁시장에서 낙오되어 가든, 일자리가 없어서 가든, 은퇴해서 가든, 우리의 신념으로 가든, 분명한 것은 다시 농촌으로 돌아가는 것만이 우리가 살 길이라는 것을, 도시를 위해 유기되고 버려진 자연과 농촌은 우리의 몸과 마음이었다는 것을 깨닫기 시작한 것이다.

도시문명을 평정하기 위해서도 우리는 반자본주의와 반문명 농촌의 삶을 회복해야 한다. 자연인으로 다시 삶을 찾아야 한다는 것을 우리의 한 생애의 삶에서 알기 시작했으며 아이들을 위해서라도 우리는 돌아가야 한다.

세상과의 교류, 문화와 교육의 문제

익숙함의 무서움, 만약 인터넷이 없다면

나는 지금 컴퓨터 자판으로 글을 쓰고 있다. 1990년대 초까지만 하더라도 손으로 글을 쓰는 것이 익숙했다. 그러나 이제는 원고지에 글을 쓸 수가 없다. 종이가 수없이 낭비되어서만이 아니라 실제로 글이 잘 써지지 않는다. 익숙함이란 그렇게 무서운 것이다. 종이에는 간단한 메모를 하는 것 정도이지 편지도 손으로 쓰면 몇 번을 썼다 지웠다 하게 돼 만족스러운 편지가 나오지 않는다. 반면 컴퓨터는 쓴 글을 쉽게 지우고 고칠 수 있으며 속도도 빠르다. 머릿속의 상상은 손놀림보다 더 빠르게 진행된다. 손 사용에 다시 익숙해지기에는 나뿐만 아니라 다른 것들도 함께 바뀌었기에 쉽지 않을 듯하다. 출판사와 원고를 주고받는 일도 컴퓨터로 하며, 컴퓨터로 교정도 하고, 컴퓨터로 디자인도 한다.

그렇다면 인터넷 이용은 어떨까? 인터넷은 내가 현재 살고 있는 지역을 벗어난 관계망이다. 내가 글을 쓰고 강의하는 목적을 오히려 더 광범위하게 설파할 수 있도록 도와주는 것이 인터넷이다. 젊은이들처럼 SNS를 활용하지는 않지만 인터넷은 사람들의 인식을 전환시키고 생활양식을 바꾸는 가치를 설파하는 주요 선전도구다. 나는 문명에서 멀어지라고 하면서 문명을 이용하는 아이러니를 행하고 있는 셈이다. 중앙집중식 전력과 석유문명의 문제를 말하면서 문명을 활용하고 있는 것이다. 나는 인터넷을 통해 세상 사람들과 소통하고 있다. 한편으로는 돈이 덜 들기도 하지만 한편으로는 역시 그 비용을 지불하면서 지내고 있다. 잠 잘 시간에 그들과 소통하고, 그들에게 보여 주고 들려

주기 위해 나는 생활 중 일부를 사진 찍고 글로 쓰고 있으니까.

둘째, 인터넷을 통해 정보를 공급받고 있다. 무작위적이든 작위적이든. 때로는 세상의 소소한 일상까지. 이를 통해 세상이 어떻게 돌아가는지 알게 된다. 가끔 영화도 본다. 노래도 듣는다. 오락이라고 하지만 이런 오락이 없어도 내가 세상을 즐겁고 행복하게 사는 데는 어떤 하자도 없다.

셋째, 인터넷을 통해 기상예보를 본다. 하루 이틀의 기상은 이곳에서 자연현상과 내 몸을 보고 판단하지만 주간날씨는 예보를 본다. 농사는 기상변화에 주목해야 하기 때문이다. 못자리 내는 것, 모종을 이식하는 것 등의 준비는 최소한 일주일 단위를 보고 한다. 내 몸으로 자연현상을, 일주일의 기상을 예측할 수는 없다. 내 몸과 자연을 더욱 예민하게 관찰하면 며칠 정도의 예측을 할 수는 있다. 인간 누구나 예지력을 가진 예언자가 될 수 있다. 하지만 그러기 위해선 자신의 몸을 예민하게 하고 건강하게 해야 한다.

컴퓨터를 이용하는 것은 더 많은 일을 하게 하고, 더 많은 생각을 하게 하기에 몸과 마음을 보살필 기회를 앗아간다. 또한 예측하고 대비하는 능력을 함양할 기회도 앗아간다. 유익한 다큐멘터리를 본다면 그것이 내 삶을 더욱 유익하게 할까? 그렇지 않다. 난 그대로 살아가고 있을 뿐이다. 공통된 화제를 통해 관계 안에서 소외당하지 않을 수 있다고도 하지만 그 정도의 소외는 자연과 함께 살면서 보상받는 것에 비하면 옷에 묻은 먼지에 불과하다.

나의 일상, 글 짓고 강의하고 부모님을 간병하고 방문 상담하는 많은 일 가운데서 나는 문명인의 최고의 가치, '바쁘다'를 통해 누구에게나 인정받는 즐거운 비명을 지르고 있는지도 모른다. '나'보다 '다른 이'들이 더 잘 살기를 바라는 마음, 세대들이 행복하기를 바라는 마음으로 강의하고 글을 쓰고 인터넷을 활용하는 것이 즐겁고 행복하다고 하면서도, 그 이면에는 어쩌면 내 몫이라는 작위적 욕심을 놓지 않고 있는 것일 수도 있다. 나만의 행복 추구가 잘못되었다고, 바람직하지 못하다고 재단한 것은 누구인가? 계획하고 살아야 한다는 것이 누구의 발상인지, 문명을 유지하기 위해 문명이 만들어 낸 교육과 습관이 아닌지 생각해 본다.

집에서 책을 몰아내면

내 이삿짐의 2/3를 차지하는 것이 책이다. 여기로 이사할 때 책을 버리려다 불쏘시개로 사용할 수 있겠다는 생각으로 가져왔다. 애초에 집을 지을 때 벽면 한 면을 책으로 하고 흙으로 미장을 할 생각도 있었다. '문명을 묻다'라는 거창한 제목까지 생각하면서. 그러나 집을 짓다 보니 그것도 귀찮아졌다. 어차피 흙부대로 집을 만들기 때문에 책을 사용한다고 돈이 덜 드는 것도 아니다. 아무튼 문명을 묻는 일은 다음 기회로 미루고 불쏘시개용 책을 바리바리 싸 왔다. 책을 1.5톤 트럭으로 가져와야 했다. 그리고 거실 겸 서가 벽면에 책을 꽂았다. 추억의 책은 따로 유치하고 불쏘시개로 한두 권씩 내보냈다.

평소에 책값은 아깝다고 생각하지 않고 구입했던 나는, 중고책으로 팔아서 새 책을 마련한다는 계획까지 세웠다. 광주 가는 길에 중고서점에 가서 30권의 책을 팔았다. 가격은 4만 5천 원. 왕복 기름값이 조금

넘는 금액이 책정됐다. 요즘에도 가끔 팔릴 만한 책들을 가져가는데 그래 봐야 겨우 책 두 권 값이다.

그리고 나는 책은 가능하면 사지 않고 도서관에서 빌려 보기로 했다. 원고를 쓰는 입장에서 관련 책을 수십 권씩 빌려 온다. 없는 책도 많다. 그래도 여전히 꼭 두고 봐야 할 책은 산다. 낙서를 마음대로 할 수 있기 때문이다. 2년 동안 여기서 책을 산 것은 월간 잡지를 제외하고 20여 권 정도다. 요즘은 농번기라 그것마저도 뜸하다.

밥 짓고 밥 먹는 일을 같이 하는 식구 중 한 사람은 술 한잔 마시면 책에 대한 불만을 토로한다.

"이 놈의 책들이 내 어깨를 짓누르고 있어. 다 없애. 왜 책을 껴안고 있어?"

"책을 하나하나 빼 가야지 바깥에도 놓을 데가 없잖아."

문명을 묻기로 한 것은 정작 나인데 계속 재촉하는 것은 다른 이다. 그는 책을 멀리하는 것은 아니지만 이제 더 이상 책을 관심 있게 보지 않는다. 필요 없고 골치 아프다고. 그는 전기 없는 집에서 산다. 밥도 여기서 먹고 인터넷도 여기서 하고 경작도 여기서 한다.

"문명은 다 내 집에서 해 놓고 자기 집에서는 문명 밖의 생활을 하면서 뭔 억압이야?"

"없으면 나도 안 해."

맞는 말이다. 내 집은 공회당과 같은 곳이다. 원래는 내가 그곳으로 들어가고 그는 여기에서 살기로 했었다. 그래야 서로 편하기 때문이다. 나의 손님이 많은 관계로 평상시에는 사람들과 떨어져 지내는 것이 내 신상에 이롭다고 생각했다. 낮에는 농사짓고 밤에는 원고를 쓰는 나에게 전기가 없는 집은 무용지물이었다. 글 짓는 일은 포기할 수 없었다. 결국 내 집에서 내가 살고, 전기 없는 집에 그가 들어갔다. 그러니 공회당으로 사용하는 내 집의 뒤치다꺼리는 모두 내 몫이다. 때때로 내 입에서 불만이 나온다. 조용히 있고 싶어도 그러지 못한다. 사람들로 버글버글 할 때가 많다. 내 몸을 피신시키고 싶다고 나 스스로에게 애원하지만 이 모두 공허한 메아리다(이 산골에서 오롯이 혼자 살고 경작하고 싶다는 바람은 나중에 이루어졌다). 책을 만들어 내는 일을 하는 내가 책을 없애야 한다고 주장하고, 문명의 전수자와 교육자 역할을 한 종이와 책을 통해 탈문명을 하자고 선동하고 있으니 나는 얼마나 우스꽝스러운가. 탈문명 설파를 문명을 통해서 하고 있는 이 역설. 결국 탈문명은 선전 설파도 없고 혼자만의 삶에 충실하게 되는 것이 순리가 아닐까? 소셜 네트워크로부터 조금씩 멀어지는 생활만이 내가 말한 것을 실천하는 것임은 틀림없다.

대학은 가지 않는 것이 낫다

나에게 귀농 상담을 해 오는 이들 중에 자식 대학 등록금을 벌어야 한다는 생각을 가지고 귀농한다는 이들이 있으면 도시락 싸 들고 다니며 만류한다. 그들이 농업인이 되는 것을 환영하지 않기 때문이며 농업인이 되더라도 대학 등록금을 마음 편히 대 줄 수 있을 정도는 안 되기 때문이다. 자식의 등록금을 대 줘야 하는 것이라면 차라리 도시에서 벌어서 대 주라는 것이다.

나는 오히려 자식을 대학에 보내지 말라고 한다. 그래도 대학을 가겠다고 한다면 스스로 알아서 가라고 하는 것이 바람직하다. 현재의 사회 구조 속에서 일반 교육, 특히 대학교육은 직업교육도 인문교육도 아닌 그저 졸업장을 따기 위해 가는 것 외에는 아무것도 아닌데 재산적 손실은 엄청나기 때문이다.

차라리 그 돈으로 땅을 사거나 시골에서 농사를 짓거나 아니면 놀러 다니라고 말한다. 대학을 가기 위해 자신의 꿈도 미루고 골 빠지게 일을 해 봐야 자식에게도 부모에게도 득이 될 것은 없기 때문이다. 부모에게는 빚잔치가 될 뿐이라는 것이 누구나 알고 있는 대한민국 대학교육의 현실이다. 중·고등학교부터 기술생활이나 인문 교육으로 나뉘어야 하지만 이조차도 한국에서는 개인의 몫으로 남겨지고, 의무교육은 오로지 대학으로만 방향을 잡은 입시교육 시스템이다. 그래서 한국에서는 일찌감치 학교에 가지 않고 대안을 찾는 것이 낫다.

한국의 교육 철학은 미국의 경쟁 문화와 일본의 식민지 교육의 열기를 혼합한 것이다. 좋은 대학에 들어가야 좋은 직업을 얻을 수 있고, 좋은 직업은 좋은 보수를 받고 사회적으로 우월한 지위를 누릴 수 있다는 등식이 오랫동안 성공적으로 유지돼 왔다. 또한 오랫동안 문명은 비문명적 생활을 하는 사람들은 가난한 사람들이며, 가난은 벗어나야 할 것으로 선전하면서, 가난을 벗어나려면 '도시에서 받는 문명 교육'이 필요하다고 계몽해 왔다. 그리고 이러한 문명과 교육은 한 궤를 달리면서 자본주의 사상과 문화를 전 세계적 단일 경제시장으로 형성하는 데 주력했다.

산업자본주의 교육의 문제

산업적 생산양식 자체의 존재 방식이 학교다. 따라서 문명 전체의 변혁이 요구된다. 교육과정·교과서·입시는 학교와 고용시장, 기업의 이해관계가 얽혀 있는 국가주의 교육시장이다.

교육과 평등의 기회는 '진보한다는 신화'를 조장했고, 기대의 보편화는 노동의 창조성을 박탈했다. 또한 전일제 수업은 경제성장과 소비사회로 들어가게 하는 의식을 전해 주었다. 따라서 학교를 탈피하고 사회구조를 벗어날 때, 교육을 벗어날 때, 그때 비로소 아이들은 제대로 양육된다. 즉, 탈학교·탈교육으로 아이들이 그저 자라도록 놓아두는 것이 자립적 아이를 만든다.

지금 한국의 교육 현실은 최고로 암담하다. 시골에서도 도시의 바람을 그대로 답습하고 있다. 대안학교도 사회구조로부터 완전히 벗어나지 못한 채 약간 비켜나 있을 뿐이다. 학교를 다닌다는 것 자체가 불행한 구조다. 우리나라의 학교는 일제의 잔재로 교실중심주의 학습이다. 선생이 일방적으로 가르치고 학생은 따라 외우고 문제를 풀어 정답을 맞히는 교육이다. 몸을 움직여 신체를 건강하게 하는 것은 공부가 아니고 놀이라고 규정하면서 몸의 건강을 위한 공부를 체육이라는 시간 안으로 축소시켜 버렸다. 일제 강점기의 교육은 당연히 창의적일 수 없었다. 왜냐하면 상상력을 키워 봐야 저항 세력으로 살게 되기에 그저 시키는 대로 따르게 하는 교육이 최선이었던 것이다. 또한 신체를 건강하게 하는 일조차도 위험한 일이다. 약골을 양산하는 것이 그들에게는 순종하는 사람을 만들 수 있는 하나의 방법이었다. 이런 일제 강점기 교육에 기름을 붓는 격으로 성공을 위해 경쟁의 극점을 달리는 시장경쟁

교육이 미국으로부터 유입되었다. 일제 강점기에는 일본에서 교육받은 이가 선진 교육자가 되었듯, 미군정 이후에는 미국에서 교육을 받은 이가 선진 교육자가 되어 한국의 교육정책을 입안하고 입시 중심의 체계를 만들어 냈다. 정부와 기업 모두 미국에서 교육받은 자들이 장악하였고, 그들은 미국을 신봉하였으며 자신들에게 유학을 시켜 준 부모들의 부를 더욱 공고히 하였다.

이들이 만들어 낸 현재의 교육시장은 금융시장 자본주의가 위기에 봉착하면서 고등교육 실업군을 대거 양산했다. 좋은 직장과 좋은 보수는 더욱 문이 좁아졌다. 돈이 없는 사람은 제아무리 용을 써 봐야 고등교육을 받을 수 없는 처지가 되었다. 설혹 고등교육을 받는다 해도 그는 반평생 대출을 갚아야 하는 빚쟁이가 된다. 또한 빚을 갚을 수 없는 확률은 더욱 높아졌다. 마땅한 일자리가 없기 때문이다. 아르바이트와 비정규직으로는 빚은 고사하고 살기조차 막막해진다.

학교에 보내지 않는다면 아이들은 어떻게 될 것인가? 아이들은 이 세상에서 잘 살 수 있을까? 아이들이 왕따가 되지는 않을까? 학교에 가기 싫어하는 아이를 억지로 학교에 보낸 부모나, 아이의 뜻을 존중하여 학교에 보내지 않은 부모나, 지금 세상이 이래서 학교에 보내지 않은 부모나, 모든 부모들은 늘 '아이의 미래'가 불안하고 초조하다.

자식은 저절로 자란다

동물들도 어린 것이 무엇인지 안다. 사자들이 아이들과 놀 수 있는 것은 사자들은 아이를 알고, 아이는 사자가 무서운지 모르기 때문이다.

그렇게 서로의 본성을 그대로 드러내기 때문이다. 사자는 자신을 공격하거나 굶주렸을 때만 달려든다. 아이들은 삼라만상을 누군가로부터 교육을 받아 아는 것이 아니라 경험을 통해 체득하게 된다. 하지만 아이들이 각자 경험을 해 보기도 전에 사회 집단은 아이들에게 자신들의 생각과 경험을 주입한다. 그렇게 그들은 선입견을 강요받고 그게 전부인 줄 알고 세상을 살아간다. 더욱이 최근 교실에서 문자로 받는 교육은 그들의 경험의 기회를 송두리째 앗아 간다. 그러다 보니 부모와 학교가 그들의 인생을 결정해 주게 된다. 그래서 부모가 경험하고 부모가 생각하는 세상에 대한 안목에 따라 제시된 한계선을 아이들은 벗어나지 못한다.

부모들과 사회가 스스로 행복하게 사는 법을 알아야 아이들이 그것을 보고 배운다. 그러나 불행히도 한국 아이들의 부모와 사회는 행복하게 사는 법을 알지도 경험해 보지도 못했다.

덴마크에서는 아이들을 '키운다'고 하지 않는다. 자식들은 자라는 것이지 부모나 선생이 키우는 것이 아니다. 그들은 단지 안내자 역할을 할 뿐이다.

순천에서 자급자립의 삶을 살며 『농부의 밥상』에도 소개된 적 있는 한원식 선생님은 자식들이 학교에 가는 것을 원치 않았지만 부인의 뜻에 따라 학교를 보내게 되었고, 학교에 보내고 난 뒤에도 집에 돌아오면 숙제를 하지 말고 놀라고 하였단다. 공부는 저절로 하는 것이지 억지로 하는 것도 아니며 학교에서 하는 공부는 세상을 이해하는 데 도움이 되지 않는다고. 그런 부모 밑에서 자란 자식은 어떨까? 아버지의 삶의 방식을 보며 살아온 이 아이는 아버지의 사유방식을 닮아 있을까? 그건 확인할 수 없지만 가끔 그 아이와 대화하면 아버지를 많이 닮았다는 생각이 든다.

요즘 아이들은 스마트폰이나 컴퓨터만 있으면 며칠이건 혼자서 지낼 수 있다고 한다. 시골에서도 아이들은 방 한구석에서 스마트폰을 가지고 하루 종일 논다. 시골 아이들이라고 해서 도시 아이들과 그리 다르지 않다. 시골학교도 대입 위주의 수업을 하고 있다. 시골학교 역시 도시학교를 답습하고 있는 것이다. 교육이든 놀이든 모두 획일화되었다.

그렇다면 스마트폰이나 컴퓨터를 빼앗고 놀라고 한다면 아이들은 어떻게 할 것인가? 도시에서는 놀 만한 공간이 없다. 책을 읽기도 하겠지만 아이들이 자유롭게 뛰어놀고 자랄 수 있는 환경이 그리 좋진 않다. 온통 미디어와 자동차, 도로와 건물이 빼곡하게 들어차 있고, 길거리에는 유명 브랜드의 휘황찬란한 네온사인이 소비를 유혹한다.

시골에 사는 아이들은 그나마 도시 아이들보다 낫다. 차 소리 대신 자연의 소리가 있고, 보이는 것과 듣는 것과 만지는 것들이 모두 자연의 것들이기 때문이다. 도시의 아이들은 부모들이 무엇을 하는지 알 수 없지만 시골 아이들은 부모들이 농사짓고 일하는 모습을 볼 수 있다.

시골에서 문화생활이랍시고 텔레비전이나 영화를 보게 되면 대부분 도시의 것들이다. 시골 아이들은 도시의 삶을 좇아가도록 은밀하게 강요받고 있다. 시골 아이들에게서 텔레비전과 인터넷 등 미디어를 통제하면 어떨까? 시골에는 아이들이 자랄 수 있는 자연이 있다.

반면 도시의 아이들은 자라는 것이 아니라 키워진다. 자랄 수 있는 환경이 전무하기 때문이다. 아이들이 저절로 자라려면 시골에서 살아야 한다.

중학교 2학년인 예람이를 무작정 시골로 데려온 예람이 엄마의 선택은, 예람이가 친구 따라 강남을 간다면 시골에서 예람이는 자연을 닮아갈 것이라는 믿음에서 나온 것이다. 하지만 한 가지 잊은 것이 있었다. 예람이로부터 스마트폰과 컴퓨터를 제거하지 못한 것이다. 방학 내내 예람이는 컴퓨터 곁에서만 지냈다. 개학이 되어도 학교에는 흥미가 없다. 돌아오면 컴퓨터만 할 뿐이다. 예람이 엄마는 그저 지켜볼 뿐이다. 그가 가는 대로.

반드시 부모를 닮는다

내가 나이가 들면서 놀라는 것이 있다. 부모의 성격을 닮아가는 것이다. 닮고 싶지 않은 데 닮아 있는 것을 보면 화들짝 놀란다. 모습과 행동거지만이 아니라 생각도 닮는다. 싫든 좋든 부모를 닮는다는 것은 벗어날 수 없는 사실이다. 닮지 않으려면 어떻게 해야 할까? 수행 외에는 없는 것 같다.

사람은 태어날 때부터 유전적인 성질을 갖고, 그 성질은 환경에 의해 강화되고 고착되어 나타난다. 유전자는 그만큼 중요하다. 염색체의 어떤 유전적 성질을 제거하면 털 없는 닭도 만들 수 있듯.

내 조카와 일주일을 같이 지낸 적이 있는데 제 아빠를 꼭 빼닮았다. 말하고 웃고 술주정하는 것까지. 생김새만이 아니라 그 모습 그대로. 나는 놀라고 또 놀랐다. 부모를 닮은 자식들. "너 누구 닮아 그러니?"라고 부모는 야단을 치지만 자식은 분명 부모를 닮아 있다. 부모는 자신을 보지 못할 뿐이다. 그래서 우생학은 사회문화적으로 이용된다.

부모를 보면 자식을 알고 자식을 보면 부모를 안다는 말이 있다. "너의 부모가 그러니?", "네 부모가 어떤지 알겠다" 등. 부모와 자식은 그렇게 쌍벽을 이루어 타인들로부터 비난과 질타를 받을 때 공격대상이된다. 부모는 언제나 자식이 자신을 닮는다는 생각으로 살아야 한다. 자식을 낳은 책임감은 이 세상에 대한 책임감이기도 하다. 괴로운 세상을 물려주고 싶은 부모는 없다. 하지만 그런 것을 잘 알지 못하는 자본주의 사회에서 부모는 자신들만 살다 갈 세상으로 인식한 듯이 자연의모든 자원을 대량 착취하고 있다. 부모가 행복하게 사는 법을 모르는데자식들이 어찌 알까? 종자는 흙을 만나야 크듯이 아이들은 부모들이만들어 놓은 곳에서 맘대로 뛰노는 것이다. 부모들은 아이들의 거울이다. 아이들이 행복하길 원한다면 부모 자신이 행복할 줄 알아야 한다.

관계에 대한 이야기

인간관계는 절대적인 것이 아니다

수많은 인파가 오가는 신도림역, 강남역 부근을 가면 '왜 사는지?' 하는 의문이 든다. 도시 사람들은 다양한 인간관계에서 오는 갈등으로힘들어 한다. 부부관계, 부모와 자식 간의 갈등, 친구 간의 갈등, 직장동료 간의 갈등, 직장 상사와 부하의 갈등 등. 그런데 이러한 갈등도 깊이 들어가 보면 결국 먹고사는 문제 때문이라는 것을 알 수 있다. 관계에서 인정받고 두드러지고 싶어 하는 심리도 결국은 먹고살기 위한 것이다. 그리고 같이 먹을 때 내 몫이 줄어들까 봐 갈등이 일어나는 경우가 훨씬 더 많다. 즉, 있는 그대로 인정하지 못하기 때문이며, 있는 그대로 인정하느냐의 여부는 내 몫과 상대방의 몫에 대한 비교로 인한 것이다. 이것이 과연 억측일까?

도시에서는 사람들 속에서 먹고산다. 공장에서 일을 하는 것도 고용과 피고용이며, 혼자서 자영업을 해도 사람들에게 판매를 행하는 것이며, 공무원이든 법률가든 정치가든 모든 직업이 사람을 상대하는 일이다. 그러므로 도시에서 살아남으려면 '사람 관계'가 전부라 해도 과언이 아니다.

그러나 시골이라는 환경에서 농사를 짓게 되면 사정이 달라진다. 여기서 일하는 곳은 산이며 밭이다. 자신의 밭에서 일할 때 먹고살기 위해 상대하는 것은 흙이며 식물이며 동물이다. 그들을 상대하여 노동을 하면 먹고살 수 있는 것이 나온다. 팔기 위해서 하는 것이라면 우선 직장은 밭이고 판매처는 사람이다. 도시에서 사람들 속에서 일하고 사람들을 대상으로 하는 것에 비하면 사람들 안에서의 고통은 반으로 줄어드는 셈이다. 자급자립을 한다면 사람들을 상대할 일이 없다. 자연 속에서 일하고 자연 속에서 그냥 살아가면 되는 것이다.

이렇듯 벗어날 수 없을 것 같은 인간관계는 도시에서의 삶이지 시골에서의 삶은 아니다. 사람들의 갈등 문제로 수많은 범죄가 일어나는 곳도 도시다. 그래서 인간관계는 절대적인 것이 아니라 환경적인 부산물일 뿐이다.

혼자 사는 사람들끼리의 연합

나는 혼자 살아서 그런지 혼자 사는 사람들에게 더 정이 간다. 혼자 살기까지의 여정이 남달랐을 것이며, 혼자 살므로 아프면 더 서러울 수 있기 때문이다. 혼자 사는 사람들은 혼자 사는 이들의 낙과 고통을 잘 안다. 그래서 먹을 것이 생기면 독거인들을 먼저 챙긴다. '온전한 가족'은 가족 내부에서 서로 위할 수 있으니까 내가 우선적으로 고려해야 할 몫이 아니라고 오랫동안 습관으로 몸에 익혔다. 그래서 부모님을 제외하고 무엇인가 나누고 싶은 이들은 주변에 있는 독거인들이나 모녀 가정이다.

혼자 살면, 힘이나 기술이 필요할 때 즉각 해결하기 어려운 경우가 생긴다. 물론 오랫동안 숙련되면 문제가 없지만 이제 시작한 농사나 집 수리는 여전히 낯선 일이다. 특히 여자에게는. 시간이 지나면 익숙해져서 자기 혼자 할 수 있거나 완전한 것을 포기하고 변형해서 살 수 있다. 집의 경우에도 이미 지어진 집에 수리를 조금 해서 살 수 있다. 자신에게 알맞은 규모로 해나간다면 농부로 혼자 사는 것이 불가능한 것만은 아니다. 규모와 능력을 벗어나더라도 혼자 사는 사람들끼리 서로 도와가며 살 수 있으면 좋다.

일주일에 한 번 태극권 수련 모임을 하는데 우리 팀은 대부분 독거인으로 이루어졌다. 그래서 나는 '무당파 독거인의 모임'이라고 칭한다. 정기적으로 일주일에 한 번 수련을 하기 때문에 바쁜 일상에서도 서로 얼굴을 맞대고 생활 얘기를 할 수 있는 기회가 된다. 도움이 필요하면 그때 도움을 요청한다.

도와주는 데는 갈등이 생길 염려가 없다. 혼자 결정하면 되는 일이다. 전달을 통한 왜곡도 없고, 자신의 울타리 안에서 비교우위로 질투하고 갈등하는 것도 없다. 모여서 협력하는데 서로 밀고 당길 이유가 있을까? 그러니까 '나중에 상의해서 결정한 것을 알려줄게'라는 것은 없다. 자신의 일은 자신이 책임지면 되는 것이다. 의사결정의 복잡함이 없고 비교를 해서 서로 견줄 것도 없기에 복잡한 과정을 싫어하는 나에게는 안성맞춤의 모임이기도 하다.

新가족, 개인들의 연합 食口

내가 생각하는 가족이란 이런 개인들이 모여 협력해 나가는 것을 말한다. 어떤 조직이 아닌 개인들끼리의 느슨한 형태. 조직도 아니고 가족도 아닌 '협력하는 사람들'이기에 특정 가치를 정할 이유도 없다. 어차피 비슷한 사람들이 모였다가 사정이 있으면 떠난다. 강제된 규정 없이, 서로 얽매이는 것 없이 때로는 같이 농사짓고 나누며 살아간다. 같은 마을에 있으면 금상첨화지만 군이 그렇지 않아도 된다. 같은 마을에 있다고 더 자주 보는 것은 아니다. 농사꾼은 농사를 짓고 살림하는 데만 낮의 대부분을 보낸다. 밤이라고 도시처럼 돌아다니는 일은 하지 않는다.

만약 공동경작을 하면 필요한 만큼 나누어 가져가면 된다. 여기서는 내가 산 논과 빌린 밭에서 그렇게 한다. 같이 경작해서 필요한 만큼 가져간다. 혼자 경작하더라도 내가 필요한 것을 제외하고는 다른 사람에게 나누어 준다. 현금이 필요하면 현금 확보력이 있는 사람이 우선적으로 지불한다. 그러니까 가진 것이 더 많은 사람이 내면 된다. 여기서는 내가 그나마 제일 '부자'다. 내 소유의 경작지도 있고, 강의나 원고로 최소한의 현금 수입이 있기 때문에 자연스럽게 공동자금을 부담한다. 만약 농산물을 판매한다면 판매한 부분에서 소요된 비용을 빼면 된다. 아직까지 농산물을 판매한 적은 없다. 농사지은 것은 필요한 만큼 가져간다. 그러니까 '필요'에 의한 분배다. 똑같은 분배가 아니다.

태극권 수련비도 그렇게 한다. 현금을 버는 사람은 좀 더 내고, 그렇지 않은 사람은 적게 낸다. '내가 돈을 냈으니 너는 노동을 내'라는 거래 방식이 아니다. 자본주의 방식에서는 등가 방식이 적용되지만 여기서는 그렇지 않다. 노동을 하고 필요한 것을 가져가는 것은 부끄러운 일이 아니다. 돈이 필요하면 각기 방식으로 번다. 품일을 주로 한다. 그러니까 나의 품일은 강의나 원고를 쓰는 일이고, 태극권 사부는 태극권을 가르치는 일이다. 어떤 이는 식당에서 음식을 관리하는 일을, 또 다른 이는 농사 품일을 한다. 자신의 재능에 맞는 게 있으면 좋지만 그렇지 않아도 자신의 노동규모와 여력에 맞춰서 한다. 경작하는 땅은 누구의 소유든 경작하는 이들의 소유로서 가치를 가지게 된다. 나에게 다른 가족 구성원이 없기에 이러쿵저러쿵 다른 의견들이 나올 것도 없고, 더 많이 챙겨야 한다는 밀월관계도 없다. 우리는 필요한 만큼 가져가는 밥을 같이 먹는 식구들이다.

내가 생각하는 결혼과 가족 – 현대적 모계사회를 생각한다

"아들은 씨로 하나만 있으면 되고, 사실은 딸이 있어야 부모를 알아줘. 아들은 딸에 비해 열심히 가르치고 징하게 애썼는데 결혼하면 부모는 마누라 다음이야. 그래서 우리 부모는 마누라를 잘 얻어야 한다고 하는데, 그게 쉽지 않잖아. 지 좋다고 하는데. 뺏긴 거지. 하지만 딸은 안 그래. 시집가면 더 잘해줘. 딸은 많을수록 좋아."

만두집 아주머니의 입담이다. 나도 이 말에 동의한다.

나는 제도적 결혼을 찬성하지 않는다. 굳이 결혼을 한다면 어쩔 수 없지만 결혼이란 서로 좋아서 사는 것만이 아니라 법적이고 공식적인 관계를 맺음으로써 서로 억압적으로 강제되는 일이다. 좋을 때는 한없이 좋은 것이 남녀관계지만 나빠지면 '제도적 관계'의 모순이 전형적으로 드러난다. 그래서 서로의 소유물로 취급되는 제도적 결혼은 원하지 않는다. 결혼만이 아니라 동거 또한 자립을 방해하는 요소로 작용한다. 동거를 하고 아이를 낳을 수도 있지만 동거도 하지 않고 이웃에서 같이 살면서 서로 돕고 살아가는 것도 좋은 관계를 유지하는 방법 중 하나다. 서로 강제하지 않는 삶은 동거도 하지 않으며 자유롭게 살아가는 것이다.

부모와 자식의 관계는 모계의 혈통 속에서 살아야 한다. 아이를 낳으면 엄마가 양육하고, 아빠는 옆집에 산다. 아이는 부모 집을 오가면서 지낸다. 아이도 독립적이 되는 것이다. 자식이 있다고 해서 결혼을 하고 양가의 가정을 오가며 지낼 이유는 없다. 명절이라고 시댁에 가야 할 것도 아니고 남편의 옷을 빨아 줄 필요도 없다. 남편이 아프면 돌봐 주는 것은 인지상정이나 살림을 서로 종속적으로 할 것까지는 없다.

나는 여성들이 친정으로 돌아갈 것을 권한다. 시댁에 매여 살아가지 않길 바란다. 남자는 자신의 부모를, 여자는 자신의 부모를 봉양하면 된다. 자신의 부모를 제쳐 두고 남의 부모를 모시기보다 자신의 부모를 잘 모시는 것이 서로 갈등도 없다. 네 부모 내 부모 할 것도 없다. 엄밀하게 피가 당기는 것이 있는데 인위적으로 할 이유가 없는 것이다. 이러면 고

부간의 갈등도 명절 증후군도 없어진다. 부모에 대한 효심의 표현도 더욱 자연스럽다. 나는 내 부모를 모시고 정성을 다하면 된다. 만약 여유가 있으면 서로의 부모에게 잘해 주면 더욱 좋은 일이다. 너와 나의 구별을 서로 '당기는 것'으로 해야지 억지로 한다고 되는 것이 아니다.

모계사회 방식을 따르면 갈등이 현저히 줄어들고 식구들의 개념도 억압이 아닌 자립으로 바뀐다. 식구는 말 그대로 '食口'이기 때문이다. 아이들의 대부분이 고모보다 이모를 더 편안하게 생각하고 잘 따르는 것을 보면 아이들도 모계 쪽에 더 밀착한다. 엄마의 품안에서 자라면서 엄마의 의식이 아이들에게 암암리에 전달되기 때문이다. 친할머니보다 외할머니가, 고모보다 이모가, 작은아빠보다 외삼촌이 더 편하고 더 당기는 것만 봐도 모계 방식이 자연스러움을 알 수 있다.

상상해 보자. 남성들은 집을 짓고 가축을 돌보고, 여성들은 농사를 하고 아이들을 돌본다. 자기만의 집이 아닌 그런 단위의 마을이다. 가족 구성원은 각각 독립적이고 자립적이다. 협력이 필요할 때 아무 이유 없이 협력할 수 있는 것이 가족이다. 각자의 삶을 사는 것이 중요하다. 자신이 즐거운 일을 하고, 서로 경제적 책임을 지지 않는다. 대학생 나이가 되면 아이들은 부모에게 요구할 것이 없다. 부모는 아이들에게 간섭할 것도 없다. 부부도 서로 좋아하는 일을 한다.

나는 혼자다. 동거도 좋아하지 않는다. 동거는 서로의 구속을 요한다. 서로 눈치를 보게 되고 혼자 생각하고 혼자 지내는 것을 방해한다. 집으로 들어와서는 온전히 혼자의 삶을 원한다. 나는 혼자 있는 것을 좋아한다. 나를 멀리서 본 사람들은 이것을 이해하지 못한다. 강의하고 사람들과 즐겁게 지내는 것을 보고 사람들과 같이 지내는 것을 좋아하는 것으로 안다. 만약 항상 여러 사람들과 지낸다면 나는 미치고 말 것이다. 20대 이후 그렇게 지내 온 습성이겠지만 성향상 혼자 지내는 것을 좋아한다. 그러다가 가끔 여럿이 함께 웃고 떠드는 것이다.

만약 매일 누군가 찾아오고 같이 지낸다면 매일 오는 손님이 나에게 반가울 리 없다. 혼자 살다가 가끔 찾아오면 누가 와도 반갑게 맞이하게 될 것이다. 나는 지극히 자립적인 사람이다. 어떤 관계에서도 내가 할 말을 다 하는 편이다. 그 관계가 손상될까 봐 겁내지 않는 것은 우선은 자립적이기 때문이고, 둘째는 당장은 마음이 불편할지 모르나 숨기지 않고 드러내는 것이 서로를 편하게 하는 삶이기 때문이다. 숨기고 은밀하게 거래되는 것을 좋아할 사람이 있겠는가.

모든 갈등은 시간이 해결한다

우리는 어릴 때부터 '사랑'이란 한 지점을 같이 바라보는 것이라고 배운다. 부부는 당연히 철학과 가치가 같아야 한다고 생각한다. 그래서 생각하고 행동하는 것도 같이 할 수 있어야 한다고 여긴다. 하지만 아무리 가치와 철학이 같더라도 똑같을 수는 없는 일이다.

각자가 서로 다른데 그것을 '일치'시키려고 생각하는 데서부터 갈등이 시작된다. 모양도 다르고 피부색도 다르고 걸음도 다른데, 심지어 입맛도 다른데, '같아야 한다'는 착각 속에서 생활하게 되는 것이다. 이 지점이 갈등의 시작이다. 서로 같은 생각을 가지고, 같은 판단을 하고, 같은 결론을 내리고, 같은 행동을 하면 좋겠지만 그렇지 않은 것이 더 일반적이다.

오히려 살면서 서로 닮아간다. 수십 년을 같이 산 노부부는 닮아도 너무 닮아 있다. 같이 살아가려고 애쓴다는 것은 상대방을 닮아가려고 애쓴다는 것이다. 남편은 아내를 이해하고 닮아가려 하고, 아내는 남편을 이해하고 닮아가려 하면서 둘은 서로 한 지점에서 만나게 된다.

모든 관계의 갈등은 이런 점에서 출발한다. 아무도 나와 똑같을 수는 없다. 모든 이들이 유아독존이다. 서로 같은 것 같지만 실은 다르다. 그러므로 모든 관계는 서로 다름을 인정할 때 자족하고 합의하면서 살아갈 수 있다.

하지만 특정 집단은 특정 목적에 부합되어야 한다. 서로 존중해야 하지만, 합의가 필요한 경우 너무 다르면 합의를 도출하기가 쉽지 않다. 그래서 비슷한 사람끼리 모이게 된다. 유사한 사람들이 모이고 관계를 맺으면서 이견을 좁히는 것이다.

여기에 와서부터는 이견이 발생했을 때, 나는 '자족(自足)'을 생각하며 시간을 갖는다. 공간과 시간을 떼어 놓음으로써 서로 뒤로 물러나 생각할 여유를 가지면 자연스럽게 해결된다. 나이가 들수록 상대방을 이해하는 폭이 넓어진다. 나의 갈등 해결방법은 대체로 상대방을 있는 그대로 인정하고, 내가 그에게 요구하는 것을 포기하는 것이다. 요구하거나 기대하지 않고 있는 그대로 인정하는 것을 기준으로 삼으면 이해하지 못할 것이 없다.

자족의 삶이란 자연에서뿐만 아니라 인간관계에서도 통한다. 자족을 하면 순리대로 살아가게 된다. 서로 간섭을 줄이고 독립을 인정하고 자립적이면 갈등의 폭이 줄어든다. 자립은 갈등으로부터 자유를 주기 때문이다.

부모와 노인 문제

나의 부모님과의 관계

맛있는 것이 있으면 제일 먼저 부모님을 떠올린다. 좋은 것을 보면 부모님께 해 드리고 싶다. 내가 좋아하는 모든 것의 1순위는 나의 부모님이다. 나는 자식이 없어서 내가 봉양하고 돌봐야 할 사람이 많다고 생각했다. 예전에 연두식구들이 그랬고, 병든 부모님이 그렇다. 자식을 돌봐야 할 몫으로 나에게 할당해 주는 것이라고. 나는 그것에 익숙해져 갔다. 사람이란 익숙해지기 마련이고 익숙해지면 불편했던 것이 편해지기 마련이다. 나의 엄마는 나에게 투정을 하시곤 하였다.

"연두농장 사람이 나보다 더 중요하냐?"

중풍으로 쓰러져 병원에 입원하셨을 때, 엄마는 자신을 온전히 돌봐주기를 바라는 마음에 그렇게 말씀하셨을 것이다. 또한 연두농장도 내가 돌봐야 하는 어떤 '불구' 집단이라고 생각해서 동급에 놓고 비교를 하셨던 것 같다.

사실 그때는 그랬다. 내가 시골로 내려오기로 결정하고 시골에 집을 지을 때를 제외하고는 연두농장은 내 생활의 1순위였다. 연두농장 사람들은 내가 지켜야 할 사람들이었다. 그러다 아버지마저 쓰러졌다. 엄마 간병하랴, 양조장 다니시랴 건강하던 신체가 더 이상 견뎌낼 수 없었던 것이다. 아버지는 생명을 유지하는 대신 다리 하나를 절단하셨다. 아버지는 의족을 달았지만 연세 탓에 제대로 걷기가 힘들었다. 그럼에도 1년의 투병생활 이후 다시 양조장을 다니시고, 엄마를 돌보는 간병인이 가고 난 저녁에 엄마 시중을 든다. 그런 아버지가 계시기에 나는 시골에서 내 맘대로 살 수가 있다.

"아버지와 엄마가 한날에 돌아가셨으면 좋겠다."

나는 종종 그렇게 말씀드린다. 엄마는 아버지가 유일한 말벗이며 위로다. 온갖 투정을 아버지가 다 받아 주신다. 만약 아버지가 안 계시면 자식들이 자신을 요양원에 보낼 것이라는 걸 잘 아신다.

"내가 아버지보다 일찍 죽어야 할 텐데……."

아버지는 엄마 걱정을 많이 하신다. 건강에 있어 아버지가 엄마보다 낫지만 나는 아버지가 엄마보다 훨씬 더 오래 사실 거라고 장담하지 않는다. 왜냐하면 아버지가 이렇게 사는 이유는 '어머니를 돌보겠다'는 책임감이 앞서서란 사실을 알기 때문이다. 갑갑하셔서 양조장에 일하러 나가시지만 당신 스스로는 '엄마의 간병비를 벌기 위해서'라고 하신다.

노인 부부를 보면 보호해야 할 사람이 죽으면 자신이 살아야 할 이유가 사라진 탓에 우울증에 걸리거나 생명줄을 놓게 되는 사례가 종종 있다. 나는 간병인이 쉬도록 한 달에 두어 번 가서 간병을 하고, 명절이나 제사를 챙긴다. 여동생은 부모님에게 반찬을 해 드리고, 오빠는 일요일에 아버지 목욕을 시키고 내가 오지 않는 날에 간병하러 오고, 막내동생은 조카들 커 가는 것을 보여 드리기 위해 격주로 온다.

사랑은 아래로 흐른다고 했다. 아직은 부모님의 존재가 나에게 부담스럽지 않다. 두 분은 건강을 잃은 뒤에야 비로소 서로가 얼마나 소중한지 부부애를 느끼며 살아가신다. 나는 부모님에게 이렇게 말한다.

"엄마는 아버지의 사랑을 받으라고 중풍으로 쓰러지고, 아버지는 중풍 걸린 엄마의 고통을 알게 하고, 움직임이 자유롭다는 것이 무엇인지 깨닫게 하려고 다리를 잃으셨나 보다."

각자의 부모님을 공경한다

내가 '원주팀'이라고 부르는 친구들이 있다. 이들은 스스로 '자전거'라고 한다. 싱글 여자 셋의 별명인데, 안짱, 뒷바퀴, 앞바퀴라고 칭한다. 자전거는 어느 부품 하나만 없어도 움직이지 못하는 것을 빗대는 것이다. 그들은 같이 움직이는 것에 대해 늘 상의하여 결론을 낸다. 누가 이러자 저러자 해서 움직이는 것이 아니다. 그래서 자전거라고 부른다. 쉽게 결론이 나지 않으면 움직이지 않는다. 세 사람은 누가 앞잡이고 누가 뒤잡이라고 할 것도 없다. 그냥 서로를 인정한다.

그들은 같이 귀농을 하기로 하고 터를 샀다. 지금은 터를 닦는 중이다. 그들은 서로의 부모님을 자기 부모님 모시듯 한다. 시골에 사시는 '뒷바퀴'의 노모에게 가서 일을 해드리고, '안짱'의 부모님에게 맛있는 음식을 해서 가져다드리며 서로의 부모님을 제 부모 모시듯 봉양한다. 결혼한 사람들의 제 부모처럼. 각자의 재산을 모아 터를 잡고, 부모를 공경하고, 같이 하는 행위에 있어서 서로 의견을 모으고 움직이는 그들을 나는 무척 좋아한다.

밥을 지어 같이 먹는 우리도 그처럼 하지는 못한다. 남녀가 유별하다는 생각이 있어서 그렇다. 단지 먹을 것이 있으면 상대방의 부모님도 챙겨드리는 정도다. 食口로 살면서 식구의 고민을 온전히 덜어 주지는 못하지만 각자가 부모님을 최대한 공경할 수 있도록 배려하는 것이 우리의 중요한 몫이다.

도시노인과 시골노인

시골마을에는 노인들이 많다. 대부분이 여성들이다. 과부가 60%, 홀아비가 30%, 부부가 10%이다. 압도적으로 할머니들이 많다. 할머니들은 대부분 텃밭에서 일을 한다. 혼자 사는 것이 안쓰럽지만 그것은 전적으로 우리만의 시각이다. 할머니들이 일하는 것을 보면 거의 본능처럼 움직인다. 해가 뜨면 일하고 해가 지면 집에 들어가는 평생의 습성은 몸이 늙었다고 해도 버릴 수 없는 것이다. 자신의 몸이 아예 움직이지 못하게 되지 않는 한 그들의 움직임은 계속된다. 또 다른 본능인 '하나라도 자식에게 주고 싶은 욕구'가 그들을 움직이게 만든다. 그렇게 부지런히 몸을 움직이는 시골 노인들은 도시의 노인들보다 행복하다.

도시의 노인들은 동네 공원이나 양로원에서 한가하게 지낸다. 그들은 노동을 하지 않고 바둑을 두거나 화투를 치거나 앉아서 대화를 하는 것이 고작이다. 그들이 노동으로부터 멀어지는 것은 일자리가 없어서다. 도시에서는 노인들에게 일자리를 주지 않는다. 일자리는 돈과 직결되기 때문이다. 그러다 보니 노인들은 좁은 아파트에서 아이들 눈치를 보면서 지낸다. 도시의 노인들은 '죽는 날'만 기다리면서 자식들의 짐 덩어리로 전락한 것이다.

반면에 농촌의 노인들은 자립적이다. 텃밭에서 부지런히 몸을 움직여 자식에게 나눠 준다. 짐 덩어리로 전락하는 대신 여전히 자식 걱정을 하면서 몸을 움직이고 있는 부모로서 지낸다. 노인들의 진정한 자립을 위해 일자리를 마련해 주는 것도 좋지만 누군가의 눈치를 보지 않고 자신의 공간에서 자신이 노동으로 얻은 것을 자신이 가져가는 자립이 무엇보다도 중요하다. 그래서 시골 노인들은 누구보다 행복한 이들이다. 노인들에게 적합한 일자리는 다름 아닌 시골에서 농사를 짓는 일이다. 은퇴한 사람들이 시골로 향하는 것은 바람직한 변화이다. 그들의 건강과 사회의 건강을 위해서 말이다.

고려장은 병든 노인이 자식들에게 폐를 끼치지 않기 위해 자신을 외딴 곳에 두어 죽도록 하라는 것이 그 기원이었다. "어떻게 그럴 수 있냐?"고 하겠지만 노인들이 스스로 죽음을 선택하는 유일한 방법이었고, 자식은 그런 부모의 뜻을 존중하는 자연의 순리였다. 이런 순리를 생각해 보면 노인들이 몸 건강할 때 하루빨리 시골에서 터를 잡는 것, 즉 귀농하여 자연에 몸을 의탁하는 것이 고령사회에서 건강한 노인문화를 만드는 일이다.

시골노인의 행복

마을에서 노인들은 새로 온 젊은 귀농인들에게 이렇게 저렇게 훈수를 둔다. 나의 논도 동네 한가운데 있어서 동네 노인들의 관심사이다. 노인들의 훈수는 자연스러움이다. 노인들은 자신의 경험과 지혜를 자식들에게 나눠 준다. 그래서 농촌에서 노인은 죽는 날까지 자식들에게 공경을 받았고 극진히 봉양되었다. 그런 노인들이 지금은 가르쳐 줄 자식들이 없다. 제 잘난 맛에 모두 도시에서 산다.

자신들의 지혜를 익혀 나갈 자식이 없으니 혹시 마을에 젊은 귀농인들이 들어오면 초미의 관심을 갖는다. 자신의 경험을 알려 주고 자신의 지혜를 인정받고 싶은 욕구다. 그들이 생활에서 얻은 지혜를 나눌 대상과 공간이 없었기 때문이기도 하다. 그래서 자립을 하려는 사람들은 노인들의 그런 욕구를 자연스럽게 활용해야 한다. 노인들의 지혜를 사장시키지 말아야 한다. 한국 농업의 역사 속에서 자식은 도시로 떠나 보냈지만 농촌을 지켜온 그들의 삶을 원형 그대로 배워야 한다. 노인들에게 세대를 이어나가야 한다는 책임도 줄 필요가 있다. 핏줄의 자식이 아니더라도 공공의 삶에 대한 책임의식을 줄 필요가 있다. 자식은 여기에 없지만 다른 세대가 마을에서 삶을 이어나간다는 공동의 의식을 부여해야 한다. 노인들은 삶의 지혜를 터득했기에 그들의 말에는 그리 틀린 것이 없다. 나는 늙어 가면서 노인들의 말에 귀를 한껏 기울인다.

죽음과 장례 문제

죽음에 대한 생각과 준비

"왜 이렇게 미련이 많아. 얼른 가~"

대장암에 걸려 1년을 투병했던 친구는 고통에 울부짖다 진통제 주사를 맞고 기절한 듯이 누워 있다. 나는 그의 머리를 쓰다듬으며 나지막하게 말을 건넸다. 평소 씩씩하던 그의 부인은 옆에서 훌쩍거린다.

"네가 어린 자식들 하루라도 더 보고 싶어서 그런 거 알아. 하지만 네 부인이 갚아야 할 빚만 늘잖아. 집으로 가서 임종해. 이 병원 저 병원 전전하지 말고."

병원에서는 다른 병원으로 옮기라고 종용한다. 죽을 때까지 진통제나 주는 말기암 환자나 재활치료를 받는 중풍 환자보다 각종 검사를 받는 신규 환자들이 들어와 병실 회전율을 높여야 병원이 돈을 벌 수 있으니까. 3명 중 1명이 암과 뇌질환으로 고통받는 질병의 시대니 만큼 금융과 산업자본은 망해도 병원의료산업은 나날이 번창할 수밖에 없으리라. 나는 죽어가고 있는 친구에게 빨리 가라고 등을 떠미는 '가혹한' 친구가 된다. 그리고 3일 뒤 그는 '끈질긴 집착'을 놓았다.

자연의 모든 목숨은 제 본능대로 살아가고 죽는다. 사람이 죽게 되면 항문이 느슨해지고 똥을 싼다. 마지막으로는 피똥을 싸고 죽는다. 고양이가 죽는 과정을 지켜본 적이 있는데 마지막 숨을 거두고 피똥을 쌌다. 물론 그전부터 피똥을 지리기도 했다. 바깥세상과의 접점인 몸의 구멍들로부터 이물질이 나온다. 코에서는 콧물이 귀에서는 귓물이 항문에서는 똥물이 입에서는 침이 바깥으로 나오면서, 즉 기가 빠지면서 죽게 된다. 그래서 밥을 먹고 생명을 유지한다면 똥을 모으는 힘으로 산다는 말이 이것을 두고 한 말이다. '밥심=똥심'은 순환을 의미하는 생명 고리다. 동물이든 인간이든 매한가지다.

죽음을 생각하면서 살 나이다. 친구들이 해마다 죽어 간다. 죽는 것이 두려워 거대 병원을 만들고 병원에서 마지막 숨을 거둔다. 병원에서 나서 병원에서 죽고 장례식장에서 주검을 애도한다. 이 세상에 나올 때부터 병원에서 시작해 귀신이 되어서도 소독약이 풍기는 병원에서 지낸다. '병원의 순환'이 아닌가. 돈이 없으면 나오지도 못하고 들어가지도 못한다. 태어날 때부터 돈이 들고 죽어서까지 돈이 드는 게 우리의 인생이다. 병원은 생명을 돈에 의존하여 연장시키는 도구일 뿐이다.

죽음에 대한 태도가 삶에 미치는 영향

지금 당신이 죽는다고 가정해 보자. 죽음을 자연스럽게 받아들이며 자연의 변화임을 쉽게 용인할 수 있을까? 내가 없으면 이 세상도 없는 것인데, 이 세상을 떠난다는 것은 떠나본 적이 없기 때문에 상상할 수도 없다. 그것이 죽음을 두려운 세계로 두게 된 연유다. 우리가 먹는 고깃덩어리는 숨을 쉬고 움직이는 생명이었다. '고기'를 보면서 생명을 연상하기란 쉽지 않다. 사람도 그렇다. 죽고 난 뒤에는 그것으로 끝이다. 티베트에서는 '풍장'이라고 하여 새들이나 동물들이 먹을 수 있도록 육신을 토막 내 산에 버린다. 불에 태우는 화장, 땅에 묻는 지장, 물고기들의 먹이로 주는 수장도 있다. 동물의 죽음이 예사이듯 사람의 죽음도 그러하다. 식물의 죽음이 예사이듯 자연 속에서 사람도 그러하다. 자연의 변화 속에서 한 종, 인간일 뿐이며, 인간의 죽음은 생사의 한 변화일 뿐이다.

죽음을 생각하면 '허'하기 그지없다. 세상 아등바등 살아갈 이유가 없다는 것을 깨닫는 것은 '죽음'에 대한 태도이다. 죽음에 대한 태도는 삶의 태도에 영향을 미친다. 생명이 있으니 그 생명대로 살아가는 것이다. '나는 누구인가?', '나는 왜 사는가?'라는 존재의 물음은 존재 그 자체에 모든 것을 안고, 온 삶으로 존재한다는 것을, 태어날 때부터 가지고 태어난다는 것을 알게 되고, 살아가면서 그 존재의 이유를 펼치고 존재의 온 삶을 펼치는 것이다. 종자가 밭을 만나 종자의 속성을 그대로 드러내듯이. 종자는 밭을 만나 온 삶을 펼치고 인간은 세상을 만나 온 삶을 펼치는 것, 이것이 삶이며 죽음은 그 펼치고 난 뒤 돌아가는 곳이다. 펼치면 접히는 것이 있듯, 그렇게 변화의 과정을 겪는 것이다.

나의 존재, 그 안에 내가 펼칠 것들이 모두 갖추어져 있다. 이 세상이 주는 것이 아니라, 이 세상에서 배우는 것이 아니라, 이 세상은 나라는 존재가 가지고 태어난 것을 드러내는 곳이다. 그래서 이 세상에서 인간 존재에게 주는 것은 가르치는 것도 키우는 것도 아닌 있는 그대로 '존재하게 하는 것'이다. 그 존재가 원하는 것 그대로 놓아두는 것이다. '나는 누구인가?'의 질문을 새삼스럽게 할 이유는 없다. 이 세상에 하나밖에 없는 '나'는 '나'를 존경하고 '나'를 사랑하고 '나'를 잘 살 수 있도록 돌봐 주어야 한다. 내가 행복해야 하고, 내가 자유로워야 한다. '나'는 모든 것을 가지고 태어났으며 모든 것을 펼치는 것만 남았다. 나의 세상은 '이 세상'이다.

죽음의 자립, '잘 죽었으면 좋겠다'

내가 잘 살았으면 좋겠다는 것은 잘 죽었으면 좋겠다는 것과 같다. 중풍으로 계시는 엄마의 모습을 보면서, 다른 이에게 의존하는 노년의 삶을 보면서, 나는 건강하게 살아야겠다고 생각했다. 그렇다고 모든 일이 내 뜻대로 되는 것은 아니다. 내가 정신을 놓을 수도 있는 일이다. 어떻게 될지는 아무도 모른다. 그래서 사람들은 미래에 자신이 어떻게 될지 모르는 것 때문에 '노후 대비'라고 하여 돈을 축적하기도 한다. 나를 돌봐 줄 사람이 없으면 돈이 있어야 한다고, 돈이 있으면 호화로운 병원에서 간병을 받으면서 죽을 수 있다고, 설혹 자식이 있더라도 자식들에게 의존하지 않으려면 '돈'이 있어야 한다고. 명백한 사실이다. 그런 면에서 나는 돈도 없고 자식도 없다. 같이 늙어갈 남편도 없다. 그것이 나의 지인들이 나를 보며 늘 불안하게 여겼던 점이다. 다행히 지금은 그런 생각을 가진 지인이 없다. 아니 나를 보면 미래에 대한 생각을 하지 못하는 것이다. 현재 나는 매우 만족스럽게 살아가고 있으며, 그들이 부러워하는 생활을 하고 있기 때문이리라.

나의 '노후 대비'는 없다. 그저 지금 여기서 행복하고 건강하게 사는 것밖에⋯⋯. 단지 나는 잘 죽기 위해 최대한 정신과 육신이 살아 있을 때 죽음을 준비할 수 있는 방법으로 '단식'을 생각했다. 11년 동안 주기적으로 단식을 해 오고 있는 나는 올해부터 '단식일수'를 매해 늘려 가기로 했다. 단식은 내 생활의 활력소이자 가장 자립적인 죽음 선택법이다. 죽음을 스스로 준비할 수 있다는 것도 행복한 일이다.

죽음을 준비하며 단식을 선택한 것은 강대인 선생의 죽음을 전해 듣고 난 뒤이다. 10일 정도 단식을 하게 되면 먹을 것에 대한 집착이 완전히 사라진다. 날이 갈수록 몸은 가벼워지고 정신은 맑아진다. 평온한 것은 말할 것도 없다. 20일 단식을 하게 되면 영적인 교감도 가능하다. 대부분 종교의 창시자나 예언자들, 부처・모세・예수・최제우 등 단식을 통해 영적인 교감을 하고 난 뒤 사람들에게 알려주는 것도 단식의 효과다. 20일 이상 단식을 하면 먹을 생각도 완전히 사라지고 풍미 유혹도 벗어나고 단식이 습관처럼 계속 이어질 수 있다. 계속된 단식은 체온이 내려가면서 몸 안의 에너지를 다 태우고 생명에 영향을 끼친다. 쌀겨유기농법을 창안한 농부 강대인 선생은 단식 수련 중 저체온증으로 사망에 이르게 됐다. 어쩌면 강대인 선생도 자신의 죽음을 그렇게 준비했는지 모른다.

현대인들은 길거리에서 갑작스럽게 죽는 경우가 많다. 맞아서 죽고,

찔려서 죽고, 교통사고로 죽는다. 그런 갑작스러운 죽음들은 대체로 우리가 저지른 현대 문명의 부메랑이다. 문명으로부터 멀리하는 생활이라면 그런 갑작스러운 죽음의 기회도 줄어든다. 자연 속에서 자연스럽게 죽어갈 수 있는 것, 그것이 가장 행복한 죽음이다.

장례 방식에 대한 고민

풀과 나무, 꽃들은 모두 각자의 전설을 가지고 있다. 한스럽게 죽은 사람들의 넋이 꽃으로 환생하여 사람들에게 전해지는 것은 예사다. 꽃의 아름다움과 서러움이 형상화되고, 사람들은 그 넋을 생각하며 그 꽃을 귀하게 여긴다. 사람이 죽어 흙으로, 그 흙이 식물의 자양분으로 작용하는 유기적인 자연 순환 과정을 고스란히 표현한 이런저런 전설이 전해져 내려오는 것도 그런 까닭 아닐까?

이런 순환의 전설은 더 이상 없으리라. 지금의 장례는 장례산업에 맡겨져 있다. 돈이 없으면 장례도 못 치른다. 장례는 친족의 '권력의 전시장'이 되어 형제간 현재 삶의 척도들이 비교된다. 그래서 장례식장에서 형제들과 친족들 사이에 고성이 오가는 경우도 있다. 돈으로 치러지는 장례이기 때문만이 아니라 죽은 자를 둘러싼 애환들이 오가기 때문일 수도 있다. 장례를 마치면 화장터로 향한다. 그리고 화장터에서 또다시 납골당으로 향한다. 모두 돈이 들어야 가능한 일이다.

죽은 자의 뼛가루는 공동묘지든 납골당이든 죽은 자들의 집합소로 이전된다. 죽은 것들이 산 것으로 나무, 토양에 순환되는 것을 차단시킨다. 죽음은 삶으로 연결되지 못한다. 언젠가부터 죽음은 고립된 영역으로 치부되었다. 그래서 지금의 장례는 사람의 영혼을 가두기 위한 것이며 순환을 단절한 산업에 불과하다.

내가 사는 집 주변에는 무덤들이 많다. 집에서 20보도 안 되는 곳에도, 계곡에도, 나무 하러 가는 산에도 수없이 많다. 70년대까지만 해도 가족 구성원이 죽으면 집 가까이에 무덤을 지었다. 죽은 자와 산 자의 터가 구별되지 않았다. 죽은 자들은 산 자들을 지켜주고, 산 자들은 그들의 희로애락을 무덤에 찾아가 나누며 위로받았다.

티베트 등 일부 지역에서는 죽은 자들이 3대 이내에 환생한다고 믿는다. 죽음이 생에 물리며 삶의 에너지로 작용하는 문화는 자연의 한 미물이라도 소중하게 다루는 생활 방식의 반영이라고 볼 수 있다. 죽은 자들에 대한 기억만이 있을 뿐이다. 그 기억도 시간이 지나면 사라진다. 죽은 자들은 산 자들의 터에 끼어들지 못한다. 아버지는 자식의 어떤 고난과 슬픔에도 스며들지 않는다. 지구에 사는 풀 한 포기부터 사람에 이르기까지 모두가 조화로운 하나의 전체이며 그들은 영원하다. 그런 생멸의 순환과 모든 존재가 유기적으로 연결되어 있는 가운데 생멸이 단절되고 모든 존재도 각기 단절된다. 이게 현대 문명의 죽음이다.

그래서 나는 내 육신을 단절된 공간이 아닌 생명의 순환, 삶의 유기물로 제공하고 싶다. 나무와 꽃의 전설처럼. 나는 나무의 거름으로 남기를 희망한다. 죽음을 그 테두리에 가두지 않고 산 자들의 그 삶에 자양분으로 끌어들이는 유기체의 과정, 즉 삶과 죽음이라는 변화과정과 자연의 순환과정이라는 삶의 터전에서 온전한 에너지로 있고 싶다. 그런 죽음을 준비하는 사람은, 그 자신의 소명과 영원 본질을 깨닫는 사람은 행복하게 살아갈 수 있다.

02

자립의
실행

자족이란 자연이 준 것을

그대로 받아들이는 것이며,

상대방의 성격과 행위를 그대로 인정하는 것이다.

3장

맨발로 닿아도 아프지 않은 땅에 서다 / 자립의 삶 들여 놓기

삶의 철학

자족(自足)의 철학

지족(知足)하는 마음이 있으면 경건이 큰 이익이 되느니라. 우리가 세상에 아무것도 가지고 온 것이 없으매 또한 아무것도 가지고 가지 못하리니, 우리가 먹을 것과 입을 것이 있는 즉 족한 줄을 알 것이니라(디모데전서 6장 6~8절).

내가 궁핍하므로 말하는 것이 아니라 어떠한 환경에서든지 내가 만족하기를 배웠노니 내가 비천에 처할 줄도 알고 풍부에 처할 줄도 알아 모든 일에 배부르며 배고픔과 풍부와 궁핍에도 일체의 비결을 배웠노라(빌립보서 4장 11~12절).

내가 살아가면서 점차로 행복지수가 높아가는 것은 자족을 배워가기 때문이다. 자족이란 '스스로 그러한 것을 받아들이는 것'이다. 자연이 준 것을 그대로 받아들이는 것이며, 상대방의 성격과 행위를 그대로 인정하는 것이다. 사람은 원래 태어날 때 자족하는 법을 가지고 태어났으나 부모와 사회로부터 교육되고 훈련되면서 자족이 아닌 인위와 조장된 것을 학습해 자족의 색이 엷어져 갔다. 내가 하루살이든 여든살이든 백살이든 주어진 세상 살이에서 행복하게 살다 가는 것은 자족 외에는 아무것도 없음을 나는 지금에서야 깨닫는다.

자족이란 우리 삶을 관통하는 것이다. 젊었을 때는 사회와 국가에 바라는 것이 많았다. 국가가 우리의 행복을 위해 움직여 줄 것이라는 환상이 있었기에, 바라는 것만큼 현존 사회와 국가를 개조하기 위한 투쟁을 했다. 그러나 국가권력은 우리 개인의 행복을 위해 싸워온 적이 없었음을 알게 되었다. 결국 나 자신을 보호하는 것은 내 삶의 방식을 변화시키는 것이며 흙이나 자연 속에서 지내는 것이 나의 본연의 행복을 찾는 길이라는 것을 알았다. 흙 속에서 살아가는 것이 부끄럽지 않고 수치스럽지 않은 자연스러운 것임을 알았다.

생이불유(生而不有)

내가 자식을 낳았다고 자식이 내 것이 되지는 않는다. 내가 만들었으되 나의 것이 아니다. 세상에 내 것인 것은 없다. 낳았으되 소유하지 않음을 말한다. 특히 농부는 그러하다. 내가 자연의 힘을 빌려 농사를 지었으나 그것은 온전히 나의 것일 수 없다. 나의 힘은 자연의 힘이 없으면 결코 이루어질 수 없는 일이었으며, 그렇다고 자연은 나에게 달라하지 않으니 수확물은 나의 것이며 동시에 자연 구성원의 것이기도 하다. 농부철학이 이러지 않으면 자족하지 못하며 행복할 수 없다. 내가 지어서 다 가지는 것이 아니라 내가 필요한 만큼만 가져가고 나머지는 다른 이들에게 나눠 주고 동물들에게 나눠 주는 것. 이는 내가 나눠 주는 것이 아니라 애초에 이 모든 것이 나를 포함한 자연의 것이었다는 점을 기억해야 한다. 내 것이기만 하면 오히려 괴로움이 될 것이다. 인생이 고(苦)라고 한 불가(佛家)의 말은 틀렸다. 인생은 그저 저절로 이루어지는 자연의 변화 속에 있을 뿐이다. 내가 낳되 내가 소유하지 않는 것이다. 그래서 짓는 자는 결코 누군가에게 내 것을 달라고 하지 않는다. 내가 스스로 노동할 수 있는 능력을 주었으니 그것으로 스스로 자급하는 것이다. 자급하고 생이불유(만들었지만 소유하지 않는다)하는 것이 진정한 농부의 철학이고 삶이다.

물은 아래로 흐른다

우리가 행복해지는 법은 첫째, 시골에서 자연과 최대한 가깝게 사는 것, 둘째, 흙을 만지며 농부로 사는 것, 셋째, 죽음을 생각하며 사는 것이다. 우리는 빈손으로 와서 빈손으로 간다. 그리고 넷째는 육신을 자유롭게 움직이지 못하는 사람들을 생각하며 사는 것이다. 자신의 몸을 자기 마음대로 움직일 수 있다는 것에 감사하고, 그렇지 못한 사람들을 생각하며 살면 행복해질 수밖에 없다. 우리는 추억을 할 수 있고, 보고 싶은 사람을 볼 수 있는 세상에서 살고 있으며, 사회 불의에 분노할 수 있고 저항할 수 있으니 얼마나 감사한 일인가.

결국 우리의 행복은 물 흐르는 대로 살아야 얻을 수 있는 것이다. 모든 자연과 세상의 이치는 아래로 흐른다는 사실을 알아야 한다. 물이 아래로 흐르고 아래에서 모이듯, 삶은 죽음으로 가는 것이 순리다. 이 이치를 알면 지금에 늘 만족할 수밖에 없다. 자연을 보면서 자연 그대로 저절로 이루어지는 자족을 하지 않으면 농부의 삶조차 힘겨워진다.

우리는 나이가 들면서 점점 더 법을 따르게 된다. 물이 흐르는 법을 알게 되는 것이다.

三十而立, 四十而不惑, 伍十而知天命, 六十而耳順, 七十而 從心所欲不踰矩

삼십에는 삶의 기초(철학)를 세우고, 사십에는 어떤 유혹에도 흔들리지 않고, 오십에는 하늘의 뜻을 알고, 육십에는 어떤 말을 들어도 순하고 다 들을 수 있으며, 칠십은 하고 싶은 것들이 도를 벗어나지 않는다.

나이가 든다는 것, 철 따라 순응하는 것처럼 자연을 닮아가는 삶이 인간에게는 철에 맞게 사는 것이다. 자연의 일부로 최선의 삶을 살아가기를 기원해 본다. 나이가 들면서 생의 모든 경험이 온 삶으로, 우주의 모습을 담고 태어났으며, 삶이란 그런 것을 펼치는 것이란 생각이 든다. 만약 펼칠 기회와 환경이 제약당하면 우주의 일부만이 펼쳐진다. 그래서 환경과 기회를 억제하지 않는 것이 그런 모든 것을 발현할 수 있게 하는 것이다.

우리가 전생이니, 데자뷰니 하는 것도 DNA 정보기억장치에 의한 것이 아닐까? 인간에게 우주의 모든 기운이 각인되어 이 세상에 와서는 온 삶을 내보이는 것이 아닐까? 그래서 생각하는 대로 이루어지고, 말이 씨가 되는 것이 아닐까? 나의 몸에서 일어나는 수많은 조각들이 일정한 기회와 환경에 접했을 때 드러난다. 그래서 나이가 들면서 자연의 이치를 알게 되고 순리대로 산다는 것을 경험하게 되면 우리가 그리도 지지고 볶고 살아온 것들을 단조로운 영상으로 접하게 된다.

아이들에게는 상상력을 키우는 일이 중요하다. 상상력은 생각과 말을 현실화시키는 단초가 된다. 사람은 자기의 꿈과 생각으로 자기 미래를 스스로 짓기 때문이다. 사람이 태어날 때는 온 삶을 가지고 태어났기 때문에 누구든 스스로 조물주가 되어 자기 자신을 프로그래밍할 수 있다. 그래서 자신이 가지고 태어난 운명을 어떻게 발현하는가는 전적으로 자신에게 달렸다. 그래서 운명을 스스로 짓는 것은 '나' 자신이다.

인간이 태어날 때 이미 정해진 먹을 것과 살 곳

자연은 인간이 살아가는 데 필요한 모든 것을 준다. 땅 위의 모든 풀과 나무는 인간이 살아가는 데 모든 재료로 사용된다. 인간은 자연이 주는 모든 것을 이용하는 법을 배우기만 하면 된다. 자연의 재료를 이용하는 법은 오랜 인간의 생활 속 지혜에서 배울 수 있다. 가깝게는 노인(老人)들로부터 그들의 삶의 경험을 배우면 된다. 현 세대 노인들이 죽기 전에 우리는 그들의 지혜를 끄집어내야 한다. 왜냐하면 자연에 의존했던 삶, 농경생활의 문화를 살았던 마지막 세대가 현재의 노인세대이기 때문이다.

흉년이 들어 농사를 제대로 짓지 못하거나 전쟁 이후 토양이 황폐해져 먹을 것이 없어 굶주렸던 시절에는 대부분 산야에서 채취한 것들을 음식으로 이용했다. 농사를 짓고 난 이후 야생의 것들은 사람들의 질병을 치료하는 약으로만 이용했으나 구황시기에는 일상적인 식량으로 대체되었다. 없어서 먹지 못했던 것들, 굶주림을 모면하려고 했던 것들 이런 것을 구황작물이라고 한다.

구황시기에는 버릴 것이 없었다. 음식이 남아도는 세상에서는 버릴 것이 많다. 일반적으로 식물을 음식으로 조리할 때 껍데기와 꼭지, 씨를 버린다. 하지만 굶주리게 되면 그런 것들을 모두 먹는다. 언 무나, 시든 배추 잎사귀도 없어서 굶주렸다. 풍년의 평상시에도 가난한 이들은 밭주인이 수확하고 버린 쓰레기들을 주워서 굶주린 배를 채웠다.

요즘 남아도는 것이 많은 이유는 너무 많이 일하고 너무 많이 먹기 때문이다. 지금의 세상은 탐욕이 성취이고, 탐욕이 부자며, 탐욕이 존중받고, 탐욕이 거래되고 있다. 지금은 너무 많이 먹고, 버리는 것이 너무 많아서 질병에 걸리는 세상이다. 이제 소식이 무병장수한다는 역설이 나오고 있다. 얻고 버리고 순환되지 않는 생활로 인한 병폐들을 되돌아보지 않으면 우리는 풍요 속의 빈곤으로 자멸하고 말 것임을 체감하고 있는지도 모른다.

비만, 질병, 쓰레기, 돈, 냉장고를 비롯한 온갖 가전제품, 스트레스, 과도한 노동, 병원, 자본주의 시대의 키워드들이 어디에서 나온 것인지 살펴보면 결국 자연을 배척하고 자연을 거스르는 삶, 가공의 삶을 살아온 데서 비롯된다는 것을 알게 된다. 그렇다면 우리는 무엇을 어디서부터 시작할 것인가?

식의 철학

식습관에 대한 반성과 변천

잃어버린 맛의 기억을 찾아가지 않으면 안 되는 때가 도래했다. 1950년대 이전 농경시대의 마지막 세대가 지금의 부모 세대이다. 그런 부모 밑에서 자란 우리는 어른이 되고 나이가 들면서 어린 시절에 먹었던 것에 대한 향수에 젖어들게 되었다. 음식 습관은 지독히 보수적이다. 음식 재료는 달라졌어도 맛은 과거의 테두리를 유지하기 때문이다.

잃어버린 손맛으로 되돌아가야 하는 이유 중 더욱 중요하고 단순한 이유는 건강 때문이다. 우리가 먹는 음식들이 대부분 공장에서 만들어지는 가공식품이며 가공식품은 가공 과정에서 인체에 유해한 화학성분을 첨가한다. 가공식품은 생명을 근근이 유지시켜 줄지는 몰라도 질병을 안고 사는 생활을 가져다 줄 가능성은 부정할 수 없다. 더구나 농약과 제초제, 화학비료를 가득 친 대량 농작물 재배 방식과, 성장호르몬을 투여하고 밀집된 환경 속에서 돈으로 거래되는 숫자에만 관심을 갖는 대량 가축 사육 방식으로 생산된 결과물을 먹고 자란 아이들은 성조숙증, 비만, 암, 알 수 없는 질병에 노출된다는 위기의식이 확산되고 있다. 이런 현대의 식습관에 대한 반성으로 '웰빙식'에 대한 관심은 한살림소비자생활협동조합과 같은 '생협'의 물품 애용에 이르렀고, 생활습관에 대한 성찰로까지 이어졌다.

1960년 이후부터 몇 년 전까지만 해도 많이 먹고 육식하는 것이 건강을 위한 것이라고 했으나 2013년 들어 최근에는 '소식(小食)'이 건강에 좋다는 임상실험들이 발표되었다. 사실 '소식'에 대한 유익성 검증은 훨씬 이전부터 있었지만 책이나 텔레비전 프로그램을 통해 확산된 것은 2013년이 돼서다. 공교롭게도 전 세계에 식량 위기가 파급되면서 이런 식습관을 내어 놓기 시작했다는 점에서 보면 식량 문제를 해결하는 하나의 방편으로서의 의미도 있달 것이다.

오일피크로 인해 대체에너지로 눈을 돌리고, 식량의 세계화가 토착 식량에 대한 관심을 불러일으켰으며, 질병에의 대응 방식으로 소식과 산야초에 호기심을 갖게 됐다. 자본주의 시장이 불안해지고 도시에서 일자리 문제가 생기면서 귀농에 대한 관심이 증폭되고, 질병의 시대가 도래하면서 건강과 음식의 중요성이 대두되었다.

또한 스트레스와 마음을 다스리는 데 명상과 요가 등의 방법이 이슈가 되고, 병원과 약물의 일상적 폭력으로부터 자연치료와 자연을 통한 '힐링'이 주목받기 시작했다. '물이 생명수'라는 말처럼 오염된 물과 공기에 대한 성찰, 도시의 생활 습관으로 인한 운동부족 현상으로 몸의 노폐물과 독소가 쌓이는 현상, 뼈와 관절, 심폐기능의 이상을 점검하면서 단순히 어떤 음식을 먹느냐에서 어떻게 사느냐로 담론의 범위가 확장되기 시작했다. 즉, 어떤 음식을 먹는가는 어떻게 사느냐와 직결된다.

자연식의 옛 사례 '구황벽곡의 깨달음'

경제만이 아니라 사회문화 교육 전반에 걸쳐 문명의 역습이 시작되면서 자연과 반문명만이 인간의 생명을 유지하고 인류사회가 생존할 것이라는 예측 속에 변화가 일기 시작했다. 음식의 변화는 문명으로부터 멀어지는 것에서 출발했다. 똥을 많이 싸는 것은 많이 먹는 것이다.

이제 모든 것을 줄이고 절약을 생활화해야 한다. 노동시간도 수확량도 모두 적당하게, 아니면 보다 많은 사람들이 나눠 먹고 공생하기 위해서 똥을 적게 싸고 적게 노동하는 법을 배워야 생존할 수 있다.

가뭄과 흉년이라는 자연재해와 전쟁이라는 인간재해에서 지혜를 배웠던 벽곡방과 구황방은 검증된 식량체계며, 반문명, 저에너지, 적은 노동력을 들이고 자연적이라는 점에서 일치된다. 소식과 채식을 중심에 둘수록 정신·마음의 건강이 이루어지고 자신의 몸에 예민해지며 영성적 교감까지도 발달할 수 있다. 예부터 신선은 이슬만 먹고 산다고 하였다.

문명으로부터의 탈출은 음식에서 시작된다. 버릴 것이 하나도 없는 음식 문화는 곧 건강한 생명을 유지하고 질병을 치유하는 문화이다. 이러한 음식 문화를 찾아내어 생활로 들여와야 한다. 구황방과 벽곡방이 대표적인 예가 된다. 이러한 구황방과 벽곡방의 깨달음은 자연으로부터 떨어져 나오려 했던 인간을 다시 자연 속의 생활로 되돌려 보내는, 자연의 거대한 흐름임을 알게 된 것이다.

식생활의 원칙

가능한 한 내 손으로 농사짓고 내 손으로 채취한 것으로 먹고살자. 만약 고추를 재배하지 않았으면 고추를 먹지 않는다. 가능한 한 거래를 줄이자는 것이다.

묵은나물도 많이 만들지 말자. 겨울에는 가능하면 덜 먹자. 가능한 한 외부로부터 공급되는 전기에너지를 덜 쓰자. 그러기 위해서 단순 조리, 단순 저장을 하자. 내 몸을 위한 약초음식은 내가 채집하고 음식으로 이용하자. 음식으로 질병을 예방하고 치료할 수 있다.

"채식만 해선 안 돼. 고기를 먹어 줘야 해."

노인들은 고기를 먹지 않는 것에 대해서 대단한 경계를 한다. 이는 그들이 고기를 명절에나 겨우 먹어서 고기에 대한 향수와 그리움이 높은 시절을 살았기 때문만은 아니다. 거기에는 그들이 젊을 때에 받았던 '미국식 밥상이 최고'라는 미국식 영양소 교육이 한몫한다. 단백질이 많은 음식을 먹어야 한다며, 동물성 단백질을 성장기 어린이와 청소년기의 필수 영양소로 규정하였고, 우유의 하루 권장량까지 정하여 우유를 상용화시켰다.

그러나 단백질에서도 동물성 단백질에 대한 신화는 최근 일련의 연구에 의해 무참히 깨지고 있다. 단백질은 식물에도 있으며 물고기에도 있다. 소나 돼지나 닭에만 있는 것이 아니다. 과거에는 사육하는 동물성을 먹기 어려웠기 때문에 토끼·꿩·사슴·멧돼지 등의 야생동물이나, 염소·오리 등의 가축, 또는 메뚜기 등의 곤충을 먹었다. 하지만 지금은 야생동물과 곤충을 먹을 기회가 없으며 대부분 사육된 동물성만 접할 수 있다. 그런 상태에서 동물성을 강조하는 것은 사육된 동물을 먹어야만 한다는 역설과 같다. 어떻게 사육된 것인지 안다면 이는 죽음의 덩어리를 먹으라고 하는 것과 같기 때문에 차라리 채식을 택하는 것이 낫다고 본다.

일반적으로 동물보다 식물이 오래 산다. 농사에 있어서도 식물성이 탄소비율이 높아 지력을 높인다. 산에는 풀과 나무의 잔해가 퇴비가 된다. 수백 년, 수천 년 된 나무가 산다. 반면에 동물성은 단기적 힘을 주고 길어야 고작 120년을 산다. 남의 살을 먹고 사는 동물은 천수도 짧고 힘은 단발적일 가능성이 많다.

하지만 자신이 사는 지역에 따라 음식은 달라지기 마련이다. 주변에 동물만 있는 북극이라면 당연히 동물을 사냥해서 먹어야 한다. 정글이라면 다양하게 먹을 수 있다. 문제는 재배와 사육된 환경과 그들이 먹는 사료 등이 인간에게 해로움을 준다면 그 지역에서 자연적으로 나는 것이나 자신이 재배해서 먹을 수밖에 없다는 데 있다.

내가 사는 곳은 산과 밭이 옆에 있다. 산골에서 쉽게 먹을 수 있는 것 역시 식물로, 산나물과 들나물이 지천이므로 당연히 채식 위주가 된다. 4월 중순, 아침에 일어나면 산에 올라간다. 바야흐로 봄이라고 하지만 4월 말까지 농사는 그리 바쁘지 않다. 밭을 갈지 않고 작년에 썼던 밭 형태를 고스란히 쓰는 경우는 씨앗을 뿌리기 전에만 밭을 다듬어 주면 된다. 씨앗은 대부분 4월 중순부터 5월 초순까지 밭에 뿌려 준다. 입하가 지나면 풀들이 일어서는데 그전까지는 농사가 한가하다. 특히 곡물 농사로 논농사를 하는 사람들에게는 모내기 전까지도 한가하다.

그렇기 때문에 봄날 아침에 일어나서 하는 일은 산에 올라가 산나물을 찾아나서는 일이 된다. 4월경에는 구릿대 · 홑잎사귀 · 고추나물 · 도라지순 · 취순 · 엉겅퀴순 · 파드득나물 등이 나오고, 중순경부터는 고사리를 꺾기 시작한다. 고사리는 산에 나무와 잡목이 무성해지는 소만 전까지 부지런히 꺾을 수 있다. 고사리를 꺾으러 올라가면서 산에 있는 풀들을 관찰하며 먹을 것들을 한가득 가져온다. 나물 망태는 10kg 쌀부대를 줄로 엮어 만든다. 예전에는 산나물 망태기를 짚으로 엮었다. 지금은 굳이 그렇게까지 하지 않고 쌀부대 자루나 비닐봉지 몇 개를 가져가면 여러 가지 나물을 가져올 수 있다.

　산에는 산나물이 자라고, 밭에는 이른바 잡초들이 자란다. 제일 먼저 3월이면 개망초와 냉이들이 우르르 몰려나온다. 또한 광대나물·벼룩나물·별금자리·꽃다지·씀바귀·고들빼기들이 자란다. 고들빼기는 4월 중순이 되어야 잘 자라고 씀바귀도 그즈음에 먹을 만큼 자란다. 산달래도 4월 중순이 되어야 눈에 띄게 된다. 밭 한가운데에 버젓이 자라는 잡초들은 대부분 먹을 것들이다. 산과 들의 나무 새순들도 마찬가지다. 5월 초순이 되면 뽕나무와 감나무 잎이 자란다. 입하가 지나면 새순을 따다가 음식으로 해먹을 수 있다. 뽕나무 잎을 따서 볶거나 장아찌를 담가 먹고 감나무 잎으로 차를 만들어 먹는다. 4월만 되어도 머윗잎, 미나리냉이 등 먹을 것이 지천으로 많다. 작물이 자라기 전 5월 초까지는 산과 들에서 나물을 해 먹는다. 아침에 채취하여 다듬고 그날 하루 먹을 것을 챙긴다. 자연스럽게 채식을 하게 되는 것이다.

　봄철에는 쑥이 지천인지라 쑥으로 쑥밥을 해 먹고, 쑥국을 끓이고, 쑥개떡과 쑥인절미, 쑥가래떡, 쑥버무리를 해 먹는다. 쑥을 질리도록 먹는 것이 4월이다. 머윗잎이나 취가 나오면 고기가 가끔 생각이 난다. 고기쌈으로는 머윗잎과 취, 그리고 젠피나무 잎사귀가 좋다. 향이 진하고 맛이 강해 고기와 잘 어우러진다. 그것들을 각각 장아찌로 담가 놓기도 한다. 채식을 하지 말라고 해도 있는 것이 채소이기 때문에 채식을 기본으로 한다.

　하우스에서 재배되어 제철이 없거나 산야에서 나오지 않는 것들과는 아예 접근을 하지 않는다. 왜냐하면 마트에 나가서 살 일이 없기 때문이다. 봄철 내내 산과 들에서 나오는 것만으로 살아가도 벅차기 때문이다. 현미밥과 국 하나 그리고 나물들. 간장과 된장을 담그고 고추장이 있으면 모든 것이 해결된다. 초고추장을 위한 오미자 효소 하나 정도는 만들어 두는 것도 좋은 일이다.

불량식품은 특별식으로

나에게 찾아오는 손님들은 "뭐를 사올지 몰라서……"라고 하면서 유기농 '과일'을 내 놓는다.

나는 유기농 딱지 붙인 것을 특별히 선호하지 않는다. 먹어 봐서 내 입맛에 맞으면 되는 일이다. 특히 외부로부터 반입된 것들도 굳이 '유기농'을 고집하지 않는다. 단지 과일 중에서 귤은 예외이다. 귤껍질을 이용하는 일이 많으니 유기농 딱지가 붙은 것을 선호한다. 유기농이 아닌 것은 귤껍질에 발라 놓은 광택제가 잘 씻기지 않는다. 그래서 나는 일부러 귤을 사 먹지는 않는다.

술을 자주 먹을 때는 고기를 먹어도 몸에서 거부 반응을 느끼지 못했다. 술을 잘 먹지 않게 되자 고기를 먹는 기회가 사라졌다. 주로 안주로 먹었던 것이다. 고기를 먹으면 몸이 부담스럽고 똥냄새가 구렸다. 그리고 고기를 먹고 나면 이곳에서는 설거지가 번거롭기 때문에 고기를 좋아하지 않는다. 물론 손님이 사 오는 고기는 마다하지 않는다. 손님이 오면 같이 구워 먹거나 김치찌개용으로 끓인다. 김장김치나 신김치를 넣어 끓인 찌개는 며칠을 두고 먹게 된다.

무엇보다도 고기는 먹고 난 뒤 고기 기름을 닦아 내는 것이 성가시다. 고기 기름은 휴지로 닦아낸 뒤, 풀을 뜯어 아궁이에서 나온 잿물에 담가 설거지를 해도 기름 때가 완전히 벗겨지지 않는다. 그래서 천연비누나 폐식용유로 만든 빨랫비누를 기름기 닦는 데 이용하기도 하지만 고기 기름은 어쨌든 세척하기 불편하다.

라면도 거의 먹지 않는다. 인공조미료가 듬뿍 들어 있는 라면은 수개월에 한 번 정도 먹는 별식이다. 라면을 먹고 난 뒤에는 속이 더부룩하다. 라면이나 고기, 술, 제과점 빵은 몸을 무겁게 한다. 그래서 먹고 난 뒤 항상 후회를 한다. 몸이 즉각 반응을 하기 때문이다. 아랫배가 더부룩하고 소화가 잘 안 되며 몸에 부종이 생긴다. 자주 먹게 되면 살이 붙게 된다. 내 체질상 채식이 가장 알맞다. 가공식품을 일절 먹지 않고 채식을 하는 날에는 몸도 가볍고 살도 찌지 않고 소화도 잘된다. 많은 양의 채식을 해도 나의 몸에 악영향을 끼치지 않는다.

탄수화물이 살을 찌운다는 다이어트 정보는 잘못된 것이다. 곡물이 대부분 탄수화물인데 통곡을 먹으면 아무리 먹어도 살이 찌지 않는다. 물론 움직임이 없으면 배출보다 흡입이 많으니 살이 찌기 마련이다. 하지만 적당히 운동을 하거나 육체적 노동이 있는 농부에게 탄수화물은 나쁜 것이 아니다. 다이어트 관계자가 말하는 것은 식품에 첨가된 정제된 탄수화물이다. 탄수화물을 먹고 살이 찐다는 것은 주로 인스턴트나 가공식품에 들어간 정제된 탄수화물 때문이다. 통곡으로 먹는 현미, 통밀, 보리, 각종 콩류 등의 탄수화물과 식물성 단백질, 지방 등은 몸에 해로움을 주지 않는다.

집에 들어오는 가공식품은 특별식으로 인정한다. 일상적으로 몸이 좋아하는 음식을 섭취하다가 가끔 몸에 해로운 것을 먹는 정도로는 내 몸이 휘둘리지 않는다. 그래서 특별식이 유기농이어야 할 이유는 없다.

직접 기른 작물채소며 산이나 들에서 얻은 약성 가득한 것을 주로 먹기 때문에 가끔 농약이나 제초제를 듬뿍 친 것을 먹어도 몸에 큰 영향을 끼치지 않는다. 순결주의자처럼 그런 것까지 가려 먹는다면 오점투성이인 내 육신이 버거워할 수도 있지 않을까? 동네 할머니가 농약을 팍팍 친 고춧가루로 만든 고추장을 한가득 가져오시면 난 매우 고마워한다. 내가 만든 고추장보다 더 맛있다. 할머니의 손맛이 들어갔기 때문이며 비슷한 공기와 물이 담겨 있기 때문이다. 나의 밥상에 오롯이 유기농만 오르거나 채식만 오르는 것은 아니다. 방문객들이 가져오는 특별식도 포함되고, 어묵, 색소가 들어간 진주햄 소시지도 일 년에 몇 차례는 추억으로 먹는다.

유기농이나 자연 음식, 채식을 특별식으로 먹고 사는 사람들은 마땅히 인스턴트 가공식품이나 고기, 흰 밀가루 정제된 것들을 피해야 한다. 몸을 바꿔야 살기 때문이다.

한번은 예람이의 생일을 맞아 일주일간 그녀가 좋아하는 돼지고기, 라면, 피자, 족발 등을 연속으로 먹은 적이 있다. 그러자 나는 몸이 급속하게 붓기 시작했고, 소화도 잘 안 되었다. 예람이는 얼굴에 여드름 종기가 붉게 돋아났다. 이러한 증상은 결국 하던 것을 멈추라는 얘기다. 그래서 예람이도 멈추고 나도 멈추었다. 그럴 수 있는 환경이 있어서 우리는 그나마 행복한 사람들이다. 간식을 주식으로 하면 어떻게 되는지 우리 몸이 재빨리 파악하여 증상으로 보여주었고, 그 증상을 빨리 알아차리고 치유할 수 있었으니까.

단식과 벽곡방을 가끔 한다

단식을 한다고 하면 노인네들은 배부른 소리를 한다고 혀를 끌끌 찬다. 우리 부모님 세대에는 굶주린 날들이 많았다. 나의 친할아버지는 굶어서 돌아가셨다. 그래서 나의 부모님은 굶는 것은 곧 죽음을 의미한다고 생각하신다. 없어서 못 먹던 시절이 나에게도 있었다. 어린 시절, 먹을 것이 없어서 오빠와 같이 한 밥상에서 떨어진 밥알을 주워 먹었고, 남이 떨어뜨린 사탕을 주워 먹고 엄마한테 혼쭐이 난 것도 여러 번이었다. 배고픈 시절을 나 또한 겪었지만 지금은 배고파서 죽는 일이 얼마나 될까?

작가 지망생이 배고파서 굶주려 죽었다는 보도를 접하면서 도시에서는 가능한 일이라고 생각했다. 도시에서는 돈이 없으면 밥알 한 톨 얻기 어렵다. 물론 그녀가 내 책을 읽었다면, 그래서 공터에 나가 잡초라도 뜯어서 먹었다면 굶주려 죽는 일은 없었을 것이다. 그녀는 불행히도 자연과 식물에 관한 정보가 전혀 없었거나 얻으려 하지 않았던 것 같다. 먹을 것이 없던 시절에는 벽곡방이라 하여 자연의 모든 것들을 활용해 식량으로 대체하였다. 그런 벽곡방은 요즘에는 오히려 웰빙 음식으로 각광받고 있다.

너무 많이 먹고 독이 가득한 음식을 일상적으로 취하는 요즘에는 의도된 단식을 권장하게 된다. 나는 일 년에 한두 차례 단식을 한 지 11년이 되었다. 대체로 겨울에 7일 단식을 주로 했으며 최장기로는 11일 단식을 했다. 의도된 단식을 하는 이유는, 너무 많은 음식을 내 몸속에 넣어둔 것에 대한 성찰을 기본으로 해서 식이요법을 위한 준비를 위해서이다.

장기를 비우는 단식의 경우, 건강한 사람은 물만 먹고 20일 정도를 견딜 수 있다. 당분이 약간 보강된 효소를 먹으며 단식하는 경우는 50일 이상을 버티기도 한다. 단식을 해 보면 알겠지만 의도된 단식은 배고픔이 10일부터는 사라진다. 비우는 데 익숙한 몸은 채우는 것을 거부한다. 몸이란 습관에 길들여지기 마련이다.

비워진 몸은 생명 유지를 위한 최소한의 에너지를 최대한 찾아 나선다. 감기몸살에 걸린 이는 3일을 단식하면 치유가 된다. 단식 3일째부터 몸이 좋지 않은 사람들은 명현 반응(몸이 좋아지기 위해 나타나는 예기치 못한 신체 반응)이 나오게 된다. 그러면 그것을 잘 지켜 보고 단식을 지속하는 것이 좋다. 음식이 들어가지 않으면 처음에는 탄수화물, 단백질, 지방 순으로, 얼굴, 다리, 허리, 뱃살, 지방, 근육의 순으로 영양분이 빠져 나간다. 단식으로 세포의 활성화가 줄어들면서 암세포까지 먹어 치우게 된다. 그래서 종양의 번식은 투입되는 영양상태가 좋을 때 활성화되며, 특히 동물성 단백질이 많을 때 활성화된다. 단식은 결국 몸에 비축된 독소까지 사용하게 되므로 단식 자체가 몸을 치유한다는 것은 맞는 말이다. 단식에 대한 거부반응은 굶주렸던 날들에 대한 좋지 않은 기억 때문이리라. 하지만 너무 많이 먹어 질병을 부르는 세상이라면 단식을 간헐적으로 하여 질병 예방과 성찰의 기회로 삼는 것이 좋다.

단식으로 몸을 비우게 되면 마음이 평온해진다. 마음이 가라앉으며 몸과 마음이 하나가 되는 경험을 하게 된다. 몸과 마음의 일체가 계속되는 경험, 그러다 보면 보식을 통해 한 숟가락의 미음조차 얼마나 많은 힘을 주는지를 경험하게 된다. 삶은 콩 몇 알이 몸에 이르면 몸에 에너지를 주는 것을 경험하게 된다. 생식과 화식의 차이도 경험하게 된다. 불에 익힌 것들을 처음 먹으면 몸이 무거워지는 것을 알 수 있다. 즉, 소화력이 둔화되는 것이다. 생것으로 먹으면 몸이 가벼워진다. 식이섬유들이 많아서 배설활동에 도움을 주기 때문이다. 단식과 보식의 과정은 음식과 몸에 대해 돌아보는 계기가 된다. 그런 의미에서 벽곡방은 유의미하다.

2식이냐 1식이냐, 식량에 따라서

나는 하루 2식을 한다. 아침에 일어나 움직이고 12시에 첫 끼를 먹고 7시경에 두 번째 끼를 먹는다. 2식을 하니 시간적 여유가 생겼다. 밥상을 준비하고 먹고 치우는 시간이 족히 1시간은 걸리기 때문이다. 부모님에게 세 끼 밥상을 차려 드리다 보면 하루 종일 주방에서 시간을 보낸 것 같다는 생각이 들 정도다. 하루에 두 끼만 먹으면 음식량이 현저히 줄어든다. 한 끼를 줄이니 처음에는 배가 고팠지만 나중에는 익숙해져서 12시가 되어서야 배가 고파진다. 단식을 하게 되면 굶는 시간이 많아질수록 배고픔을 잊게 되고 편안하게 되는 것처럼, 두 끼만 먹는다고 해서 힘이 모자라거나 에너지가 부족하게 되지는 않는다. 이것은 한 끼만 먹는다 해도 마찬가지일 것이다. 전날 밤에 한 끼를 과식하게 되면 그다음 날 한 끼를 먹지 않는다. 식량이 떨어지면 한 끼로 줄이기도 한다.

한번은 나락 추수할 때가 다가오고 한 되 정도 남은 쌀로 일주일을 버텨야 하는데 내 집에 손님들이 줄줄이 왔다. 9월 말에 호박잎이 무성하여 쌀 한 주먹에 호박잎을 넣고 밥을 했다. 호박잎에 밥알이 몇 알 붙어 있는 정도였다. 호박잎 밥상을 내어놓으니 손님은 놀란다. 가게에서 햇반이라도 사올 걸 그랬다며 아쉬워한다. 호박잎 밥에 양념간장을 하여 비벼 먹기를 일주일간 했다.

쌀이 없다고 못 먹고 살지는 않는다. 겨울 10일 단식과 보식 기간으로 인해 한 달 동안 쌀을 먹지 않았다. 보식이 끝나고는 두 끼씩만 먹었다. 그러다 보니 일 년 지낼 쌀이 부족할 것 같았는데 오히려 쌀이 남아돌았다. 손님들이 와도 한가득 밥을 해서 내 놓을 수 있었다. 나는 종종 이렇게 말한다.

"쌀이 부족하면 한 끼를 먹으면 되고, 벽곡방을 하면 될 일이야."

부족하면 부족한 대로 살면 되는 것 아닌가.

간편하고 단순한 음식

농부의 밥상은 음식쓰레기가 없다. 쉬어 버리는 것도 없고, 냉장고에서 썩어 버리는 것도, 안 먹어 버리는 것도 없다. 직접 농사를 지어 수확한 것은 한 알이 소중하고, 보관도 필요 없이 밭에서 직접 따서 먹기 때문이다.

나는 냉장고에 음식을 가득 저장하는 일을 끔찍하게 싫어한다. 냉장고에 음식이 가득하면 가슴이 답답하여 음식을 다 먹든지, 남들에게 주어 공간을 넉넉하게 만든다. 부모님의 집에서 음식이 쉬어 꼬부라져도 버리지 않고 가져와 어떻게든 조리해서 먹는다. 어릴 때부터 음식 귀하다는 것을 알고 자랐기 때문인지 모르겠다. 냉장고는 음식을 쉽게 상하지 않게 하기 위해 사용하는 공간이다. 그런데 도시 사람들의 냉장고는 나날이 커져가는 동시에 그 양만큼 버려진다. 너무 많은 것을 넣어서 나중엔 잊어버리고 냉장고 냄새가 배도록 두기 때문이다. 물론 도시에서는 식재를 모두 시장에서 사 와야 하는 수고로움이 있어 한꺼번에 사두고 먹는 탓도 있지만.

나는 복잡한 과정의 요리를 싫어한다. 그런 요리는 더 많은 양념과 시간을 소비한다. 보기 좋게 하기 위해 구색을 맞추거나 식재 맛보다 양념 맛에 의존하는 요리들이 복잡한 조리 과정을 요구한다. 더구나 복잡한 과정의 요리는 '요리의 전문화'를 꾀하여, 요리 책이나 요리 강습을 통해 배우는 것들이다. 전문화된 사회의 문제는 '전문화'라는 미명하에 돈의 소비를 확대시킨다.

간편하게 조리하면 식재의 맛으로 먹을 수 있으며, 시간과 노력이 덜 들고, 도시에서는 돈이 덜 든다. 농부도 갖은 양념을 재배하는 수고를 덜 수 있다. 무엇보다 다듬는 과정에서 식재 쓰레기가 덜 배출된다. 농부의 밥상을 보라. 복잡한 과정의 요리가 있는가? 된장과 고추장에 찍어 먹거나 쌈해서 먹을 것들이고, 나물에 된장국이나 고추장 비빔밥, 간장 장아찌 정도이다. 농사를 짓느라 요리할 시간을 낼 여력도 별로 없거니와 굳이 그렇게 복잡하게 해서 에너지를 더 소비할 이유가 없다. 옛날에는 무쇠솥 두 개로 일상적인 밥상이 차려졌다. 간편한 밥상, 단순한 조리, 간단한 식재에는 버릴 것이 아무것도 없다.

버리는 것을 식재로 이용하다

음식을 하다 보면 너무나 많은 쓰레기들이 나온다. 도시에서는 먹는 양보다 쓰레기 양이 더 많다. 자신이 직접 농사를 짓거나 채취를 한다면 음식쓰레기로 나오는 양은 거의 미미할 것이다. 음식쓰레기가 많은 이유는 생산자와 소비자가 분리되어 그 매개인 돈으로만 계산되었기 때문이며, 생산자가 어떻게 생산하는지를 소비자가 모르기 때문이다. 그래서 소비자와 생산자 간에 불신이 생기게 되는 것이며, 대형마트에서 유통업자들이 물건을 속이고 건강에 좋지 않은 것을 사용하여 유통시키는 행위를 가능하게 한다. 돈의 물신화로 인해 실제 음식을 생명이나 건강에 소중한 자원으로 바라보지 않는 점도 한몫한다.

그래서 음식을 하는 사람들은 농사를 알고 자연의 식물들이 자라고 수확되는 것을 알아야 한다. 요리사들이 식재가 어떻게 재배되는지 어떻게 유통되는지 알지 못하면, 음식이 자연에 적합한지, 인간의 몸에 맞는지도 알 수 없다. 현대 음식의 문제는 자연과 몸과 식재료 간의 연관관계를 무시한다는 점에 있다. 여기에는 공장에서 나오는 음식들, 비닐하우스나 식물공장에서 계절 없이 생산되는 것들, 유전자변형식품, 제초제 독화학물질, 전자레인지를 사용함으로써 영양소를 파괴하는 것들, 그리고 무엇보다도 음식을 전체 유기화합물로 보는 것이 아니라 영양소라는 한 가지 측면을 강조하는 미국식 식품영양학의 문제 등이 모두 복합된 것이다.

인간의 미각으로 인해 식재 껍질을 버리는 것은 흔한 일이 되었다. 예전에 수박이 귀하던 시절에는 수박껍질까지 이용해서 반찬으로 해 먹었다. 그러나 지금은 수박껍질만이 아니라 먹다 남은 음식까지 버리기 일쑤다. 식재에서 버리는 것을 당연시하는 것들이 사실은 영양 덩어리라는 것을 안다면, 아마도 그렇게 쉽게 버리지는 못할 것이다. 요즘 도시에서 음식쓰레기 종량제를 실시하자 음식쓰레기를 줄이는 방법을 가정마다 고민하고 있다고 한다. 현대인은 돈이 들어야 뭔가 자각을 하는 듯하다. 음식쓰레기를 줄이기 위해서는 조리방법이 바뀌어야 한다. 통음식을 먹고 통으로 하는 조리법을 알아야 한다. 또한 무엇보다도 소식을 하는 것이 중요하다.

자립, 먹는 것이 전부다

"나에게는 먹는 것이 전부다."

인간은 생명유지가 기본이기 때문에 생명유지를 위해서는 무엇보다도 먹는 것이 우선이다. 먹는 것이 건강의 기본이기 때문이다. 그래서 물질적으로 가난한 사람들에게는 '먹는 것이 우선이며 전부'이다. 구순된 할머니에게 "사는 것이 뭐예요?"라고 물으면 "먹고 산 것이 전부야"라고 하신다. 그렇다면 먹는 것에 대한 얘기를 해 보자.

종일 내가 하는 일과를 보면 먹는 것과 관련된 것이 대부분이다. 아침에 일어나면 밭에 나가서 일을 한다. 밭에 나가서 하는 일들은 모두 먹을 것들이다. 산에 올라가서 채집하는 것도 먹을 것이다. 먹을 것이 아닌 것이 없다. 나무는 밥을 먹을 수 있는 안전한 가옥을 주고, 따뜻하게 잘 수 있는 땔감을 주며, 음식을 해먹는 땔감을 준다. 나무의 가지, 뿌리, 열매, 잎을 먹기도 한다. 안전하고 따뜻한 집보다 먹을 것이 우선이다. 그래서 인간의 생산 활동은 먹는 것이 전부라고 해도 과언이 아니다.

먹는 것이 전부인 우리의 삶은 도시에서 살아가는 것이나 농촌에서 살아가는 것이나 별로 다를 것이 없어 보인다. 도시에서는 먹고살기 위해 자신의 노동력을 팔고 화폐를 받아 시장에서 음식과 그 재료를 산다. 가전제품도 음식을 조리하고 저장하기 위한 것이다. 그런 면에서 먹는 것이 생활의 90%를 차지한다고 할 수 있다.

먹는 것이 전부가 아니라고 생각할 법한 경우는 어떤 것이 있을까? 그것이 문화라고 하는 것인데, 과연 '문화 활동' 그 자체로만 머문 것이 있는지 생각해 볼 일이다. 그림을 그리기 위해서는 먹어야 한다. 그림을 그리며 농사를 짓거나 자연에서 채집하여 음식으로 먹는 일은 동시에 일어나야 한다. 그림은 먹는 일을 통해 얻어진 영감을 표현하는 수단이었다. 생산 활동의 지혜를 담는 도구로 활용했던 것이다. 그러다가 그림이라는 고유의 영역으로 전환을 꾀하는데, 생활에 '여흥'이 생기게 되면서 신윤복이나 김홍도가 양반들이나 기생들의 생활을 그렸다. 또한 그들은 그런 그림을 팔아 먹고살았다. 그림과 양식을 교환하는 것이다. 전문가란 그런 것이다.

전문가가 많아질수록 사회경제는 세밀하게 분업화된다. 세밀하게 분업화될수록 식량을 생산하는 사람들은 적어지게 된다. 식량을 생산하는 자가 그림을 그렸고, 집을 지었고, 이야기와 노래를 불렀던 구조에서, 농사를 짓는 것은 농부들의 몫이 되고 다른 기타 활동들은 전문가에게 넘겨주었다. 다양한 직업의 등장은 자급에 의존했던 농부들이 농사를 둘러싼 수많은 생활행위를 분절화시켜 자급순환이라는 것을 깨뜨리고, 고투입과 고산출이라는 명목으로 돈에 종속된 농업인으로 변해가도록 했다. 전문인 집단이 많아지고 자신만의 세력을 형성하면서, 식량을 만들어 내는 일에만 주력하는 농업인은 제일 하층민으로 취급되는 구조로 변모했다.

애초에 문화란 분업된 것을 말하는 것이 아니라 생활양식에서 나온 것을 그림과 이야기와 노래로 만든 것을 말한다. 그랬을 때 문화는 생동감 있게 된다. 문화적 활동이 고유한 직업으로 분업화되면서 문화는 생활양식과 멀어지고 고유한 것, 추상화된 것, 신의 영역이라는 미명하에 생동감이 사라져 정신이 몸체와 구별되는 양상을 띠게 되었다. 이런 양상은 먹는 것이 전부가 아니라는 의식을 은밀하게 확산시켰고, 식량을 생산하는 자들을 하찮게 취급하고 벗어나야 할 굴레로 전락시켰다.

조리도구와 에너지의 자립

먹는 것의 자립은 식재의 자립만을 의미하지 않는다. 음식을 조리하는 데 있어 에너지도 자립적이어야 한다. 음식을 저장하는 도구도 자립적이어야 한다. 음식을 둘러싼 모든 것이 자립적이어야 진정으로 음식의 자립이라 할 수 있다. 그래서 음식의 자립이 삶 그 자체라고 볼 수 있다.

음식이 자립되면 사람의 삶도 자립된다. 따라서 자립적인 삶은 음식으로부터 시작된다. 자립적인 음식은 자연에서 취하는 것이다. 자연은 먹을 것을 다 내어 준다. 농사도 자연에서 얻은 것에 준한다. 농사는 인간의 몸과 몸의 일부인 도구가 되어야 한다. 기계가 투입되면 자립적이지 않다. 왜냐하면 석유를 에너지원으로 하여 기계를 움직이려면 석유 가공과정을 거쳐야 하고, 양은 한정되며, 화폐로 사와야 한다. 석유가 없으면 기계는 움직일 수 없기에 자립적이지 못한 것이다.

자립적 농사가 종자, 재배과정, 수확, 저장에 이르기까지 모두 자립적이어야 한다고 볼 때, 그것은 앞에서 말한 순환적 농사이며 자연에 가까운 농사 방식일 때 가능하다. 그런 농사라면 인간의 몸이 직접 노동을 통해 얻을 수 있는 것이다. 그래서 어떤 것에도 종속되지 않는다. 자립적 농사로부터 얻어진 식재를 그대로 먹는다면 그것은 자립적이다. 조리해서 먹을 때 냉장고, 전자레인지, 가스레인지 등 외부의 것이 단절되면 지속할 수 없는 것은 자립적이지 않다. 음식 조리과정에서 사용되는 물이나 먹는 물 또한 자립적이고, 자연에 의존한 것이어야 한다. 인위적인 과정을 통해서 얻어지는 수돗물 같은 것은 이미 종속적이다. 그래서 도시에서는 수도관이 끊기면 죽을 수밖에 없는 형국이 벌어지게 된다. 자연 순환 과정을 통해 얻어진 물, 빗물을 이용하는 것, 눈(雪)물을 이용하는 것이 자립적이다.

인간의 입으로 들어가는 음식의 전 과정이 자립적이냐, 그렇지 않느냐에 따라 우리 삶의 영역과 생활도 달라진다. 귀농을 얘기할 때 '음식의 자급'은 지극히 일부에 불과하지만 가장 중요한 문제이기에 전부라고도 할 수 있다. 이러한 음식의 자급을 위해서는 앞에서 말한 농사부터 음식의 저장까지 전 과정에서의 자급과 자립이 이루어져야 한다.

주와 의의 철학

집의 구조는 생활 방식에 의해 결정된다

자연은 인간에게 공짜로 먹을 것과 잘 곳을 준다. 그러면 인간은 그

것들을 운용해서 음식으로 만들고 집을 만든다. 집은 자연환경에 맞춰 최소한의 자재들이 들어간다. 문명의 발달은 집을 으리으리한 것으로 바꿔 놓았다. 비바람을 피하고 동물로부터 피해를 줄이는 최소한의 방패막이었던 집이 문명의 발달과 함께 권력의 상징으로 바뀐 것이다. 한국의 현대 사회에서 집은 재산 증식의 주요 수단이다. 지금이야 부동산 가격이 하락하고 있지만 여전히 이 경제사회구조에서는 부동산이 주요한 재산 증식 수단이며, 권력의 상징, 부의 상징이다.

집은 자연과 인간 사이의 경계로 간주된다. 인간에게 필요한 두 번째 순위를 차지한다. 집이란 여름에는 더위를 피해 주는 그늘이며, 비와 계속된 장마를 피하는 곳이며, 동물과 벌레들의 습격으로부터 몸을 숨기는 피신처다. 겨울에는 바람과 추위로부터 몸을 보호하고, 음식을 찾아 내려온 산짐승들의 습격을 피하는 곳이다. 집의 냉난방은 그 집에 사는 사람의 건강상태와 습관에 따라 차이가 난다. 냉난방은 우리 몸을 어떻게 단련시켰고 어떤 온도에 익숙한가에 따라 달라진다. 집의 자재는 자연에 있다. 나무며 돌이며 짚이며 모두 자연 소재이므로 집을 짓는다는 것은 인간의 노동과 기술을 활용하는 일이다.

집의 자립적 구조 역시 생활 방식에 기인한다. 자연적인 생활에 가까울수록 집은 자립적이게 된다. 집의 자립적 구조는 어떤 것인가? 집은 잠을 자는 곳이며, 먹을 것을 조리하고, 추위를 막아 주는 곳이므로, 시원하며 따뜻하면 된다. 가구는 생필품 이외에는 필요 없다. 적당한 조리기구와 이불과 옷 몇 가지면 된다. 가구를 놓아 둘 넓은 공간이 필요하지 않다. 자연에 친숙하게 사는 종족들의 집을 보면 알 수 있다.

집의 구조는 농사를 짓는 사람들, 잠만 자는 사람들, 집에서만 생활하는 사람들, 장애인들이 사는 집, 노인들이 사는 집, 아이들이 많은 집 등 사는 사람의 생활 방식과 연관된다.

획일적으로 공장에서 찍어낸 듯한 도시의 집 구조는 많은 인구를 수용하기에 적합하다. 도시에서는 대부분의 활동이 사각의 갇힌 공간에서 이루어지는 것을 반영한 것이기도 하다. 인구가 집중된 도시이므로 도시 자체가 자립적이기는 어렵다. 그런 만큼 집구조도 자립적이기 쉽지 않다. 에너지 공급시스템과 물 공급시스템을 자체적으로 하기에는 도시 자체에 건물이 너무 많기 때문이다. 건물 자체가 독립적인 시스템을 불가능하게 한다. 그래서 도시는 농촌에 의존할 수밖에 없다. 도시가 독립적이기 위해서는 도시가 해체되어야 한다. 도시의 건물이 해체되고 사람이 해체되어야 한다. 역설적이게도 도시의 기능을 간직한 구조를 벗어날 때 도시는 비로소 자립적일 수 있다.

자립적 도시는 최대한 땅을 확보해야만 가능하다. 현재 서울은 음식은 없고 건물만 있는 곳이며 쓰레기만 양산하는 비생산적인 곳이다. 도시의 쓰레기를 버릴 곳은 농촌밖에 없다. 쓰레기가 자원이 되기 위해서는 땅이 필요하고, 농사가 필요하고, 자연환경이 필요하기 때문이다. 도시의 쓰레기는 어디론가 이동해야 한다. 과거 농경시대에 궁궐을 둘러싼 도시는 상인들이 드나드는 작은 규모였지만 지금의 도시는 집만이 존재하는 모래성과 같은 곳이다.

의는 더더욱 그다음이다

'식주의'. 도시의 생활에서는 입을 것 역시 차고 넘친다. 음식쓰레기,

생활쓰레기에 이어 세 번째가 옷·이불 등의 섬유쓰레기이다. 석유화학의 발달이 화학섬유의 발달을 가져왔고 대량생산이 가능하게 되었다. 옷과 이불이 넘쳐난다. 예전에는 계절에 따른 옷 한 벌이 전부였다면 지금은 하루에 한 번씩 갈아입는 옷으로 가득 찼다.

　내 기억엔 엄마의 공단으로 된 한복치마를 개량해 나와 여동생의 옷을 만들어 입은 적도 있었다. 초등학생 때는 명절이 되어야 새 옷을 입을 수 있었다. 중고생이 되면 교복이 전부였다. 평상복은 엄마 옷을 입었다. 지금은 교복 따로 사복 따로 옷 잔치가 현란하다. 옷이 낡아서 버리는 것보다 식상하거나 유행에 맞지 않아 버린다. 옷은 미디어의 발달에 따라 계절별로 유행을 만들어 낸다. 옷의 자립은 사실상 무의미하게 되었다. 현재 가진 것만으로도 넘쳐 나서 옷의 자립은 새로 만들 것이 아니라 지금 가지고 있는 옷으로 누더기가 될 때까지 입는 것을 의미한다.

　예전의 옷은 대마를 재배해서 직조된 삼베로 만들어 입었고, 누에고치를 쳐서 만든 비단옷은 직접 입기보다는 팔아서 돈을 마련하기도 했다. 모시옷도 그러했다.

　우리가 준비해야 할 일 중에 가장 늦게 자립을 준비하는 것도 섬유직조이다. 의의 자립은 최소한의 옷만 입고 겨울을 지내는 것이다. 이러한 연습은 현재 건강과 관련된 것일 수도 있다. 옷 또한 자립적 요소에서 그다지 중요하지 않지만 석유자원의 종말이 고해지고, 지금의 옷들이 낡아서 사라지는 날을 위해 옷을 만드는 요령 정도는 유산으로 남겨둬야 할지도 모르겠다.

사회 철학

어떤 사회 속에서 어떻게 살아갈 것인가?

수천 년 동안 인간 사회는 사회 구성원의 행복을 위해 발달되어 온 것 같지만 잘 들여다보면 오히려 개인의 행복 추구는 끊임없이 저항을 받아 왔다. 사회는 특정 집단의 이익을 대변해 왔고, 집단은 개인의 우위에 서서 개인의 자유와 행복은 희생되거나 무시되었으며, 심지어 범죄 시까지 되었다. 이제 현대 문명의 중심에 사는 사람은 생활 깊숙이 종속되어 자기방어능력을 상실하게 되었다.

도시에서는 급여를 받는 고용자가 되고, 난방·상수도·전기·공공 서비스·식품서비스를 공급하는 자들의 가격에 의존하여 살아가며, 가족 구성원은 그 모든 것의 노예가 되었다. 어린아이는 그런 노예근성을 태어날 때부터 자연스럽게 배우며 자란다. 종속에서 벗어날 길이 없을 것 같다. 노예로 살아갈 방법 외에는 없는 듯 보인다.

어느 날 갑자기 교통사고를 당하기도 하고, 집으로 귀가하다가 지나가는 행인으로부터 묻지 마 살인을 당하기도 하고, 듣도 보도 못했던 이상한 병에 걸려 죽고, 병에 걸려도 자기 맘대로 죽지 못해 죽을 때까지 병원에서 살지 않으면 안 되는 신세가 되기도 한다. 병원이 없으면 살 수가 없는 듯 보인다. 좌절에 빠져 자살을 택하기도 한다. 자살은 어린이부터 중·고등학교 학생들까지 유행병처럼 번져 가고 있다. 한창 역동적으로 움직일 나이에 학교와 학원을 오가며 오로지 책상과 책만 보면서 정적으로 자라야 하는 아이들. 그들의 사지와 몸뚱이는 어른들의 대리인으로 왕따와 교육시장의 경쟁에 저당 잡혀 있다. 그들이 자유를 얻을 방법은 인생이란 감옥을 벗어나는 자살 외에는 없는 듯 보인다. 그래서 자살률은 소위 '삶의 수준이 높다'고 한 지역이나 나라에서 더 높게 나타난다.

식량이 충분하지 않으면 전쟁이 일어나고 자원과 무기를 팔아 식량을 얻게 된다. 그러나 현대 국가는 식량은 안중에도 없다. 무엇인가를 만들어 팔면 식량은 얻어 올 수 있다고 생각한다. 그리고 식량산업은 내가 먹을 것이 아니라 무엇을 만들어 팔 것인가에 주력한다. 국가의 모든 산업이 내가 먹을 것, 내가 입을 것, 내가 살 것이 아니라 얼마나 많이 만들어 얼마나 많은 사람들에게 팔 것인가에 주력함으로써 저 북아메리카의 기침으로도 감기에 걸리고 만다. 왜냐하면 모든 것이 내가 먹고 남은 것을 파는 것이 아니라 내가 먹을 것도 없이 팔 것만을 만들어 왔기 때문이다.

감기에 걸리고 폐렴에 걸려도 아직까지 왜 이런 지경에 있는지를 알지 못한 채 우왕좌왕하고 있다. 청년들은 어떻게 살아갈지 깜깜한 동굴 속에 갇혀 있다. 자신의 문제가 어디서부터 시작되었는지 실타래는 좀처럼 풀리지 않는다. 한창 노동 속에만 있을 때는 다른 생각을 할 겨를이 없다. 노예로 살고 있는지 주인으로 살고 있는지, 기계는 돌아가기 때문에 기계에 맞춰 사느라 알지 못한다. 기계의 작동이 멈추면 그리고 더 이상 기계가 돌지 않으면 그때부터 노동의 신성함을 알게 된다.

노동의 기회가 사라지면 사람들은 불안하고, 그 불안으로 인해 사회적 범죄가 늘고, 질병이 늘고, 자살도 늘어 간다. 지금의 청년들은 노동 그 자체에 대한 그리움을 호소하고 있는지도 모른다. 그러나 기계는 다시 돌아가지 않는다는 것을 알게 되면, 어이없게도 부모와 사회가 인도한 대로 박탈된 청춘들은 꽃뱀처럼 방향을 잃고 날뛰다 죽어갈 수도 있다. '어떻게 살아갈 것인가?'에서 '도대체 어떤 사회에서 살아야 할 지'를 고민하지 않을 수 없으며, 그 고민이 있다 하더라도 사회는 쉽게 바뀌지도 않을 것이기 때문이다.

시골 사람이 가난하다고 생각하는 것은 국가정부의 선전선동에 기 인한 것이다. 지금까지 미디어 언론 매체는 국가와 사회의 대변자로 농 부는 가난하다고 하며 부자가 되는 법을 설파해 왔고, 그들이 알려준 대로 살아온 우리 세대와 청년들은 그것으로 인해 얻은 것이라곤 스트 레스와 온갖 질병, 그리고 일자리의 박탈이었다. 부자가 되는 법은 1% 의 부자를 위한 협주곡에 불과했다.

흙에서 일하는 사람들이 많아진다면 사회 구성원들은 사회로부터 바라는 것이 아무것도 없다. 자신을 보호하기 위한 경찰도 국가도 필요 없다. 무엇을 해달라고 갈구할 것이 아무것도 없다. 국가가 진정 사회 구성원들에게 행복을 주고 싶다면, 아니 식량문제를 해결해 주고 싶다 면, 진정으로 복지를 생각한다면, 가난한 사람에게 토지와 집을 사 주 고 자급 외에 기른 것 나머지를 모두 자신의 가족에게 줄 수 있도록 해 야 한다. 그러면 식량은 부족하지 않고 노예로 살아야 할 것도 없다.

두 세계 중 어느 것을 택할 것인가? 흙을 밟고 손수 자기 손으로 짓 고 먹는 '가난한 농부'로 살 것인가? 미련이 아직도 남아 부자가 되는 법을 좇아 살아갈 것인가? 나는 확신한다. 현대 문명의 지구에서 사는 사람의 삶의 양식은 변화할 것이고, 행복한 인간 세상은 새로 열릴 것 이리라. 세상은 흥미로울 것이다. 개개인의 삶이 모든 순간 경험하고 나누고 돕는 순간으로 바뀌고, 서로 고양시키는 개인들의 협력체-네

트워크가 형성될 것이다. 개인들의 연대와 협력, 그런 사회로의 변화는 결국 국가도 정부도 필요 없게 만들 것이며, 집단에 희생되는 일도 없을 것이다.

개인의 행복 추구가 저항받지 않는 그런 사회로의 전환. 그 사회에서는 가능하면 많은 사람들이 땅을 밟으며 가난한 농부로 살고, 농부의 주변에서 기업 대신 자신의 손으로 직접 만들어 사용하고 교환하는 수공장인들이 있고, 학생들은 맘껏 하고 싶은 대로 뛰어놀며 터득하는 그런 자율학교에 다닐 것이다.

조직과 규율이 없는 농사의 행복

도시에 살다가 시골에 간 사람들은 대부분 시골 생활에 만족한다. 생태적인 삶을 살수록 만족도는 더욱 커진다. 특히 건강에 문제가 생겨서 시골에 가 건강을 회복한 사람들은 자연 예찬을 아끼지 않는다.

아침에 눈을 뜨면 오감을 통해 제일 먼저 들어오는 것은 무엇일까? 도시에서는 사람이나 차 소리가 들릴 것이다. 아니면 방 안에 있는 시계 소리들이리라. 시골에서는 이른 새벽이면 닭소리와 새소리가 들린다. 이른 아침 돌담에 다람쥐가 부지런히 오가며 무언가를 먹고 있는 것이 일상 장면이다. 어두운 저녁이면 고라니 소리가 들리고, 오소리나 너구리, 멧돼지 같은 산짐승이 간혹 눈에 띈다. 여름이면 뱀이 여기저기 다니고 생김새도 처음 본 각종 벌레들이 기어다니고 날아다닌다. 겨울에서 봄에 이르면 온갖 싹들이 고개를 들고, 개구리 소리와 물 흐르는 소리가 들린다. 청명이 지나면 차가운 바람에 풀들이 불쑥불쑥 고개를 내

밀어 인간에게 먹을거리를 제공한다. 곡우가 지나면서 봄꽃들이 만개하기 시작하고 입하 절기가 오면 나무에 새순들이 우후죽순 오른다. 소만이 되면 바야흐로 만물들이 쑥쑥 성장하면서 시각과 청각이 즐겁다.

농사는 풀과의 전쟁이 70%를 차지한다고 해도 과언이 아니다. 소만이 지날 무렵 밭에서 풀 매는 일을 해본 적이 있는가? 땀이 흐르고 햇살이 따갑지만 웅크렸던 다리를 쭉 펴고 고개를 들고 밭 가장자리 두둑에 앉아 주변을 둘러보면 바람결이 얼마나 고맙고 시원한지, 바람 냄새와 풀 소리가 어우러진 곳에서 시각과 청각은 얼마나 즐거워하는지, 살아 있는 것에 얼마나 고마움을 느끼고 인생이 아름다운지를 새삼 깨닫게 된다.

"어차피 죽을 건데, 뭐 그렇게 아등바등 살아. 쉬어가면서 일해."

한낮에 밭에서 일하는 나를 보고 다른 친구가 말을 건넨다.

"모르는 소리. 이건 고단한 일이 아니라 즐거운 일이라네."

무리하게 일을 많이 한 까닭에 다리와 허리가 아파도 태양이 만물 위로 오르면 밭이나 산으로 가는 일을 소홀히 하지 않는 것은 자연이 내 몸을 근질근질하게 하여 밖으로 나오라고 손짓하기 때문이다. 시름한 몸을 이끌고 매번 "허리야, 다리야" 하면서도 동네 할머니들이 하루 종일 밭에서 일을 하는 이유를 알겠다. 농부의 몸은 이미 자연의 순환에 맞춰져 있기 때문이다. 방 안에 틀어박힌 몸이 아니라 움직이는 몸일 때 비로소 자유로움을 만끽하는 것이다. 사지가 멀쩡한 몸은 사지를 부지런히 움직이라는 천명이 아니던가.

농사를 지은 지 십 년이 넘었고, 해가 거듭될수록 세상에 나온 내 존재가 만족스럽다. 농사의 규모가 커진 것도 아니고, 화폐가 축적된 것도 아니다. 도시에서 여럿이 함께 농사를 짓고 화폐로 환산해 나누는 방식에서 '자립'에 대한 내 스스로의 애탐과 한계를 일찍이 깨닫고 시골 생활을 감행했다.

여기서도 몇몇이 모여 농사를 같이 짓고 하지만 '조직'과 '규율'로서 생활하는 것이 아니기 때문에 출퇴근 시간도 없고, 서로 일을 하네 안 하네 말 건넬 필요도 없으며, 경작한 것을 돈으로 바꾸는 일도 빈번하지 않아 경작물의 많고 적음에 애쓸 필요도 없다. 내가 늦게 일어난다고 비난할 사람도 없고, 내가 일을 너무 많이 하든 적게 하든 그것에 토를 달 사람도 없다. 작물의 크기를 더 크게 하기 위해, 수확량을 더 많이 내기 위해 고민할 필요도 없다. 오로지 내가 할 수 있는 일인가, 내가 얼마나 더 많은 시간을 밭에서 보낼 수 있는가가 농사의 규모를 결정한다. 농사법은 내가 생활하는 방식에서 나오는 방법일 뿐이다. 내가 삶의 가치를 어디에 두는가에 따라 나의 농사법이 나온다. 그건 내 생활 방식—순환에 의한 생활 방식—으로 인해 순환적인 농사로 자연스럽게 귀결되기 때문에 거기에 대한 고민도 모색할 필요가 없다. 단지 땅의 여건에 맞는 응용 실험이 있을 뿐이다. 그러니 일에 대한 만족감과 생활의 행복은 그전의 생활과 비교할 수도 없다.

자연과 어우러져 서로의 차이를 인정하는 곳

여럿이 함께했던 농사와 지금 여기서의 농사는 근본적으로 다르다. 그때는 말 그대로 도시에서 농업을 하는 농업인이었고, 그곳에서의 '자립'은 '경제적 자립'으로 환산할 수밖에 없는 것이었다. 거기에 나는

'자연과 자유'의 가치를 자꾸 가져가서 재단을 하려고 했으니 그 삶 자체에서 갈등이 빚어질 수밖에 없었다. 최초에 같이 했던 사람들은 경제적 자립이 되지 않으니 당연히 떠날 수밖에 없었다. 그들에게는 당시가 단지 농사를 지으며 흙과 자연과 함께 호흡해 보고자 했던 즐거운 추억으로 남았을 뿐이다. 삶의 가치와 생활철학을 강조하며 '빈곤'의 역설을 퍼부었던 지도자로서 나는 살아남을 수 있었지만, 삶의 가치와 생활철학이 생소한 그들에게는 '경제적으로 살아남기'에서 실패할 수밖에 없었다. 왜냐하면 그동안 그들은 가난으로 인하여 많은 기회를 박탈당했고, 국가와 정부로부터 가난은 벗어나야 하는 것으로 끊임없이 교육받았으며, 실제 그들의 가난은 도시에서 일어난 가난이므로 당연히 벗어나지 않으면 생존할 수 없었던 굴레였다.

하지만 '식주의'를 직접 만들어 내는 그런 생활환경이라면 가난이란 다른 것이다. 가치관이 바뀌고, 도시적 소비를 극도로 자제하는 생활을 계속하는 인내가 지속된다면 '가난'이 주는 강점은 충분히 자랑할 만하다.

가난은 자유롭다.

"집에 문을 닫지 않는다며?"

"가져갈 게 없거든."

가난한 사람은 먼저 먹을 것에 관심을 가진다. 그저 먹을 수 있다면 그것이 전부라고 생각한다. 감추고 숨길 것이 없기 때문에 '가난'은 사실상 자유로움을 준다. 그래서 삶에 대한 여정을 인정한다면, 가난은 벗어나야 할 것도 아니며 풍요란 반드시 성취할 것도 아니라는 것을 알게 된다. 도시의 연두농장에서 시작된 자립에 대한 허공은 이제 시골

내 땅에 와서 채워지기 시작했다.

내가 너무나 가난해서 떠났던 사라진 시골 마을에 와서 소농도 아니고 빈농의 터에서 다시 '자립'을 세운 이유는 무엇일까? 풍요로운 들녘, 평야지대에서 농사를 지을 생각은 아예 없었다. 연두농장에서도 그런 것처럼 옛날처럼 많은 토지를 소유하면서 기계에 의존하는 농사를 짓고 싶지 않았다. 넓은 평야지대에서는 소작인을 두고 농사를 짓는다. 지금의 시골은 품앗이와 두레가 사라졌으니 기계와 자본의 힘에 의존한 농사일 수밖에 없다. 그런 지역은 '농업인'으로 살 수 있는 마을이다.

나는 '자립'의 초점을 자연과 어우러진 적당한 농사에서 찾았다. 욕심을 부리지 않고 있는 그대로의 조건에서 충족할 수 있으리라는 생각을 했다. 그러니 산과 계곡이 어우러지고 땅이 없어 산을 개간한 다락논이 있는 곳이 적합했다. 자연을 즐기면서 농사가 적당히 재밌는 일이 되고 살림을 잘해 나가는 것이 자립의 조건이 될 것이란 생각을 하면서.

이런 조건에서는 몇몇이 서로 의존하면 잘 먹고 잘 살 수 있다. 가족의 욕심을 채우는 것이 아니라 개인의 욕구만을 채우면서 서로 도와주며 사는 것이다. 몸이 가벼워야 마음도 가벼운 법이기 때문이다. 짊어질 것이 많지 않은 독거인이나 부모자녀 가정이 서로 연합하기에 편하다. 무겁지 않은 관계를 가져가는 것이 우리가 원하는 자립을 해나갈 수 있는 기반이 된다고 생각한다. 원하는 것이 많을수록 자립은 힘이 들기 때문이다. 원하는 것이 단순하고 적을수록 쉽게 자립할 수 있다. 그래서 나는 가장 작은 단위, 가장 손쉬운 길로 가게 된 것이다. 개인 간의 연합체가 그런 것이다. 나는 여기서 그렇게 시작했다.

공동체라는 말을 싫어하는 이유는 '무겁고', '거창하기' 때문이다. 이미 나는 내가 원하든 원하지 않든 국가공동체, 민족공동체, 문화공동체, 혈연, 지연에 속해 있다. 따라서 그냥 그것을 인정하고 나는 내 방식의 공동체를 따로 만들 생각이 없다. 가치관이 서로 유사하고 생활 방식의 지향이 비슷한 사람들이 서로 협력하여 살아가면 될 일이지 그것을 조직단위로 묶어 세울 이유도 없고, 그것으로 한정하고 싶지도 않은 것이 내가 그동안 연두농장을 운영하면서 스스로 터득한 결과였다.

무엇보다도 먼저 공동체란 만들어지는 것이 아니라 '스스로 자립하려는 의지'가 충만하고 혼자 생활해 나갈 수 있을 때, 서로가 유기적으로 어우러질 수 있다는 것을 알게 되었다. 누가 세워 주고 누가 일으켜 주는 게 아니라는 것이다. 즉, 80%가 자립적인 개인이라면 20%의 비자립적인 개인이 있어도 비난을 받거나 관심을 받지 않고 자연스럽게 어우러져 살아갈 수 있다. 그래서 나는 개인의 만족을 최대화하고 거기에 각자의 개성을 가지고 살아가는 방식을 택했고, 현재로서는 만족스럽게 '자립'을 향해 뚜벅뚜벅 가고 있다.

자립은 그렇게 어려운 일도 아주 쉬운 일도 아닌 바로 내 삶의 가치와 그 가치를 존중하며 실행하는 생활 방식이다. 그러니까 자립이란 억지 춘향이 아닌 가장 자연스러운 생활을 따를 때 가능하다. 자연스러운 생활에 따른 자립은 반드시 나에게 자유를 준다. 나는 지금 자연스럽고 자유스럽다. 내 삶의 구속도 없고, 당위도 없다. 내 존재에게 감사하는 것, 살아가는 것 그 자체가 아름답고 경이롭다는 것이 나에게 주는 만족이자 최대 행복이다. 난 오늘 한 순간을 살아갈 뿐이다. 지금 한 순간만이 내일을 위한 밑거름이 아니라, 내일도 어제도 나에게는 지금 한 순간을 위한 밑거름이다.

농자천하지대본(農者天下之大本)의 사회문화

자립을 위해서는 농사를 짓는 이들이 인구의 1/5은 되어야 한다. 가족만을 위해 농사를 짓든, 팔아먹기 위해 농사를 짓든 전 인구의 1/5이 농사를 지으면 나머지 4/5는 식량을 그들에게 의존해서 살아가면 된다. 조선시대에 인구의 80%가 농민이었던 것을 감안한다면 20%만 농부가 되어도 현재로서는 가능하다. 경작을 하지 않더라도 자연에서 얻은 것들을 취하면서 살아가는 사람들이 함께한다면 30%가 자연에 완전히 의존해서 살아가는 사람들이다. 먼저 농사라는 것은 우리의 식량을 만들어 낸다. 우리의 생명을 유지시켜 줄 식량을 생산하는 농부들이 인구의 30%가 되면 그들로부터 얻어먹든 사서 먹든 국가 전체로 볼 때는 국가적 자립이 가능하다. 물론 골고루 분배되어야 하며 편중되어서는 안 된다. 결국 자립이란 먹는 것으로부터 시작하기 때문이다.

한국 사람은 밥을 주식으로 하기 때문에 경작은 곡물 경작을 기본으로 해야 한다. 사과만 먹고 살 수 없는 것처럼. 동물 기르는 것은 적게 할수록 좋다. 이후 음식의 얘기를 하면서 전개되겠지만 우리가 먹을 곡물 양이 사육하는 동물에게 간다면 오히려 생산 비용을 높이기 때문이다. 이건 자본주의 경제학에서나 가능한 일이다. 가능하면 생산 비용을 낮추고 생명유지 비용을 낮춰야 한다. 그래야만 우리의 몸과 환경이 파괴되지 않기 때문이다. 생산 비용이 많이 들면 그만큼 에너지 소모량이 많고, 에너지 소모량만큼 환경은 소비되고 파괴된다. 먹기 위해 대규모로 사육되는 동물이 많아질수록 생태환경은 평화롭지 못하게 된다. 곡물 재배를 주된 것으로 하고, 찬이나 간식을 위한 것들은 자연이나 경작물에서 부가적으로 얻도록 한다.

곡물 농사를 짓게 되면 부산물이 많은데 그런 부산물들이 자립의 기초 자재가 된다. 과거에 쌀농사는 주거자립에 훌륭한 자재로 사용되었다. 볏짚으로 이엉을 엮어 지붕을 올리고, 짚으로 소죽을 만들었다. 볏짚으로 난방의 멍석을 짰고, 소품의 가마니를 짰다. 심지어 신발도 만들었다. 미장을 할 때 흙에 섞어 잘 붙을 수 있도록 했으며, 벽 단열재로도 사용했다. 볏짚은 주거에서 없어서는 안 되는 자재로 사용되었고 퇴비로도 사용했다. 곡물 농사를 지을 수 없었던 산속에서 사람들은 나무를 이용하거나 옥수수 칡덩굴 등 주변에서 얻는 것으로 소재를 삼았다. 자연에서 소재를 취해서 '식주의'를 해결했다. 자연에서 얻은 것만으로는 한계가 있어 경작된 것으로 그 부재료를 삼았으니, 자연+농사가 자립의 기초가 될 수밖에 없음은 자명한 일이다.

순환의 원칙(종자의 순환, 땅의 순환, 저장의 순환, 음식의 순환, 몸의 순환)

작금의 농업인의 농사 방식은 자립의 기초가 될 수 없다. 풀을 없애기 위해 제초제를 치고, 비닐을 깔고, 작물의 크기와 수량을 확대하기 위해 화학비료를 뿌리고, 작물을 먹는 벌레를 없애기 위해 살충제를 수시로 살포하는 방식의 농사는 자립과는 하등의 관계가 없다. 오로지 돈을 벌기 위해 자연의 상태를 고려하지 않고 인위적인 과정만이 존재하는 공장과 같은 농장과 공사와 같은 농사가 있을 뿐이다.

풀을 잡기 위해 검정 비닐을 깐 농사에서는 자연과의 공생을 통한 농사법이 나오지 않는다. 풀을 매는 시간과 노동을 들이지 않으니 당연히 화학제나 천연농약에 의존하게 된다. 약해진 뿌리 때문에 작물은 병약해진다. 풀을 매지 않는 사람은 그 시간을 어디에서 보내는가? 대개 다른 일을 하면서 보내는데 그것이 농사의 규모를 확대해 주는지는 모르나 결국 소비를 늘리는 역할을 하게 된다.

비닐멀칭을 많이 하고, 비닐하우스를 많이 하는 농업인들은 도시인과 마찬가지로 화폐를 많이 벌어들여 더 편리한 생활 방식과 한 대라도 더 자동차를 굴리려는 도시생활 방식의 추구 외에 다름이 아니다. 자녀를 더 좋은 학교에 보내기 위해 학원을 다니게 하고, 대학을 다니게 하기 위해 학비를 벌어야 하는 부모로서는 더 많은 화폐를 벌어들이는 농사를 할 수밖에 없다고 항변한다. 과외 교육비를 지불한다고, 대학을 간다고 자녀들이 부모가 기대하는 것처럼 잘살 것이란 보장은 세월이 흐를수록 더욱 장담할 수 없게 되고 있다. 일자리를 제공했던 산업의 근간은 이미 뿌리째 흔들려 수많은 사람들이 일자리를 잃고 있기 때문이다.

비닐을 사용하면서 얻는 더 많은 소득과 시간은 실제 더 많은 소비를 불러일으키는 것이며 더 많은 소비는 환경적으로 손상을 입히고, 물질적으로 풍요를 얻었던 편리의 대가는 부메랑이 되어 우리에게 다가온다. 도시 생활의 문제는 바로 이 점에 있다. 비닐멀칭이 가져다주는 여유는 더 넓은 면적의 농사를 요구해 물질적·심리적 스트레스를 불러일으킨다.

풀을 매는 것 자체가 주는 희열은 풀 매는 시간을 다른 데 소비하지 않을 때 비로소 얻을 수 있는 것이다. 풀을 매면서 흙과 작물 그리고 자연환경에 더욱 밀접해지고, 농사나 자연에 대한 호흡을 더 긴밀하게 할 수 있다. 풀을 매는 것은 스트레스 받을 일 없이 그저 무아지경에 빠져드는 일일 뿐이다. 손은 풀과 흙냄새를 맡으면서 건강해진다. 김매기는 그렇게 소비순환 구조에서 보면 소비를 적게 하고 자연에 더욱 친화적으로 만드는 일을 하며 자연에 몸을 맡기는 역할을 한다.

제초제를 치고 농약을 사용하는 농사는 궁극적으로 자립과는 거리가 멀다. 생명유지를 위한 음식에 바로 영향을 미치고, 토양을 통한 수질오염을 확산시키며, 흙의 미생물을 죽여 다양성을 파괴하고, 자연의 순환에 악영향을 미친다. 생명 유지의 기초자원을 사정없이 해치는 일이 되는 것이다.

우리가 자급자립을 하면서 비닐멀칭을 하고, 화학비료를 치고, 제초제를 치고, 농약을 치는 일은 오로지 화폐를 벌어들이기 위한 것이며, 그렇게 해서 얻은 화폐는 편한 생활 방식과 음식을 구매하는 것으로 쓰인다. 현재의 경제 방식의 구조는 경작물을 다른 이에게 팔게 됨으로써 자신의 건강뿐만 아니라 그것을 사먹는 사람들에까지 악영향을 미치게 된다. 결국 화폐를 얻기 위해 관행적으로 농사를 짓는 것은 생태환경과 인간에게 두루 악영향만 미치고 그런 결과는 자신에게 부메랑처럼 돌아온다. 모든 것은 순환적이기에 자기가 먹을 것은 이렇게 농사를 짓지 않는다 해도 결국 토양이나 생태적 변화를 통해 자신에게 돌아온다. 이 세상에 자신에게 돌아오지 않는 것은 아무것도 없다.

가능하면 생태환경에 악영향을 끼치지 않는 자연 농사 방식이 자립적이다. 왜냐하면 생활 방식에 영향을 끼치기 때문이다. 자연에 거스르지 않는 순환농사를 하겠다고 하는 과정을 보면 알 수 있다. 씨앗을 받아서 채종할 수 있는 종자를 가지고 밭에 뿌린다. 토종종자든 재래종자든 외국종자든 종자는 그 자체가 생식 가능한 것이면 된다. 작물이 자라게 하기 위해서는 영양분이 있어야 한다는 생각을 가지고 있다. 하지만 그 영양분은 흙 자체에 있다. 흙 영양분의 인풋(input)과 아웃풋(output)의 균형은 흙 상태에 따른 작물의 선택으로 가능하다. 투입되는 기비(파종, 이양, 또는 식수 전에 주는 거름) 양이 적으면 영양분을 채워줄 작물을 키운다. 요즘 상품으로 나오는 작물은 '크면 클수록 좋고 양이 많으면 많을수록 좋은' 것이라는 논리에 기인하여 너무 많은 질소비료를 투입해 흙의 부영양화를 촉진하였다. 그래서 해독이 필요한 땅이 되었다.

종자는 밭의 환경이 자신과 맞으면 발아하고 성장한다. 종자는 몇 해를 거듭하여 밭의 환경에 익숙해지기 마련이다. 그래서 매년 흙에 질소 함유량이 많은 퇴비를 넣어야 한다는 생각은 잘못된 관성이다. 가능하면 많은 작물, 다양한 식물들이 한 밭에서 자라게 하고, 풀거름을 이용하면 몇 해가 거듭되면서 지력을 유지하는 데 심각한 하자는 없다. 퇴비와 같은 유기물들은 인간 생활에서 나오는 부산물을 활용하는 정도로 생각하면 된다. 과다한 유기물들은 토양이 유기물을 무기물로 바꾸는 데 에너지를 더 들이게 된다. 그렇게 되면 작물이 자라는 동안 제공하는 자양분이 부족하게 된다. 적당한 투입은 어떤 작물을 재배하는지, 얼마나 크고 얼마나 많은 수량을 원하는지에 따라 다르게 된다.

생활에서는 적은 부산물이 나오게 하는 것이 무엇보다 중요하다. 부산물이 많으면 우리는 자연으로부터 수탈해야 할 것들이 많아진다. 즉, 많이 먹으면 많이 싸게 되고, 많은 음식을 먹으려면 많이 재배하고 수확해야 하기 때문이다. 부산물이 적으면 그만큼 소비되는 일이 적고, 소비되는 일이 적으면 그만큼 생산하는 것이 적어도 된다. 농사에 투여되는 시간과 노동력 그리고 투입물은 적어도 된다는 결론이다. 인간의 생명활동과 생활에서 부산물이 나오지 않을 수는 없다. 똥과 오줌은 땅속에서 가장 잘 발효되고, 질소비료가 필요한 작물에 단기적 영양제가 된다. 인간생활에서는 재도 나오며 죽은 식물이나 나무껍질 등이 나온다. 그런 유기물들은 고스란히 토양으로 들어간다. 다양한 작물이 심어지고 다양한 풀들이 공존하는 밭에는 천적들이 살아 움직인다. 다양한 곤충들 심지어 개구리와 뱀 등 생물군들이 있어 그들끼리 먹고 먹힌다. 그래서 밭에는 천연농약이니 천연비료니 하는 것들을 칠 필요가 없다. 진딧물이 많아진 이유, 병해충이 많아진 이유는 다양성이 떨어지거나 과도한 특정 영양분, 비닐 등 인위적인 활동들 때문이다.

수확하고 저장하는 일련의 과정에서도 인간의 노동력과 도구 외에는 들어갈 것이 없다. 손이나 간단한 기계나 도구를 이용하여 수확하고, 자연의 에너지를 활용하여 저장한다. 과도한 양을 저장하려다 보니 냉장고와 저온창고 등이 필요한 것이다. 냉장고가 저장하는 데 유용하긴 하나 그만큼 그 양이 많아져야 하고 소비가 된다는 사실을 놓고 보면 결국 시간과 노동이 투입되는 비용을 높인다. 반면에 자연을 이용한 수확과 저장을 고집하면 실제 축적할 것들이 별로 없다. 계절이 주는 음식 정도를 먹는 것이다. 채종된 씨앗은 다음 해 파종으로 이어진다. 씨앗은 그해의 환경이 고스란히 담겨 있기 때문에 다음 해에 들어갈 씨앗은 그만큼 환경에 적응을 한 씨앗이 된다. 토종 종자가 좋다고 해 봐야 그것은 자연환경 속에서 적응해 간 살아 있는 씨앗이어야지 냉장고나 냉동고에 오랫동안 보관된 씨앗은 아니다. 그래서 씨앗은 농부의 손에서 재배되고 보관될 때 유용한 것이 된다.

불과 20~30년 전에 일반 농가에서는 논벼를 재배하면서 매해 산두벼(밭에서 자라는 벼로 흔히 밭벼라고 부른다)를 흉작에 대비해 일정량 재배하여 종자로 간직했다. 종자는 인간의 생명을 책임진 자들, 즉 농부의 일상적 소임이었다.

결국 자연에 가까운 농사는 삶의 방식이 자연에 가까우며, 그러한 삶의 방식은 자연에 가까운 농사를 하게 한다. 쌓아 놓지 않고 생활하는 방식, 그때그때 해결해 가면서 생활하는 방식은 자연에 많은 것을 의존하고 자연에 익숙하게 된다. 그런 삶은 자연이 그러하듯이 자립적일 수밖에 없다. 자연은 인간에게 종속과 핍박을 주지 않는다. 자연은 그냥 있는 그대로 저절로 주는 것이기에 인간이 그것을 잘 받아서 활용하면 되는 일이다. 자연 그 자체가 본디 자립적인 것이다. 그래서 자립적인 생활 방식은 자립적 농사를 짓게 되고 자립적인 사유를 하게 된다는 결론에 도달한다.

자립적인 인간이 자유로운 영혼을 가지게 된다는 사실은 만고의 진리 아닐까? 자유는 다른 곳에 있는 것이 아니라 자연에 마음과 몸을 맡기고 세상의 구조적 관계에서 자립적이면 누릴 수 있다. 그래서 자립적인 사람은 농사를 지어야 한다.

자립적이고자 하는 자는 자연과 농사 순환의 흐름을 잘 타는 것, 즉 물 흐르는 것을 그대로 타는 것이 중요하다. 흐르는 물처럼, 동물은 식물에 의존하고, 식물은 그 수많은 미생물에 의존하면서, 그들을 향해서 흐르고 살아갈 때 자연스러운 것처럼, 자립은 선세대가 후세대를 위해 살아갈 때 자연스러운 것이다. 그래서 자연생태를 단절시키고 죽이는 문명 자원에 의존하지 않는 것이다. 후세대를 생각하면 지금 우리는 토종의 삶을 살아야 한다. 인색한 농부의 삶만이 우리가 살 길이다.

4장

내 손으로
자립의 삶을
짓다 / 자연이 살찌워 준 자립의 삶

식의 자립

귀농분야에서는 주로 먹을거리에 집중해서 자급을 얘기한다. 무엇보다도 좋은 먹을거리야말로 건강을 위해 해결해야 할 첫 순위인 것만은 분명하다. 우리가 좀 더 진지하게 생각할 것은 순환농사다. 순환농사는 자연 순환 원리에 따라야 하므로 생활 방식도 자연 순환 생활 방식으로 바뀌어야 가능하다. 자연 순환 생활 방식으로 바뀐다면 투기형의 농업인이 되지 않으며, 돈이 없어 힘들어하는 삶도 되지 않는다. 즉, '최소한의 화폐로 살아가는 자립적 삶'으로 향하게 된다.

그러한 자립적 삶의 기본 전제는 앞에서 이야기했듯 '우리는 태어날 때부터 먹을 것과 잘 곳을 가지고 태어난다'는 사실이다. 자연이 우리에게 먹을 것을 지천에 주고 있고, 집을 지을 재료들을 이미 주었기 때문에 우리는 자연을 잘 활용하여 먹는 방법과 집을 짓는 기술을 터득하면 되는 일이다. 그것이 노인들의 지혜, 노농들의 지혜, 농부들의 지혜였다. 농부들의 지혜는 모두 자립적인 삶의 방식에 이용할 수 있는 방법들이다. 나는 농부의 삶에서 특히 자족철학을 기본으로 한 자급자립이 세상의 많은 문제를 해결할 수 있으리라는 믿음으로 생활하고 있다.

겨울철

눈이 쌓인 한겨울 산골에는 할 일이 거의 없다. 차라리 완전히 동면을 하면 좋으련만. 나는 주로 겨울에 단식을 한다. 힘을 쓸 일이 거의 없는 겨울은 단식을 하고 보식을 하면서 몸을 갈무리하기에는 안성맞춤이다. 햇살이 내려 눈이 녹아내리는 2월 입춘이 되면 칡을 캐기 위해 곡괭이와 삽과 톱을 들고 산에 오른다. 칡뿌리를 찾는 것은 매우 쉽다. 나무에 얽힌 덩굴 중에서 까만 덩굴을 따라 뿌리를 찾아가면 된다. 덩굴이 굵은 것은 대체로 오래된 것으로 굵은 칡이 나온다. 뿌리가 평지에 박혀 있으면 칡을 캐기 어렵다. 비탈진 곳에 있어야 뿌리를 캐기 쉽다. 칡을 캐는 일은 산삼을 캐는 일처럼 신나고 재밌는 일이다. 겉으로 드러난 흙은 얼어서 딱딱하지만 그 겉흙을 벗겨내고 나면 속살이 부드러운 흙이 나온다. 칡 주변 흙을 호미나 손으로 파내다 굵은 칡을 만나면 그때부터 도르래까지 동원하는 일이 벌어진다. 두껍고 둥근 것은 암칡이고, 길고 가는 것은 수칡이다. 수칡은 즙이 없어 말려서 약재로 사용한다. 암칡은 물이 많아 주로 즙을 내서 먹는다. 칡 전분을 만드는 것은 그리 어려운 일은 아니나 번잡한 일이다. 칡뿌리를 깨끗이 씻어 껍질을 벗긴 다음 충분히 찧어 물에 담갔다가 짜서 건더기를 건져 내고 그 물을 가라앉혀 윗물을 따라 낸 다음 앙금을 건져 내 말리면 칡 전분이 된다. 그것을 쌀가루나 녹두가루와 섞어 죽이나 국수를 만들어 먹는다. 칡은 설탕에 재어 두어 칡즙이 충분히 우러나오도록 하여 칡효소를 만들기도 하고, 칡에 소주를 넣어 칡술을 만들기도 한다. 칡을 잘게 썰어 말려서 필요시에 물을 내어 마셔도 좋다. 요즘엔 중탕해 주는 곳에 칡을 가지고 가면 칡즙을 내 준다. 칡즙은 혈액순환을 도와주기 때문에 여름철 보양 음료로도 많이 쓰인다.

땅이 얼기 전에 소루쟁이 뿌리를 캐어 별도의 구덩이 속에 넣고 겨울에 단단히 덮어 찬 기운이 못 들어가게 하면 싹이 트는데 이것을 잘라서 국을 끓이면 부드럽고 맛도 좋고 요기가 된다. 움을 비우고 그 뿌리를 도로 구덩이에 넣어 두면 싹이 또 나고, 또 베고, 또 나와서 오래도록 먹을 수 있다.

겨울철에 산에 자주 오르는데, 반나절 이상 산에 오를 때는 밥 대신 볶은 현미와 검정콩을 가져간다. 현미는 밥을 해서 하루 동안 잘 말려서 프라이팬에 볶는다. 탁탁 소리 내며 노릇하게 볶아지면 된다. 볶은 곡식은 소화가 잘되며 간편하므로 번거롭게 밥상을 준비하지 않아도 충분한 곡기와 영양식이 된다. 관절이나 뼈가 약한 사람은 홍화가루와 검정콩가루, 검정깨가루를 물에 타 오랫동안 복용하면 흰머리가 까맣게 되고 머리숱이 많아지며, 기력이 왕성해지고, 관절도 서서히 치유된다.

춘분과 청명

바야흐로 푸르른 싹이 오르는 춘삼월, 시골 마을에서는 경운기 소리가 이곳저곳에서 들리고 몸을 놀려 밭을 만든다. 경운기로 밭을 통째로 갈아엎으면 먹을 것은 땅속으로 들어가는 반면 경운을 하지 않은 밭에서는 봄나물 잔치가 한창이다.

봄나물 하면, 눈의 피로를 풀어 주고 춘곤증을 이길 수 있는 봄철 나물의 대명사 냉이가 있다. 냉이는 피를 맑게 하고, 피를 간으로 돌려 눈을 밝게 하기에 독서하는 이들에게 권장된다. 냉이 종류 중 '말냉이'는 데쳐서 나물로 먹고 국을 끓이는 데 넣거나 떡을 만드는 데 넣어 먹으며, 생선회의 향신료로 쓰이기도 한다. 매운맛이 있는 '황새냉이'는 내가 특히 선호하는 나물이다. 냉이와 녹두를 섞어 죽으로 끓여 먹으면 끼니도 되고 오장에 도움이 된다.

홍천에서는 '벼룩이나물', 남원에서는 '수시렁덩이', 영동에서는 '벌금자리', 의성에서는 '비래기초'라고 불리는 석죽과 '벼룩나물'은 데쳐서 나물로 무쳐 먹는다. 가뭄과 흉년에는 '점도나물'을 피와 좁쌀에 섞어 죽을 끓여 먹었다. '쇠별꽃'은 차를 달이는 데 쓰고, '별꽃'은 끓는 물에 잠깐 넣어 젤리가 굳어질 때 장식으로 넣고, 날것으로 버무리거나 소금을 넣어 삶아 먹어도 좋다. 매실식초에 담갔다가 먹으면 입맛이 돌기도 한다. 임산부에게 '별꽃'을 많이 먹이면 젖이 잘 나온다. 삶아낸 즙액은 맹장염 치료에 특효가 있고, 볶아서 가루를 낸 것은 치통을 멎게 하는 약이 된다. 점도나물·큰개별꽃·쇠별꽃·왕별꽃·벼룩나물은 옛날부터 가금류의 사료로 이용하기도 했다.

국화과인 '쑥'은 우리 신화에도 나오는 명약인데 삶거나 뜨거운 물에 하룻밤을 담가 두었다가 국거리로 쓰거나, 죽에 넣거나, 떡으로 빚어 먹는다. 떡을 빚을 때는 쌀·좁쌀·피·수수 따위의 가루에 쑥을 넣어 절구에 찧거나, 데쳐서 말린 쑥을 사용하기도 한다. 삶은 쑥을 밀가루와 함께 푹 쪄서 먹기도 하는데 이를 '범벅'이라고 부른다. 물론 나물로도 무쳐 먹는다. 콩죽에도 넣어 먹는데 그 방법은, 생콩을 물에 담갔다가 절구에 찧어서 물을 붓고 여기에 쑥을 넣거나 곡식가루를 넣어 푹 삶아 먹는다. 흉년에는 쑥을 삶아 찧어서 쌀겨나 쌀가루를 약간 넣어 삶은 다음 다시 찧어 떡으로 만들어 먹었다. 흉년에 가장 많이 먹는 것이 쑥이었는데 아마도 쑥쑥 잘 자라기 때문이었을 것이다. 나는 4~5월 초에는 쑥을 질리도록 먹는다. 이외에 '물쑥'이라고 하는 '제비쑥'도 먹으며, 겨우내 눈 속에서 죽지 않고 있던 '지칭개', '뽀리뱅이'는 삶아서 나물이나 김치장아찌로 무쳐 먹는다. 새순을 삶아서 몇 차례 물을 갈아대고 깨끗이 씻은 후 기름소금으로 간을 맞추어 먹으면 맛이 좋다.

'씀바귀'는 잎을 삶아서 나물로 무쳐 먹는다. 여기에 초를 떨어뜨려 맛을 내어 먹는데 약간 쓴맛이 난다. 뿌리는 새순과 함께 캐어 삶은 뒤 나물로 무쳐 먹어야 봄철에 영양분을 제대로 먹을 수 있다. 겨울을 이겨낸 봄철 나물의 뿌리는 인삼과도 같기 때문이다.

3월에 밭 둘레를 보면 '환삼덩굴'의 보라색 새순이 빼곡하게 나와 있다. 여름철 농사에 '원수'가 따로 없는 것이 환삼덩굴인데 봄에 새순을 뽑아 주면 여름철에 작물을 덮치는 일은 없다. 환삼덩굴 새순을 꺾어 모아 샐러드를 해서 먹기도 한다. 소스를 만드는 것이 관건인데 고추장에다 고춧가루 약간, 참깨, 미나리효소를 적당히 섞으면 새콤달콤한 소스가 새순과 잘 어우러진다. 맛있다고 한 접시를 비우면 환각성분이 있어 잠을 자게 된다. 무엇이든 과하지 않게 먹어야 한다. 환삼덩굴은 데쳐서 매운맛을 빼내고 소금양념으로 간을 해서 먹을 수도 있다.

또 빼놓을 수 없는 것이 '고들빼기'다. 새싹 잎을 삶아서 나물로 무쳐 먹으며 뿌리도 삶아 먹고 뿌리를 커피 대용으로 사용하는 일도 있다. 말린 잎과 줄기는 부인의 유방종양 약재로 쓰인다. 잎과 뿌리가 가을철에도 부드럽고 맛이 좋으며 뿌리는 잎보다 뛰어나다.

넘나물 원추리는 정원화로도 이용하기 때문에 집 주변 화단에 많이 심어 먹는데 4월 상순에 새싹을 거두어 나물로 데쳐 먹는다. 국거리로도 사용한다. 꽃은 초장을 곁들여 먹으면 맛이 좋다. 원추리는 소금에 절여서 김치로 만들어 먹기도 하고, 밥에 쪄서 비벼 먹거나 묵나물로 말려 갈무리해 두었다가 물에 불려 무쳐 먹는다. 땅속에 크게 부풀어 오른 공 모양의 뿌리는 쪄서 먹거나 가루를 내거나 전분을 낸 다음 쌀보리를 섞어 떡을 빚는다.

이처럼 봄철에는 겨울을 견뎌낸 밭에 잡초들이 많다. 농사를 짓는다고 밭을 뒤덮지 않는다면 혹은 농사를 짓지 않더라도 들에 나가면 이런 것들을 쉽게 채집하여 밥상을 차릴 수 있다. 굳이 채소가게에 갈 필요가 없다. 위궤양에 걸려 병원에서 처방하는 약에 의존할 것이 아니라 동물들이 '애기똥풀'로 궤양치료를 하는 것처럼 지천의 나무와 풀을 이용하면 자연의 기운이 우리의 몸 안으로 들어가 우리의 질병도 낫는다. 자연에서 생명을 유지하는 법을 배우고 자연을 두려워하면서 자연에 감사하게 된다.

곡우와 입하

여기는 계곡이 있어 물도 많고 습한 지역이라서 봄철에 '머위'가 지천이다. 머위는 편도선염이나 기침, 천식에 좋다. 몸에 통증이 심할 때 생잎을 불에 약간 구워서 부드럽게 만들어 환부에 온습포 하면 통증이 덜하다.

4월이면 쑥부쟁이·미국쑥부쟁이·벌개미취 새순들이 한창이다. 쑥부쟁이는 특유의 맛이 있어 많이 나올 때 데쳐서 말려 두었다가 겨울에 불려 기름에 볶아 먹는다.

질경이는 4월 초에 나물하기 좋다. 아이들은 기름기를 좋아해서 질경이 튀김과 질경이전을 해준다. 4월 초 광대 모양의 꽃을 피우는 '광대나물'은 나물로 무쳐 먹으며, 잎이 조개처럼 생긴 '조개나물'도 먹기 부드러워 데쳐서 들깨가루를 넣어 먹는다. 산형과인 '사상자' 어린 것은 쌈으로 먹고, 여름 열매는 소염제와 강장제로 사용한다. 갱년기 여성에게 좋은 '달맞이'는 뿌리째 캐어 먹는다. 매운맛이 나므로 데친 뒤 찬물에 우려내고 무친다.

4월 중순이 되면 '제비꽃'이 나오는데 전체를 먹는다. 뿌리는 중풍·설사·황달에 사용하고, 콩과인 '갈퀴나물'도 제법 나온다. 덩굴손이 갈퀴를 닮았고 나물을 해먹는다고 해서 갈퀴나물이며, 어린 순을 뜯어 무치거나 쌈으로 먹는다. '개갓냉이'는 갓처럼 매운맛이 나서 기침이나 가래약으로 쓰이고 삶아서 무쳐 먹기 좋다. '는쟁이'라고도 부르는 명아주 새싹은 5월에 나온다.

4월 중순이면 물가에 '며느리밑씻개' 순이 많이 나온다. 쇠뜨기의 생식줄기인 '뱀밥'도 3월 말에서 4월이면 나오며, 데쳐서 볶아 먹거나 조림이나 튀김을 하여 먹기도 하고 밥 지을 때 넣기도 한다. 영양이 풍부해서 많이 먹으면 설사를 한다.

꼭두서니도 5월이면 지천이다. 신경줄기를 닮았다고 해서 신경초라고도 하는 꼭두서니는 그 닮은 모습 그대로 혈액순환 전달효과가 있다고 한다. 도라지는 봄에 캐어 물에 담가 쓴맛을 없앤 다음 밥과 같이 섞어 먹으면 좋다. 특히 도라지순은 향취와 더불어 맛이 순하고 부드러워 나물로 좋다.

곡우가 지나면 으름 새싹이 무성하고 입하가 되면 으름꽃 향기가 만발한다. 새싹·줄기·꽃을 국거리로 사용한다. 쪄서 나물로 무쳐 먹거나 간장이나 소금에 둘러 데쳐 먹는다. 풍기는 맛이 좋다. 어린잎은 쪄서 말려 차 대용으로 달여 마시거나, 꽃이 필 때 함께 채취하여 효소로 담가 여름에 으름차를 마셔도 좋다. 늙은 잎은 쓴맛이 강해진다. 만일 잎에 쓴맛이 돌 경우 삶아서 물에 우리면 덜해진다. 으름의 새순과 인동의 잎을 소금으로 절인다. 한약에선 으름덩굴을 목통이라고도 한다. 소염성 이뇨제로 배농 효험이 있다. 이뇨제로서 신장질환·부종·각기병에 곁들여진다. 통초라 불리는 으름덩굴 줄기도 껍질을 벗긴 후 말려서 이뇨제로 사용한다. 으름은 산에서 나는 바나나라고도 하는데, 10월에 채취한다. 으름 씨앗은 따로 모아 기름을 짜서 먹고, 덜 익은 열매의 껍질은 잘라서 채쳐서 비벼 먹거나 튀겨 먹는다. 흉년에는 열매 껍질을 푹 삶아 가늘게 잘라 된장과 섞어 먹을거리로 했다.

곡우가 되면 두릅이 한창이다. 두릅 새순은 초장에 찍어 먹는데 고기 맛과 같아서 노인들이 아주 좋아한다. 2주일 정도 한 차례 따고 나면 펴 버린 것은 억세서 먹지 않지만, 약간 핀 것은 시장에 내다 팔 수는 없어도 집에서는 장아찌와 김치로 만들어 즐겨 먹는다. 두릅나물은 데쳐서 나물로 무쳐 먹거나 국으로 끓여 먹으며 누름적으로 만들어 먹기도 한다. 파·도라지·소고기 등과 함께 대나무 가지에 꽂아 밀가루를 묻힌 후 계란에 적셔서 부쳐 먹는다. 두릅나무는 번식력이 좋아서 2~3년차에는 다른 밭으로 올라오는데 내 밭에 올라왔다고 두릅을 따서 먹었다간 눈총을 받을 수도 있다. 두릅은 농가의 단기 소득원으로 1년 내내 두릅 밭으로밖에 활용하지 못하기 때문이다. 두릅 밭에 도라지를 심으면 밭을 적절히 활용할 수 있다.

땅두릅은 바람에 움직이지 않는다 하여 독활이라고도 부른다. 땅두릅의 겉껍질을 벗기고 물에 담가 떫은맛을 뺀 후 데쳐서 고춧가루나 다른 향미료를 뿌려 반찬으로 먹는다. 영양가는 적지만 독특한 향이 있다. 이른 봄 어린 순은 식용하며, 가을에 잎이 죽은 뒤 나무를 흙에 묻으면 새순이 길게 나오도록 도와준다. 뿌리는 약용하는데 하반신 마비, 중풍으로 입과 눈이 비뚤어지고 팔다리가 마비되어 감각이 없고 힘줄과 뼈가 저리면서 아픈 것을 치료한다. 따라서 관절염에 통증이 있으면 강활(부기가 있을 때 사용)과 함께 사용한다.

엄나물은 거목 한 그루로 성장한다. 봄철 4~5엽 때 채취한다. 충분히 데치고 초장으로 간하여 먹는다. 약간 쓴맛이 있으나 부드럽고 맛이 뛰어나다. 수령이 오래될수록 약효가 있으며 엄나무 기름은 관절과 허리 아픈 데 효험이 있다.

울타리나 정원수로 재배하는 오갈피나무는 뿌리는 씻어서 물을 넣고 끓인 뒤 쌀을 찐 것과 누룩을 넣어 오갈피술을 만드는데, 자양강장약으로 사용한다. 꼭 술을 넣어야 하는 것은 아니고 물만 넣고 끓여서 먹어도 효과가 있다. 오갈피나무 어린잎을 말려 저장하면 비상시 식량이 된다. 또한 섞어서 밥을 짓거나 차 대용으로 끓여서 마시는 등 널리 이용될 수 있다.

파드득나물(참나물)은 미나리와 마찬가지로 줄기를 따서 식용한다. 맑은 즙에 넣거나 생선회에 넣으며 기름으로 튀기거나 전골의 양념으로 사용한다. 봄날 줄기를 잘라 잎을 삶고 콩기름을 쳐서 먹는다. 향과 맛이 좋고, 생으로는 물고기의 회에 넣으면 생선 독이 없어진다.

이곳에서 4월 20일경이 되면 고사리 채집 전쟁이 시작된다. 고사리는 두릅과 마찬가지로 일반 농가에서는 소득원 중 하나이기 때문이다. 4월 하순이나 5월 상순에 걸쳐 잎 끝에 펼쳐지는 어린 줄기 중 눈이 있는 것을 꺾어 데치거나 삶아서 먹는다. 가장 일반적인 것이 기름을 넣어 볶음으로 만들어 먹는 것이다. 예전에는 끓는 물에 고사리를 데치고 마른 재를 섞었다. 열이 식기를 기다렸다가 물로 정갈하게 씻어 가며 못 쓸 부분을 가려내는 것이 좋다. 말렸던 것은 한 차례 물에 불려서 다시 볶아 조리해 먹는다. 갈무리 방법의 다른 하나로 날것 그대로 항아리에 담아 소금 절임을 할 수도 있다. 여름철을 넘길 때는 될 수 있는 대로 잘 배어들도록 무거운 돌로 눌러 둔다. 온도가 높아지면 산패되기 쉽기 때문이다. 고사리를 삶아 억센 것을 가려낸 다음에 한 차례 소금으로 볶으면서 물기를 말린다. 푹 삶아서 빠져나온 즙액에 간장과 설탕을 넣어 맛을 돋우고, 삶는 그릇에 고사리를 넣어 멀건 장국으로 끓여 먹는 방법도 있다. 소금을 뿌리고 콩가루를 덧섞어 먹기도 한다. 고사리가루는 튀겨 먹으며 풀로도 먹는다. 약간 쓴맛이 있지만 도태시켜 제거되기 때문에 전분원료 또는 가축사료로서 이용가치가 크다. 고사리는 많이 먹으면 양기를 해소시켜서 다리 힘이 약해지고 눈이 침침해지며 배가 부르게 된다. 날로 씹어 먹어서는 안 된다. 벌레가 끼지 않으면 고사리가루도 쌀이나 보리와 혼식하여 해가 될 바는 아니지만 이를 오래 한 가지만 먹으면 불치병을 유발하거나 눈이 어두워지고 머리가 빠지며 어린아이는 다리가 약하게 된다. 고사리의 뿌리 섬유는 일반적인 짚 새끼줄에 비하여 훨씬 더 질기기 때문에 전분을 얻고 남겨진 섬유는 햇살에 말린 다음 새끼줄로 만들어 쓰는 것이 좋다.

산달래·산부추는 생채나 데친 나물, 김치로 해서 먹는다. 나는 산달래와 산부추는 양념간장으로 해서 쑥밥에 비벼 먹는다. 뿌리나 잎을 잘라서 말려 떡으로 빚는다. 또는 햇살에 말려 겨울철 양식으로 한다. 유사한 것으로 산파가 있는데 이는 날 채소로 먹거나 소금과 고춧가루로 버무려 먹는다. 산부추에 비해 잎은 둥근 기둥꼴이고, 꽃잎조각은 긴 타원형의 끝이 뾰족한 바늘꽃이며 끝머리가 예리하다.

비비추는 4월 하순경에서 5월 상순 새싹 잎을 데쳐 나물로 먹는다. 고춧잎처럼 간장을 넣고 볶아도 좋다. 나물죽·나물밥·김치로 담가서 먹는다. 산에 가면 '무릇'이 모여 있다. 4월 상순부터 5월 상순에 걸쳐 뿌리를 잎과 함께 캐다가 2~3일 주야간 흙구덩이 불에 충분히 구워 갈무리한다. 대부분 원래 모습이 사라지므로 녹진한 채로 변한 것을 먹는다. 약간 맵고 독한 맛이 있지만 설탕 같은 단맛도 있어서 엿 대용이나 어린아이들의 간식으로 알맞다. 쓴맛은 오래 끓이면 점차 사라진다. 일반적으로는 둥굴레의 뿌리나 참쑥의 잎을 섞어 끓여 갈무리한다. 지하의 비닐줄기에는 이눌린(다당류의 일종)이 들어 있다. 삶아 밀봉해 두면 자체가 당화되어 단맛이 난다. 많이 먹으면 방비뇌명(放屁雷鳴, 방귀소리가 크다)한다. 이 때문에 방귀쟁이풀이라고도 부른다. 기근 시기에는 해 뜨기 전에 이것을 다량으로 캐어 먹었다고 한다.

곡우에 꼭 만들어서 먹는 꽃차 중 하나로 생강나무가 있다. 생강나무 새순을 나물로 먹거나 차 대용으로 사용하기도 한다. 생강나무 꽃을 따서 말려 사용하고 생강나무 가지를 꺾어 잘라서 물에 끓여 먹어도 그 향취가 좋다. 혈액순환에 좋다.

진달래 잎(두견엽)과 진달래 꽃은 화전이나 떡을 만들어 먹기도 하고, 날것으로도 먹는다. 잎과 가지를 약으로 쓰는데, 이를 '두견엽'이라 한다. 폐경에 작용하며, 가래 끓고, 기침 나고, 숨이 찬 데, 급성 및 만성 기관지염, 천식과 감기 등을 치료한다. 혈압을 낮추는 성분이 있어 고혈압 치료제로도 쓰이며, 해독 작용을 하여 부스럼 외용약으로도 쓴다. 달임약·약술 등을 만들어 먹는데, 달일 경우에는 하루에 9~12g을 달여 세 번에 나누어 마시고, 약술은 40도 알코올에 담근 후 술잔으로 한 잔씩 하루에 세 번 마신다. 부스럼이나 헐어버린 피부를 치료할 때는 두견엽을 우려낸 물에 목욕을 한다. 다래나무 수액은 신장병을 다스리는 약이 된다. 다래나무 잎은 소금 절임, 초절임 장아찌를 담가서 두고 먹는다. 또한 열매는 술을 담그거나 잼을 만든다.

소만과 망종

대나무 밭이 많은 곳에는 죽순이 나온다. 대나무 밭을 어떻게 만들고 싶은가에 따라 죽순 따는 것이 달라진다. 사실 죽순은 구황음식으로 먹었던 것이 지금은 귀한 음식이자 별미로 대접받고 있다. 대나무 밭을 공기 잘 통하고 멋들어진 곳으로 만들고 싶으면 굵은 죽순은 꺾지 말아야 한다. 죽순은 30cm 이상의 것이 가장 좋다. 너무 자라도 쇠어 먹기에 질기다. 죽순을 꺾어 껍질을 벗기고 물에 넣고 삶아 뜨거운 물을 그대로 놓아 두어 식길 기다리면 죽순의 떫은맛이 사라진다. 저장은 소금물에 2~3일 담갔다가 말리는 방법을 쓴다. 물기를 빼고 잘게 찢어 초고추장에 찍어 먹는 죽순회를 즐길 수 있다. 죽순을 이용하여 죽순불고기·죽순장아찌·죽순무침 등 다양하게 먹는다. 죽순은 찬 성질이라 몸이 차가운 사람이 먹으면 설사를 할 수 있다. 소리쟁이 뿌리를 삶은 즙액은 쓰지만 근골이 부러진 상처나 타박상에 대한 약으로 내복한다. 또한 생즙은 종기 치료로 쓴다.

명아주는 봄과 여름에 잎과 줄기를 먹는다. 데치거나 찌거나 담그거나 무치거나 삶거나 국을 끓여 먹는다. 데쳐서 나물로 만들어 먹으면 맛이 있다. 간장에 담갔다가 먹는 것이 보통이다. 밥에 섞어 양식으로 먹어도 담백하며 부드럽다. 이 식물의 줄기가 단단해지면 지팡이로 만들어 짚고 다니는 데 무병하다고 전한다.

여름철 나물로 애용하는 참비름·털비름·개비름은 소화를 촉진시켜 통변하게 한다. 쇠비름은 여름철에 먹는다. 새싹 줄기와 잎을 데쳐서 무쳐 먹는다. 즙을 내어 고약을 지으면 창종을 다스릴 수 있다. 꿀에 섞어 복용하면 설사를 다스린다. 위장이 더부룩한 사람에게 좋고 대소변을 원활하게 한다. 전국의 산이나 평지에서 자라는데 특히 산비탈의 습기가 있는 곳에서 잘 자라는 오이풀(외나물)은 봄철에 새싹을 먹는다. 새싹을 날로 먹거나 데쳐서 물에 담가 쓴맛을 우려내고 깨끗이 씻어 기름장으로 간을 맞추어 먹는다. 덩이뿌리는 잘게 잘라서 밥에 섞어 먹는다. 데쳐서 물에 우려낸 것을 말려 찧고 쌀가루와 섞어 단자로 하되 콩가루를 무쳐 먹거나 또는 된장을 발라 구운 떡으로 먹는다. 잎이나 꽃은 차 대용으로 쓴다. 차가 없을 때는 그 잎을 음용하여 열을 내리는 데 효험이 있다. 7~9월경에 짙은 붉은색의 꽃이 피며, 10월에 사각형의 열매가 익는다. 뿌리는 지혈이나 해독에 사용하며, 각혈과 월경과다, 산후 복통, 동상의 치료에 쓰인다.

미나리 잎·줄기·뿌리를 데쳐서 나물로 먹거나 고추장에 절여서 먹는 것을 '미나리회'라고 한다. 미나리 김치나 미나리 생채 등을 만들어 먹는다.

질경이는 연한 잎을 삶아서 국거리로 먹거나 나물로 데쳐 먹고, 보릿가루나 메밀가루 등에 섞어 빚어 먹기도 한다. 우선 질경이를 고추장과 고기를 넣어 양념한 뒤 기름을 두르고 삶아 먹는다. 삶아서 말린 것을 때때로 나물로 무쳐 먹는다. 질경이 전체를 깨끗이 씻어 말려 물에 넣고 끓여 겨우내 물 대신 마신다. 향과 맛이 좋으며, 몸 안의 독소가 빠지는 데 효험이 있다. 특히 이뇨제로 약용된다.

취는 봄철에 삶아서 무쳐 먹거나, 말려 두고 필요할 때마다 꺼내어 물에 담갔다가 푹 삶아 먹는다. 또는 날 잎으로 밥을 싸서 먹는다. 삽주 잎은 삶아서 나물로 무쳐 먹거나 새순을 날것으로 밥을 싸서 먹는다. 뿌리는 깨끗이 씻어 껍질을 벗겨낸 다음 얇게 잘라서 여러 날 동안 물에 담그고 잘 삶아 먹는다. 밥에 넣어 짓거나 또는 환으로 만들어 복용하면 밥 대용식으로 적절하게 쓰인다. 옛날에 전쟁을 피하여 산속으로 피신한 사람이 굶어 죽을 지경이 되어 삽주를 먹었더니 배가 고프지 않았기에 수십 년 뒤에 귀향한 일이 있었는데 얼굴색조차 달라진 것이 없었다고 한다. 지한(지방분이 많이 든 땀), 건위, 해열, 중풍, 고혈압, 의류나 책 곰팡이 제거용 훈증제로 쓰인다.

우산나물은 참나물 맛과 비슷하다. 삶아서 나물로 무쳐 먹는다. 뿌리를 포함하여 모든 부분을 약재로 사용한다. 진통·거풍·소종·해독에 좋고, 관절염, 악성 종기에 효과가 있다. 독사에 물렸을 때 해독약으로 쓰이기도 한다. 우산나물과 비슷한 삿갓나물은 독소가 있어 생잎으로 먹지 않는다.

장작개비나물·조뱅이·뻐꾹채는 봄철에 새순을 삶아서 나물로 무쳐 먹거나 국거리로 끓여 먹는다. 잎을 말려 두었다가 잘 삶아서 짧게 잘라 메밀가루나 피가루와 섞어서 죽으로 끓여 먹는다. 장작개비나물의 뿌리는 삶아서 물걸러대기를 하며 물에 담갔다가 우엉처럼 잘 삶아 먹을 수 있다. 새콩은 구워서 먹으면 맛이 좋고 잎도 삶아 먹는다.

댑싸리는 봄 새싹 잎을 나물로 먹거나 밥에 넣어 먹는다. 떫은맛도 별로 없고 맛이 아주 뛰어나다. 씨앗을 갈무리해서 손질해서 먹기도 한다. 야맹증 치료에 효과가 있다. 쇠무릎은 신맛이 나므로 우려서 먹거나 기름에 볶아 먹는다. 뿌리는 관절염·골다공증 약으로 사용한다. 쇠무릎뿌리와 장녹뿌리(자리공뿌리)를 함께 끓여 식혜를 만들어 먹으면 요통과 관절염에 효과가 좋다.

자리공은 장녹이라고 부르는데 약초로 신장염에 특효가 있다. 열매는 먹으면 안 된다. 3월 중순 새잎을 따서 나물로 먹는다. 줄기와 뿌리는 독성이 있어 뿌리를 약으로 해서 먹을 경우는 뿌리를 삶아 우려낸 물을 보리밥에 넣어 식혜로 해서 먹는다. 독성분이 있어 복통·구토·설사·피오줌·혼수·허탈증이 온다.

익모초는 어렸을 때 엄마가 오빠에게 입맛이 없을 때 즙을 내어 먹였던 기억이 있다. 오빠가 먹지 않겠다고 도망가는 소동이 벌어지곤 했던 익모초는 더위를 식혀 주는 약초로, 꽃이 피기 전에 전초를 따서 효소로 담가 시원한 물에 섞어 먹는 차로 하면 향취가 좋다. 또한 익모초는 여성에게 좋은 약이기도 하다. 거북이꼬리라고 하는 좀잎들깨풀은 4월경에 새순을 따서 쌈으로 먹거나 데친 뒤 무쳐 나물로 먹는다.

엉겅퀴는 '대계'라 하여 여성에게 좋다. 관절염이나 허리통증에도 효험이 있다. 간경에 작용하며, 조뱅이와 마찬가지로 어혈과 핏속의 열을 없애고 지혈 작용을 한다. 부스럼을 낫게 하는 효과도 뛰어나며 항암 작용도 한다. 특히 엉겅퀴 달임약은 혈압을 내리고 이담 작용을 하는데, 하루에 6~12g을 달여 세 번에 나누어 먹으면 좋다. 편도선염에도 좋아 민들레와 엉겅퀴를 같이 끓여서 물은 마시고 찌꺼기로는 목을 찜질해 주면 좋다. 어린 줄기와 아직 여물지 않은 꽃받침 껍질은 버리고 흰 부분을 삶아 참기름과 같이 식초 간장을 곁들여 먹는다. 일종의 향미가 있어 저녁 반주의 안주로 적격이다. 따뜻한 보리밥에 잘 조화되는 반찬이다. 뿌리를 캐어 우엉 대신으로 먹는다.

하지 · 소서 · 대서

한여름에는 야생 과실이 많다. 망종 절기부터 뽕나무에서 나는 오디를 비롯해 산앵두 · 다래 · 머루가 익어 간다. 산앵두는 매실처럼 소금이나 설탕에 절여서 나중에 꺼내 먹는다. 어린싹은 잘 삶아서 누런 색깔을 띨 때까지 기다렸다가 물에 씻어 조리해 먹는다.

산초나무 · 초피나무는 생김새와 성질이 비슷하여 많은 사람들이 혼동한다. 산초나무의 가시는 어긋나며 약간 굽어 있고 날카롭다. 초피나무의 가시는 마주 보며 난다. 산초나무는 10~11월에 녹색에서 갈색으로 익으며 검은 열매가 튀어나온다. 초피나무 또한 9~10월에 종피가 녹색에서 홍색으로 익으며 열매가 검고 윤택이 난다. 산초는 주로 기름을 내어 약용과 식용으로 사용한다. 초피나무는 주로 열매껍질을 가루 내어 추어탕에 넣어 향신료로 사용하는데 제독효과가 있다. 이곳 전라도에는 초피나무를 젠피나무라고 해서 소만이 되면 열매가 부드러워서 열매와 잎을 통째로 따 간장으로 장아찌를 담가 먹는데 향취가 좋다. 초여름부터 나오는 산초 잎은 음식의 향미를 더해 주거나 또는 전을 부쳐 먹는다.

6월경에는 조릿대 열매를 거두어 곡물처럼 찧어 밥으로 지어 먹는다. 또 전분을 내어 떡이나 단자를 빚는다. 밀가루와 섞어서 국수를 만들거나 밥 또는 죽 따위에 섞어 먹기도 한다. 공복에 먹어도 몸에 괜찮다. 술을 빚기도 한다. 조릿대의 열매를 천연맵쌀이라 부르며 밥으로 지어 먹는다. 가루로 내어서 경단을 빚어 먹는데 대체로 밀가루 못지않게 맛이 좋다. 시골이나 고산지대 사람들은 모두 산에 올라가 조금이라도 채집한다. 계곡이나 어느 봉우리에서도 채취할 수 있다. 하루에 5~6말 정도 채취하여 갈무리하면 흉년에 대비할 수 있다. 새싹은 푸성귀로 무치거나 즙 있는 열매에 섞어 쓰고, 자란 잎은 볶은 나물로 먹거나 쪄서 건조시켜 가루로 내어 완자를 만든다. 조릿대의 잎은 한약인 죽엽의 원료로 약간 그늘에 말렸다가 끓여서 먹으면 치열·이수·청심에 효험이 있다.

뽕나무 오디는 비타민A·B·C를 다량으로 함유하고 있으며 소화흡수력을 증진하고, 중풍·혈액순환·고혈압에도 좋다. 오디를 많이 먹으면 방귀를 많이 뀌게 되는데 그래서 '뽕'나무라고 칭한다. 어릴 적 오디를 먹고 입술이 까맣게 되어 귀신놀이를 많이 했던 기억이 있다. 보리수나무는 열매는 먹고 나머지는 잼을 만들어 먹는다. 보리수나무 열매는 해수와 천식을 치료한다. 화(火)기를 내려 술독을 푸는 데 효과가 있다. 습진은 뿌리를 달여서 먹는다.

입추 · 처서 · 백로

이맘때는 산에 풀이 많이 우거져 약초꾼 아니면 잘 다니지 않는다. 대신 먹을 것들은 밭작물이 무성하게 자란다. 나물보다 약초로 사용하는 것들을 취할 수 있다.

향유는 배향초 · 노야기라고도 한다. 나물 이름으로는 향채라고도 한다. 8~9월에 연한 자주색으로 한쪽으로 치우쳐 달린다. 꽃이 필 때 뿌리째 채취하여 말려 우려낸 물을 목욕재로 사용하기도 하고, 곽란 · 배앓이나 소염 · 지혈제로도 사용한다. 더운 달에는 잎으로 나물을 해 먹는다. 전국의 야산과 들에 있다.

형개는 가을에 꽃이 핀다. 차조기와도 같고 생강과 겨자와도 같아서 여러 이름이 있다. 모난 줄기에 가는 잎이 댑싸리 잎과 비슷한데 조금 작고 연한 황록색이다. 씨방은 차조기와 비슷한데 다닥냉이의 씨와 같으며 황적색이다. 그 싹을 볶아서 먹으면 맵고 향기롭다. 이삭이 파랄 때 지상 부분을 잘라서 말린다. 형개 달인 물을 마시고 피부에 바르면 항균작용으로 화농성 여드름이나 아토피 질환 치료에 쓰인다. 또한 해산 후 고열이나, 산후 중풍기가 있을 때 형개가루를 타서 먹는다.

박하는 영생이라고 부르며 서양식 이름으로는 페퍼민트라고 한다.

청명 안에 옛 뿌리에서 싹이 나온 것을 취하여 옮겨 심는다. 비옥한 것을 좋아하지 않는다. 소서가 지나고 볕에 말려서 쓴다. 멘톨 성분이 있어 소염 진통제로 쓰이며 구충제, 입안의 냄새를 제거하는 데 사용한다. 부작용이 없다. 그 잎은 차를 대신할 수 있다. 잎이 연할 때 날로 씹어 먹을 만하며 또 절임으로 할 수 있다.

산궁궁이는 천궁이라고 부른다. 잎은 미나리와 비슷하나 조금 가늘고 좁다. 구릿대의 잎과 비슷하고 고수의 잎과도 비슷하다. 청명 뒤에 묵은 뿌리에서 싹이 나면 그 가지를 나누어 묻으며 마디마다 뿌리가 생긴다. 8월에 궁궁이가 달리기 시작하면 채취할 수 있고, 찌거나 볕에 널어 말려 묵나물로 먹을 수 있다. 말린 것을 옷상자나 책 속에 넣어두면 좀을 막을 수 있다. 잎이 연할 때 나물로 해먹으면 향기롭고 맛있다. 향기로운 냄새로 입안의 냄새를 없애고 혈액순환이 잘되게 하여 궤양을 빨리 아물게 한다. 진통, 진정, 혈압 강하 작용, 항균 작용이 있다.

맨드라미 잎은 데쳐서 먹는다. 맨드라미는 9~10월에도 가을철 전으로 지져 내면 맛도 좋고 색도 예쁘다. 꽃을 갈아서 그 물로 전을 만들거나 떡을 빚어도 색이 예쁘다. 맨드라미를 살짝 말려 따끈한 물에 우려내 차로 먹는 것도 아주 좋다. 싱싱한 맨드라미 그대로를 자연 발효 효소로 담가 1년 후 먹으면 맛도 색도 좋다. 한의학에서 간의 기능은 우리 몸의 모든 혈액을 다스리고 그 기능이 눈과 생식기까지 아우른다 하여 맨드라미를 활용하였다. "뇌수를 돕고 청력과 시력을 좋게 하며 간을 진정시키고 근육과 뼈를 튼튼하게 하며 풍한 습에 의한 마비나 저림증을 제거한다"고 전한다. 또한 치질이나 순환계 병을 치료한다. 차고 쓴 성질 때문에 염증을 가라앉게 하고 피와 설사를 그치게 하는 효능이 있다. 맨드라미의 씨는 계관자(鷄冠子)라고도 하며, 충혈, 간의 열독으로 생긴 두통과 고혈압, 자궁근종으로 인한 월경 과다에 효과가 있다. 주의할 점은 계관자는 동공이 산대해 있는 경우와 허할 때는 복용하면 안 된다. 어린이 눈에 맨드라미씨가 들어가면 위험하므로 꽃으로 장난을 하면 안 된다. 맨드라미·봉숭아·상추를 심으면 뱀이 집 안에 들어오는 것을 막기도 한다.

추분 · 한로 · 상강

가짓과 식물인 꽈리는 가을에 열매를 따서 날로 먹는다. 맛이 약간 시고 달다. 새순은 데쳐서 물에 불려 쓴맛을 없애고 조리해서 먹는다.

더덕은 고름과 종기를 없애며, 늘 졸리는 것을 없애고 간을 좋게 한다. 음부가 가려울 때 더덕가루를 물에 타서 마신다. 이러한 증상을 다스리는 데는 뿌리가 희고 실한 것이 좋다. 싹이나 뿌리는 채소로 먹는다. 더덕 잎을 약간 채취하여 물에 넣고 먹으면 더덕의 향이 물에 우러나 더덕차로 마실 수 있다. 모래땅에서 자란 것은 뿌리가 길어 30cm 이상인데 황토 땅에서 자란 것은 짧고 작다. 산 절벽이나 돌벽 사이에서 자라길 좋아한다. 소만 즈음에 산에 다니다 보면 더덕의 향을 맡을 수 있다. 또한 그 자리 근방을 뒤져 보면 더덕 덩굴을 발견할 수 있다. 가을철에 캔 것이 실하다. 향이 좋아서 나물을 만들기도 하고 포를 만들기도 하고 장을 만들기도 하는데 다 좋다.

둥굴레는 4월 하순부터 5월 상순에 걸쳐 새싹 잎줄기를 다듬어 국거리로 쓴다. 꽃이나 열매를 모두 먹을 수 있다. 봄이나 가을에 뿌리줄기를 날것 혹은 쪄서 나물로 하거나 밥에 섞어 지어 먹는다. 맛이 달다. 또는 고구마와 섞어 쪄 물컹대는 상태로 밀봉하였다가 엿 대용으로 먹는다. 뿌리줄기로부터 전분을 만들어 내기 위해서는 평소에 대량으로 채취해야 한다. 날것을 말려 찧고 체로 쳐서 가루, 즉 거친 가루를 낸다. 분말의 수량은 뿌리의 2%쯤 된다. 다 큰 잎은 불에 달여 엑기스 가루로 하거나 말려서 분말로 내어 쓴다. 둥굴레의 뿌리줄기는 가을이나 이른 봄에 채취하여 그늘에 건조해 달여 낸 물을 자양강장제로 쓰며 황정이라고 한다. 오줌소태나 해열에 효능이 좋다.

청미래덩굴은 봄철에는 새싹을 데쳐 나물로 먹고 늦가을에는 뿌리도 캐어 잘게 토막치고 여러 날 동안 물에 담가 쓴맛을 우려낸다. 이를 떡 재료에 함께 넣어 쪄 먹는다. 흰쌀을 끓여낸 즙액을 곁들여 먹으면 해가 없다. 노인이나 어린아이, 병 뒤끝의 사람들은 먹지 말아야 한다. 이것을 먹은 사람이 배설한 분뇨를 못자리에 처리하면 모의 생육을 저해한다는 소문이 있다. 청미래덩굴은 혈액순환 약재로 쓰이기도 한다.

쇠무릎과 장녹 뿌리를 캐어 말린다. 이때는 대부분 뿌리를 캐어 말려 겨울철에 약재로 갈무리하여 쓴다.

농사로 음식 보조하기

일 년 동안 무엇을 해서 먹고 사는가?
5월의 일상을 살펴보면 아침에 논을 둘러보고, 오전 오후 밭에서 일을 한다. 때때로 뽕잎을 채취해 뽕잎 장아찌도 만들고 뽕잎 밥도 한다. 감잎을 따서 찌고 말려 차를 만든다. 온종일 하는 일은 먹기 위한 것들이다. 늦가을부터는 집 손질을 한다. 나무를 하고 구들을 보고 음식재료들이 얼지 않도록 저장한다. 겨울에는 밭일도 할 수 없다. 옛날에는 긴긴 겨울날 남자들은 땔감용 나무를 하고 멍석을 짜고, 여인네들은 길쌈을 해서 옷을 지으며 시간을 보냈다. 3월부터 12월 중순까지 일 년의 대부분의 일이 먹을 것을 준비하기 위한 것이다. 12월 중순 이후 겨울에는 난방만 해결하면 되었다.

농사를 짓는 것의 3/5은 먹을거리, 1/5은 집에 관한 것, 1/5은 의생활에 관한 것이다. 현대 한국 사회에서는 섬유부터 자신이 직접 옷을 지어 입는 경우는 거의 없다. 자연에서 얻어먹는 것도 봄철이다. 3~5월 중순까지는 자연에서 채취하여 먹는다. 5월 하순부터 밭에서 재배한 것을 먹는다. 12~2월의 3개월은 겨우살이, 3~5월은 산과 들에서 얻어오는 채집의 기간, 6~11월은 논과 밭에서 식량을 얻는다. 농사는 식량을 위해 50%를 할애한다고 보면 될 것 같다. 이곳 산골에서도 주로 산을 개간하여 쌀농사를 지었고 텃밭에서는 채소농사를 지었다. 내가 사는 마을에는 아직도 논농사를 주로 하지만 '농업인'은 밭농사가 주를 이룬다. 소득 작물이라고 하여 토란·고추·감자를 한다. 귀농을 해도 곡물 농사보다 밭농사를 주로 생각하는 이유가 밭농사가 그나마 약간의 돈이라도 벌 수 있기 때문이다. 논농사는 대규모 농사가 아닌 한, 기피하는 농사 중 하나다.

• 내 농사의 원칙

1. 내가 먹을 것을 우선으로 농사지으며, 농사를 통해 자급하지 못하는 것은 가능하면 돈으로 시장에서 구입하지 말자.

2. 멧돼지나 고라니 등의 먹이로 동물 피해를 입는 것은 아예 심지 말자.

3. 관리기나 경운기로 밭갈이를 하지 않는다. 오래 묵은 밭은 잡목을 제거하기 위해 첫해는 기계를 사용한다. 밭을 만들어 놓은 이듬해부터는 그때 필요한 밭 모양을 최소한의 노동력이 드는 범위에서 변형한다. 거름 넣기 등 밭을 뒤집는 행위는 가능한 한 하지 않는다.

4. 밭은 손으로 풀을 맨다. 한여름 풀이 왕성한 시기에는 길 가장자리 등 두둑 주변은 예초기를 사용할 수 있다. 밭의 경우는 손으로 풀을 매 줘야 작물과 토양의 상태를 점검할 수 있다. 농기계를 이용한 김매기는 자세한 관찰을 저해한다.

5. 거름은 농사나 집에서 나오는 부산물로 한다. 거름이 부족하면 부족한 대로 농사를 짓는다. 거름을 일률적으로 할 이유가 없다.

6. 작물을 선정하는 순서는, ① 내가 먹고 싶은 것, ② 토양과 기후에 맞는 것, ③ 지형에 맞는 것, ④ 퇴비가 적게 드는 것 순이다.

7. 천연농약이나 기피제(곤충이나 작은 동물을 쫓기 위해 쓰는 약)는 사용하지 않는다. 적당한 풀과의 공생 및 다양한 작물의 섞어짓기와 돌려짓기 등을 주로 한다.

8. 반드시 토종이라고 할 수는 없어도 땅에 맞는 종자는 괜찮다. 채종해서 고착화시킨다.

논농사와 쌀

"밥 안 줘?"

아버지가 밥을 안 준다고 성화시다. 떡이랑 전이랑 드시고도 밥 타령을 하신다.

"우리는 밥을 먹어야 해. 그건 주전부리고. 으메~"

어르신들은 쌀로 만든 '밥' 공기를 한 숟가락 떠야 한 끼 밥을 먹었다고 생각하신다. 쌀을 주곡으로 삼아온 한반도에서 "밥 먹었니?"는 "식사했니?"라는 말과 같다. 전쟁이나 흉년 시기에 제대로 된 '밥'을 먹지 못해 대체 음식을 먹었다. 이것을 두고 '끼니를 때운다'라고 했다.

'밥=식사'에 대한 관념은 '밥심(힘)'에도 나타난다. 밥을 먹어야 힘이 난다는 말이다. 밥을 굶으면 큰일이 나는 줄 안다. 힘의 원천은 밥이며 밥을 먹지 못하면 힘을 못 쓴다는 식의 고정관념이 자리 잡고 있다. 세 끼를 꼬박 드시는 아버지에게 두 끼만 드시라고 하니 난리가 난다. "해외에서 감자나 빵으로 먹으니 출출해서 혼났다"고 하시며 해외에서 제일 힘든 게 식사문제라고 하셨다. 쌀로 만든 밥을 먹어야 '식사'를 한 것이다.

나도 밥에 대한 사랑이 심한 편이다. 아버지의 유전인자를 받아서 그런지, 쌀농사를 짓고 난 뒤부터 내가 직접 지은 쌀이기에 그런지, 여기 산수가 좋아 쌀 맛이 특별히 좋은 것인지 알 수 없으나 밥이 정말 맛있다.

귀농한 사람들은 돈이 안 된다고 쌀농사를 짓지 않고 밭농사만 짓는 경향이 있는데 그 이유는 쌀값이 터무니없이 싸기 때문이다. 농촌의 젊은이들을 도시로 유입시켜 중공업의 인력을 보충하고, 도시의 생활을 보장하기 위해 1960~70년대 저곡가정책을 실시한 이래로 그 기조가 변함없이 유지돼 오고 있기 때문이다. 이른바 소비자 물가의 가장 기초는 농산물이기에 농산물 가격을 끊임없이 통제하고 있는 것이다. 따라서 저곡가정책으로 농민들은 논농사를 기피하고 설혹 논농사를 짓는다 하여도 대규모를 꾀하지 않으면 수익이 발생하기 어려우므로 대규모화를 꾀하고, 대규모화하면 기계를 사용할 수밖에 없으며, 기계를 임대하여 사용하기에는 불편함과 수익이 많지 않으므로 정부 보조금을 생각하면서 기계를 구입한다. 기계의 구입은 상환해야 할 돈이 많음을 의미하므로 농사의 대규모화는 점차로 심해지고, 기계 값의 원리금 상환만이 아닌 감가상각과 고장으로 인한 수리·유지비로 부채의 악순환과 고된 노동의 악순환이 이어진다.

고된 노동의 악순환은 단위 생산량만을 생각하게 하는 제초제나 농약, 화학비료, 더 나아가 GMO식물의 재배까지도 수용하게 되는 재앙을 불러일으키는 원인이 되고 있다. 논농사를 포기하고 밭농사를 하는 경우도 똑같다. 농민은 이렇게 '돈이 되는 농사', '규모화된 농사'로 방향을 전환함으로써 농업인이 기업농에 편입되어 가는 굴곡된 행로를 가게 된다. 생명의 본산이 될 농사가 '돈의 빙산'으로 인해 인간에게는 질병을 유발하고, 생태를 무자비하게 말살하고 파괴하는 주범으로 나아가게 되는 것이다. 그래서 작금의 농업인들은 돈 버는 농사를 해서 돈을 벌고, 그것으로 쌀을 사 먹는다. 그것을 조장한 정부는 근본적으로 도시금융산업자본의 논리에 따라 결국 반도체와 휴대전화를 팔아 식량을 사겠다는 것이다.

나는 세 배미, 6마지기 논농사를 했다. 다락논은 아니지만 그렇다고 수로가 잘 확보된 경지도 아니다. 물 공급도 어렵고, 가둬둔 물도 잘 빠지는 곳이다. 그러다 보니 논농사가 시작되면 스트레스를 받게 된다. 아무리 논을 잘 두들겨도 일정한 시간이 지나면 물이 빠지기 시작한다. 천수답으로 논농사를 짓는다면 논농사는 포기해야 한다. 산두벼를 할까 했지만 내 노동력으로는 감당하기 어렵다는 것을 알고 있다. 만약 이 논을 지속한다면 물을 가둘 수 있도록 새로 보수를 하거나 가장 물이 잘 빠지는 큰 배미는 둑을 쌓아 반으로 나눠서 물이 잘 빠지는 곳은 산두벼로, 물이 원활한 곳은 논벼로 시도해 봐야 한다. 산두벼는 물이 있어도 그만 없어도 그만이니까.

화학비료나 제초제나 농약을 전혀 사용하지 않고 볏짚으로 퇴비를 하면 기후나 병충해로 인한 변고가 없는 한 마지기당 3가마니 정도가 나온다. 다락논의 경우는 한 마지기에 두 가마 소출이 채 안 된다. 산골 다락논은 마지기당 소출을 예측할 수 없다. 멧돼지 피해가 자주 있기 때문이다. 그들이 머드팩(뒹굴면서 흙 목욕을 한다) 하고 가면 나락이 넘어지고 진흙탕에 박혀서 소생되기 어렵다.

쌀 한 가마니 반 정도면 세 명이 하루 한두 끼 밥에 온갖 잡곡을 섞어 일 년은 충분히 먹고살 수 있다. 나의 경우도 하루 두 끼 식사에 한 달에 10kg을 채 먹지 못한다. 두세 사람이 일상적으로 밥을 먹는 경우는 일 년에 240kg 정도면 된다. 하지만 한꺼번에 오는 손님이 15명 이상씩 되는 경우가 있어 두 가마니 더 있어야 여유분이 생긴다. 그래서 논농사는 한 가족(2~4인)이 한 마지기만 있으면 충분하다.

기계를 사용하는 논농사에 소요되는 돈을 계산해 보자. 일반적인 논농사를 기본으로 생각하면 한 마지기당 20만 원이 소요된다. 수확 후 쟁기질 1회, 봄철에 로터리 1회, 물 받고 난 뒤 로터리 1회, 써레질 1회,

모내기, 수확하기, 여기다가 모판 값과 우렁이 비용까지 합치면 한 마지기당 20만 원이 든다. 작년에 친환경 쌀 한 가마니 수매가격이다. 내가 산두를 하게 되면 노동력은 수십 배로 늘고 소출은 반으로 줄어드니 산두로 하지 않고 기계모를 선택한다. 하지만 물 문제에 있어서 흉년과 물 부족이 심해지면 산두를 할 수밖에 없다. 흉년에 대비하여 산두는 종자로 남겨 두고 매년 심고 있다. 다락논의 경우에는 주로 쌀농사가 대부분이었다. 양수기로 물을 뿜어 쌀농사를 짓던 그때, 쌀농사가 전부일 수밖에 없는 이유도 그것이었다. 물대기가 아니면 풀매기가 전부이기 때문이다. 대대적인 수로 기반공사를 통해 경지가 정리된 평야지대의 쌀농사가 이럴 때는 부러울지도 모르나, 경지가 잘 정리된 쌀농사는 손으로 일하는 것을 포기할 때나 가능한 일이므로 전혀 부럽지 않다. 농사는 자기 손으로 직접 할 때 그 값어치가 배가 되니까.

내게 필요한 논의 면적은 한 마지기 정도, 이 정도만 하게 된다면 내가 직접 손으로 할 수 있다. 어려움과 불평 없이 하려면 내 손으로 내가 직접 하는 농사를 지어야 한다. 내 노동 규모는 한 마지기다. 평생을 농사꾼인 노인들이 손모를 내는 경우, 하루 한 마지기를 한다. 내가 처음 손모를 낼 때 4인이 이틀을 꼬박 했다. 허리가 부실한 사람에게 손모내기 및 피를 뽑는 피살이는 죽을 맛이다. 초보 농사꾼의 경우 일주일 걸려 손으로 직접 모내기를 한 마지기 하더라도 자신의 노동력에 맞는 적정 규모라고 할 수 있다. 여기에 토종종자로 직접 모를 내면 더욱 좋다.

현미만 있으면 애써 잡곡까지는 없어도

쌀은 현미로 찧는다. 시골 방앗간에서는 백미로 찧는 것이 일반적이다. 사람들이 백미를 선호하기 때문이다. 방앗간에서는 한 가마 이상을 할 때만 기계를 돌린다. 가정용 정미기가 없으니 산패하기 쉬운 현미라고 하더라도 한 가마니를 찧는다. 60kg 정도면 2~3개월을 먹을 수 있다. 쌀이 풍족하니 먹을 것이 풍족한 것 같다. 잡곡도 섞지 않는다. 현미 100%면 지방·단백질이 충분하고 굳이 잡곡을 섞지 않아도 된다. 만약 잡곡이 있으면 넣어 먹어도 상관없다.

예전에는 쌀이 부족해서 수수·기장·조 등을 넣어서 먹었고, 수수·기장·조 등 잡곡류는 논이 충분하지 않은 경우 밭에서 재배할 수 있는 곡물이었으며, 흉년을 대비하거나 사료용으로 사용하기 위해 재배되었다. 혼식 장려운동을 벌였던 70년대에는 백미를 먹게 될 때 백미로 인한 영양 부족을 잡곡으로 보충하였다. 그래서 현미로 밥을 해먹는 경우는 굳이 잡곡을 재배하여 넣어 먹을 이유는 없다. 현미 그 자체로 충분하다.

사람들이 현미밥에 대한 거부감으로 '현미의 딱딱함'이나 '현미의 껄끄러움'을 말하는데 수년 동안의 습관 탓인지 나는 현미가 딱딱하다고 느끼지 못한다. 현미의 고소함도 그렇다. 나에게는 오히려 백미가 입맛에 맞지 않다. 나는 백미를 몇 끼 먹으면 똥이 묽게 되는데 섬유질 부족 때문인 것 같다.

현미밥은 압력밥솥으로 짓는다. 한원식 선생님의 경우는 소화흡수를 잘할 수 있도록 오래 씹는 것을 중요시 여겨 밥 짓는 법이 특별하다. 압력밥솥을 이용할 때 처음 1분 30초 정도 딸랑거리고 난 뒤 불을 끄고

김을 뺀다. 김을 빼고 휘 저어 놓아 두고 뜸을 들이지 않는다. 그래야 밥알이 씹기가 좋다고 한다. 나의 경우는 이런 방법을 고수하진 않는다. 상황에 따라 달라진다. 손님이 갑자기 들이닥쳐 밥을 빨리 해야 할 때는 뜸을 들이지 않는다. 일상적으로는 전기밥솥을 활용하기 때문에 그대로 맡겨 둔다. 그리고 밥을 그때그때 해 먹기도 하지만 일손이 바쁠 때는 두 끼 정도는 한꺼번에 해 놓고 먹는다. 식은 밥이나 밥솥에 오래 둔 밥은 식혜를 해먹거나 볶은 곡식을 해먹으면 그것도 훌륭한 끼니가 된다.

현미를 먹고 살이 빠지거나 몸이 회복되었다는 얘기는 통곡의 중요성을 얘기하는 것이지 현미 그 자체만을 얘기한다고 보지 않는다. 밀가루도 통곡으로 먹을 때 영양이 충분하고 맛이 좋다. 정제된 곡식이나 식품은 몸에 해로움을 끼치게 된다. 무엇이든 통으로 먹어야 생명으로서의 음식을 먹는 것이다. 입에 까칠하다고 통곡으로 못 먹는 것은 습관의 문제일 뿐이다. 양계에서도 병아리에 까칠한 현미를 먹이면 소화력이 좋아진다.

입맛은 제각각이다. 밥맛이 있느냐, 없느냐가 아니라 입맛이 좋으냐, 좋지 않으냐는 개별적인 문제일 뿐, 밥 그 자체에 있는 것은 아니다. 왜냐하면 누구에게는 현미가 맛있는 밥이지만 누구에게는 현미가 까칠한 모래알처럼 느껴진다. 이가 성하지 못한 나의 엄마는 백미조차도 먹기 어렵다. 이런 경우는 백미냐, 현미냐가 아니라 밥의 부드러움 정도를 가늠해야 한다. 현미를 갈아서 드리면 치아가 성하지 않더라도 충분히 드실 수 있다. 촉감이 백미보다는 까칠하더라도.

시골에서 성인 1인에게는 쌀 몇 가마가 필요할까?

2011년 통계청 자료에 의하면 1년에 성인 기준 쌀 소비량이 70.8kg, 밀가루는 37kg이다. 이는 전통적으로 '밥'에 의존한 쌀 대신 빵·라면 등 가공 인스턴트식품으로 대체되었다는 증거다. 우리 부모 세대와 달리 현대인들의 식습관이 미국식을 답습하면서 쌀에 대한 애착이 줄고, 밀가루를 재료로 하는 빵이나 라면 등 인스턴트식품이 많아졌다. 순수하게 집에서 밀가루를 이용해 먹는 경우는 식품산업에서 소요되는 밀가루와는 비교할 수 없을 정도로 경미하다. 수매된 쌀이 남아돌아서 100% 자급률을 자랑하던 쌀도 이제는 논이 밭으로 전환하여 소득 작물이나 콩 작물로 대체되면서 자급률이 급락했다.

밀가루는 대부분 수입에 의존하며, 특히 식품회사가 만드는 가공식품은 거의 대부분이 미국산·캐나다산 밀가루이다. 국산 밀가루로 만드는 경우는 소비자생활협동조합 생산자들이 만드는 것 외에는 찾아보기 힘들다. 밀은 겨울 작물에다 재배와 탈곡과정이 그리 어렵지 않다. 하지만 미국산 밀이 워낙 가격 단가가 낮다 보니 국내에서도 밀가루 가격을 낮게 책정하는 바람에 농가는 재배를 많이 하지 않는다. 우리 밀의 경우는 5천 평 이상 계약 재배이므로 역시 판매망까지 연결하려면 5천 평 이상을 해야 한다.

미국산은 대부분 GMO 밀이다. 식량의 절반을 차지하는 밀가루는 과자·라면·빵·인스턴트·가공식품들의 재료로 소비되는 까닭에 우리의 밀을 재배하더라도 그건 슬로푸드 방식, 즉 집에서 만들어 먹는 것들이어야 한다. 결국 완전식품으로 가공된 것을 벗어나지 않는 한, 자급률의 의미는 없다.

예전의 만석지기라는 단위는 쌀로 140kg를 말하는데 이는 옛날 성인 남자가 질 수 있는 무게를 말하며, 곧 성인 남자가 일 년에 먹을 수 있는 쌀의 양이다. 지금은 시골에서 성인 한 사람에게 쌀 몇 가마가 필요할까? 개인 식성에 따라 다르고 하루에 몇 끼를 먹느냐에 따라 다르다. 그리고 한 끼의 양에 따라 다르다. 그 양도 간식이 없이 밥에만 의존하는 경우에는 밥공기의 크기에 따라 다르다. 나는 일 년에 얼마나 먹을까? 나 또한 만석지기를 벗어나긴 어렵지 않을까?

 쌀로 만든 간식

벼를 재배하여 나락으로 보관해 두니 1년이 든든하다. 방문하는 사람에게 밥 대접하는 것에 인색해지지 않는다. 오가는 사람들이 많으니 쌀독이 금방 동이 날 때가 많다. 아직도 시골장에는 튀밥 만드는 '뻥' 할아버지가 있어 쌀 3되를 가지고 나가면 간식거리를 만들어 올 수 있다. 나는 아버지의 주전부리를 위해 가끔 현미쌀을 들고 나간다. 요즘 방앗간에서는 재료만 가져다주면 떡을 완제품으로 포장해서 준다. 쑥개떡을 만들어 먹는다고 쌀을 빻기도 하고, 쑥인절미를 만들어 제사상에도 올렸다. 식은 밥으로 식혜를 만들어 먹기도 했다. 나는 귀찮아서 해먹지 않지만 지윤네는 쌀엿을 고아 조청을 만들어 먹기도 한다.

곡식 대용의 감자와 고구마

농사를 잘 짓지 못하는 초보자가 김매는 수고로움을 덜하고 싶으면 감자나 고구마를 재배하면 된다. 식량 대체 작물이 감자와 고구마다. 감자는 3월 하순에 심어서 6월 말에 거두어 여름에 먹고, 고구마는 5

월 말에 심어서 10월 하순에 거두어 겨우내 먹는다. 감자는 모래가 많은 보들보들한 땅에서 재배해야 캐기 쉽다. 반면 고구마는 딱딱한 둥근 두둑에서 재배하면 고구마가 뿌리를 내리기 어려워 볼록 솟아오른 곳에 알이 생기고 알맞은 크기로 재배가 가능하다. 일반적으로 고구마는 포슬포슬한 두둑 위에서 재배되면 깊게 뿌리를 내려 캐기 힘든 상태가 된다.

감자는 배수가 잘되는 곳에서는 고랑에 심고 감자가 싹을 내고 20cm 정도 자랐을 때 흙을 덮어 주는데 이때 풀도 함께 긁어 흙 속에 묻히게 된다. 두 번째는 알이 생겨서 굵어지기 시작할 때 흙을 덮어 준다. 역시 이때도 풀을 함께 매 주는 효과가 있다. 이렇게 두 번 흙을 덮어 주면 고랑이 두둑이 되고 두둑이 고랑이 된다. 감자수확 시기는 감자 잎과 줄기가 노랗게 변했을 때다. 배수가 잘되는 곳에서는 감자를 다 캐지 않고 놓아 둔 뒤 필요할 때마다 캐 먹을 수 있다. 강원도에서는 감자를 두고 그 위에 배추를 심기도 한다. 하지만 이런 경우는 몇 차례 실험을 해볼 필요가 있다. 왜냐하면 감자를 두둑에 그냥 놓아두면 땅강아지들이나 돼지 등의 짐승들이 파먹을 수도 있기 때문이다. 감자를 수확할 때는 호미 자국이 나지 않도록 가장자리부터 손으로 파고 들어가 수확한다.

감자는 장마철에 저장을 해야 하므로 저장 방식에 신경을 써야 장마를 넘겨서까지 먹을 수 있다. 햇볕에 2~3시간 말린 뒤 물기가 없는 서늘한 곳에 보관한다. 툇마루 아래 움을 파서 감자를 넣고 볏짚으로 덮어 놓으면 가을까지 보관할 수 있다. 비탈진 양지에 땅을 파서 왕겨를 깔고 감자를 넣어 볏짚과 흙으로 덮는 방법도 있다. 흠집이 난 감자는 금방 썩으므로 감자를 모아 둔 곳을 수시로 점검해야 한다. 흠 감자는 빨리 먹지 않으면 감자를 얇게 썰어 말리거나 감자를 전분으로 내서 먹는다. 씨앗으로 쓸 감자는 가을감자로 해야 보관이 용이하다. 감자는 수면을 취해야 하므로 하지에 캐 다시 심을 경우 발아율이 낮다. 종자용 감자는 8월에 심어서 10월 말에 캐 영하로 떨어지지 않는 곳에 보관한다. 고무대야나 장독에 왕겨를 깔고 감자를 넣으면 얼지 않게 보관할 수 있다.

고구마는 재배가 가장 용이한데 전년도에 먹던 고구마를 몇 알 남겨서 따뜻한 곳에서 물을 자주 주어 싹을 낸다. 싹 난 것을 밭에 한 데 옮겨 놓고 싹을 더 키운 뒤 매듭을 두 개씩 잘라 심는다. 집에서 씨를 계속 받아서 심는 고구마나 감자는 퇴비를 거의 들이지 않고도 알맞은 크기의 것을 캐낼 수 있다. 감자는 애기 주먹만 했고, 고구마는 어른 주먹만 한 것이 예전에 먹던 것이었다. 지금 감자나 고구마는 퇴비를 과다하게 넣어 크기가 너무 크고 야물지 못하다. 특히 저장할 때 동물성 질소비가 많이 들어간 것들은 쉽게 썩는다.

고구마는 늦은 가을에 수확하여 감자와 달리 흠집이 나더라도 잘 말리면 더 이상 썩지 않는다. 추위를 싫어하고 습기를 꺼린다. 10도 정도에서 보관해야 썩지 않는다. 콩깍지는 건조하지도 않고 뜨겁지도 차갑지도 않아 고구마 종자를 저장하기에 좋다. 구들 윗목이나 방 안 구석에 박스에 넣어 보관한다. 한두 번 고구마 저장상태를 확인해서 곰팡이 핀 것은 골라내야 한다. 곰팡이 핀 고구마는 퇴비간이나 땅속에 음식 쓰레기와 묻어 두면 발효가 빠르다. 고구마가루는 오래 되어도 변하지 않는다. 찹쌀가루와 섞어 떡을 만들고 보릿가루나 메밀가루와 섞어 면을 만들면 모두 별미다. 손가락만 한 고구마를 쪄서 말린 뒤 간식으로 사용하거나 잘라서 맵쌀과 함께 밥을 지으면 맛이 달고 오래도록 배가 불러 속이 든든하다. 또한 간장조림으로 사용해도 좋다. 가늘게 부수어 콩죽에 넣는 심을 만들 수도 있다. 고구마 줄기는 삶아 말렸다가 겨우내 반찬으로도 사용한다. 또한 동물 사료로도 사용할 수 있다. 소와 양, 돼지가 즐겨 먹는다. 고구마 줄기와 잎으로 국을 끓이면 맛이 산 콩잎과 같다. 고구마 잎을 쪄서 밥을 싸서 먹으면 곰취 맛과 비슷하다. 고구마는 근골을 튼튼하게 하고 다리 힘을 건장하게 하며 피를 보충한다. 또한 고구마를 먹으면 배가 고프지 않다. 고구마는 재배도 쉽고 양식을 대신할 수 있어 최고의 작물 중 하나다.

 감자와 고구마 전분 만드는 법

① **감자 또는 고구마 고르기**
   흠집이 심하게 난 것으로, 오래 보관하면 썩을 듯한 것을 고른다. 감자는 호미나 칼에 찍힌 것이나 굼벵이가 먹다 남은 것, 고구마는 아주 작은 것을 고른다.
② **감자 또는 고구마 물에 담그기**
③ **물에 담근 감자 또는 고구마 썩히기**
   여름철 감자는 더 잘 썩어서 냄새가 지독하다.
④ **썩은 감자 또는 고구마를 물에서 주물러 으깬 후 체로 거르기**
⑤ **체로 거른 감자 또는 고구마를 물에 침전시켜 녹말 가라앉히기**
⑥ **윗물은 버리고 새 물을 부어 냄새 제거하기**
⑦ **⑤~⑥을 수차례 반복하기**
   하얀 침전물은 놓아두고 윗물 없애기를 며칠간 하면 나중에 전분만 남게 된다.
⑧ **남은 전분을 햇볕에 말리기**

건조된 고구마나 감자 가루는 묵이나 옹심, 전을 부칠 때 사용한다. 감자를 강판으로 갈아 보자기로 걸러내면 감자물이 나오는데, 이 물을 그릇에 담아 흰 침전물이 가라앉으면 윗물은 버리고 흰 침전물에 말리면 물기가 제거되어 녹말가루가 만들어진다. 이것으로 매우 투명한 감자떡을 만들 수 있다.

무는 배추보다 보약이다

김장배추는 초기에 재배하기가 성가시다. 벼룩벌레들이 많이 달려들어 배추를 뚫고 잎사귀를 초토화시키거나 배추벌레들이 다 갉아먹는다. 그래서 어린 모종은 배추벌레를 일일이 손으로 잡아 주어야 한다. 일반 육묘장에서는 농약을 친다. 산골에서 김장배추는 그나마 재배하기 편하다. 산골의 기온으로 인해 병충해가 그리 많지 않기 때문이다. 나는 최소한 두 배수를 심는다. 그중 반은 벌레로 인해 초토화되거나 자연재해로 인해 잘 자라지 못할 것을 감안한 것이다. 그래서 김장용으로 배추보다는 무 재배를 권장한다.

무는 몇 차례 솎아 주고 북을 올려 주는 것만 하면 병충해가 거의 없다. 더구나 배추보다 겨울에 약성이 뛰어나다. 무를 많이 먹으면 감기에 덜 걸린다. 효소제인 디아스타제가 풍부해 음식을 잘 소화시키며 관절 등 뼈마디의 기능을 좋게 하고, 오장을 튼튼하게 한다. 체했을 때도 무 생즙을 내서 마시면 체증이 뚫리고 소갈증 치료와 술독을 푸는 데 좋다. 또 무즙에 밀가루와 콩가루에 섞어 무수제비를 만들어 먹으면 아무리 많이 먹어도 열과 담이 생기지 않는다. 기침을 하면서 피를 토하는 경우에는 무를 우유와 함께 반드시 졸인 후 달여 먹으면 기가 내려가고 기침도 멎는다. 몸이 여위고 기침이 나는 데는 붕어에 무를 넣고 고아 먹는 게 아주 좋다. 이처럼 무는 보통 생으로 즙을 내 먹거나 다른 식품과 함께 조리해서도 먹지만, 말려서 가루를 내거나 불에 구워 먹어도 좋다. 이가 안 좋은 사람의 경우 무를 쪄서 그냥 먹거나 김치로 만들어 먹기도 한다. 무를 증기로 찐 후 식혀서 독에 넣고 명태 대가리 삶은 물을 넣어 삭이면 동치미처럼 되는데, 맛도 있고 소화에 특효다.

고추농사? 없으면 안 먹는다

일조량이 짧고 양지가 많지 않은 산골에서는 풋고추는 실컷 먹어도 빨강 고추를 여러 차례 수확하기는 어렵다. 고추 자체가 일조량이 긴 여름작물인지라 더위가 늦게 오고 추위가 일찍 오는 산골에서는 고춧가루를 위한 고추를 재배하기 어렵다. 물론 비닐하우스나 고추를 일찍 심어서 한두 번 정도 수확하는 것은 가능하다. 올해는 6월 중순에도 밤과 낮의 온도 차가 심해 일찍 열매를 맺어 노화가 빨리 진행되었다.

대부분의 농부들은 고추는 탄저병 때문에 농약이 없으면 안 된다는 생각을 갖고 있다. 고추는 본디 아열대 식물로 한국에서는 재배환경이 부적합하여 탄저병이 생기는 것이다. 탄저병은 고추가 화상을 입는 일종의 바이러스로 동남아나 아열대 지방에서는 생기지 않는다. 한국에서는 고추 재배 기간에 장마철을 경유하게 되면서 고추 자체에 탄저바이러스가 발현된다고 보면 된다. 탄저바이러스를 얼마나 늦출 수 있느냐가 고추 재배의 관건이다. 고추 유기농사법은 초기에 영양제를 만들어 고추 성장을 튼튼히 하고, 이후 7월 장마에 들어서면 석회보르도액이나 식초, 막걸리 등 자재를 뿌려 벌레나 균을 방제하는 방식이다. 8월 하순이 되면 고추 대부분이 탄저균에 감염되어 수확이 어렵게 된다. 비를 맞지 않게 하는 비가림 하우스는 탄저균을 예방하는 데 도움을 준다. 소비자생협에서 판매하는 유기농 고추의 대부분은 비가림 하우스에서 재배된 것이다.

나는 입하경에 고추 모종을 옮겨 심는다. 고추 모종은 3월 초경에 미니 비닐하우스에서 하거나 육묘장에서 가져다 심는다. 또는 4월 중순 밭에 직접 씨를 뿌리는데, 이럴 경우 씨앗 손실이 많고 김매기를 한두 차례 해 주어야 하기 때문에 모종을 하는 것이 일손을 덜 수 있다.

고추는 씨앗을 받아 그다음 해에 심는데 통통한 모양의 '빵빵이초'가 과피가 두꺼워 고춧가루 내기도 좋고, 달큰한 맛도 입에 맞다. '대하초'나 '수비초'는 대부분의 지방에서 수월하게 재배될 수 있다. '곡성초'는 청양고추처럼 매운데 그 맛이 깔끔하고 달다. 아들 때문에 고추를 계속 재배한다는 할머니의 말이 무엇인지 맛을 보면 실감할 수 있다. 나는 매운 고추로 '곡성초'를 심고, 고춧가루용으로 70년대에 육종된 '264고추' 또는 '빵빵이초'를 심는다. 장조림용으로 꽈리고추, 맵지 않게 먹기 위해 오이고추를 몇 주 심는다. 일반적으로 토종 고추는 개량 고추에 비해 수량이 적다.

고추는 최소한의 퇴비를 넣는다. 퇴비는 집과 밭에서 나온 것으로 인분과 왕겨, 풀을 섞어 만들어 발효시킨 것인데 모종을 심기 전에 기존의 밭에 뿌리고 새 두둑을 만든다. 두 줄로 심고 사이에 상추나 파 그리고 차조기(소엽) 등을 심는다. 사이짓기(한 농작물을 심은 이랑에 다른 농작물을 심는 것) 작물들은 대체로 허브류로 충균 방제용으로 사용한다. 상추의 경우는 우리가 알 수 없는 화학물질을 방출하는데 뱀이 상추를 기피한다. 1년 전 상추 밭에 고추 모종을 몇 개 심었더니 고추 모종이 시들어 죽어 갔다. 상추에서 나온 화학물질이 그런 역할을 한 것이리라. 고추 밭은 가능하면 집에서 가까운 텃밭에 해야 음식을 해 먹을 때 고추 따기도 편하고 관심의 사정거리에 둘 수 있다.

빨간 고추 수확량이 현저히 적으면 고춧가루를 이용한 음식을 가능한 한 먹지 않는다. 고추 재배를 하지 않는 2년은 백김치를 담가 먹었다. 고춧가루는 반찬 할 때 양념용으로만 사용한다. 특히 단식을 하면 매운 것을 먹지 못하기 때문에 고춧가루 소요는 일 년 중 절반 정도에 그친다. 고춧가루를 먹지 않는다고 해서 몸에 큰 영향을 미치는 것은 아니기 때문이다.

사실 한국에서 고춧가루를 빈번히 먹기 시작한 것은 얼마 되지 않았다. 고춧가루를 많이 사용하게 된 연유는 국민들이 소금을 대량 소비하기 시작하자 국가에서 소금 사용량을 줄이기 위해 고춧가루를 대량 유포했기 때문이다. 고춧가루를 넣으면 소금을 적게 사용하고도 매운맛으로 인해 짠맛을 강화시킬 수 있다. 고춧가루를 사용하는 대표적인 음식은 고추장·김치·떡볶이 등이며, 음식점에 가면 식재의 제맛을 못 느끼게 하는 음식점 문화로 인해 매운맛이 마치 한국의 음식 맛인 것으로 오해되었다. 실제 떡볶이의 연원도 흰 떡볶이였고, 김치도 백김치가 전통음식이었다. 나물에는 고춧가루를 거의 넣지 않았으며, 국과 찌개도 된장이나 간장을 사용했지 고춧가루를 넣는 경우는 많지 않았다.

매운맛을 내는 캡사이신이 항암효과가 있다는 전략적 발표들은 많은 사람들을 현혹시킨다. 항암효과란 다양한 경로에서 오는데 대부분의 식물에는 항암효과가 있는 물질이 있다. 열이 많은 사람은 열을 바깥으로 빼내고 열이 없는 사람은 열을 보충시켜 항상성을 유지하는 것으로 '매운맛'을 이용할 수 있다. 하지만 많이 먹는다고 몸에 좋을 리 없으며 매운맛이 많아질수록 열을 바깥으로 발산하므로 성급한 성격을 갖도록 유도한다고 볼 수 있다. 적당한 섭취를 생각하면 고춧가루용 고추 재배를 그리 많이 할 이유는 없다. 특히 탄저로 인해 재배가 용이하지 않은 상황에서 비싼 고춧가루를 많이 사들일 이유가 없다.

하지만 고추장이 없다면? 고추장은 시골에 와서 여름에 주로 먹는다. 도시에서는 그리 많이 먹지 않았던 고추장은 여름에 밥을 비벼 먹거나 죽순회를 찍어 먹거나 비빔국수 소스 등에 이용하여 소비량이 많아졌다. 어느 날 고추장이 없는 것을 동네 할머니가 알았는지 고추장을 한 가득 가져오셨다. 대신 나는 엄마가 사다 놓고 입지 않던, 용돈을 넣는 지퍼가 달린 팬티를 할머니께 드렸더니 좋아하셨다. 팬티와 고추장을 바꿔 먹은 것이다.

농가에서는 고소득 작물로 고추를 재배하는데 비 오기 전후로 농약을 가득 친다. 나는 고추를 반드시 유기농으로 먹지는 않는다. 10번 이상 농약을 친 고추를 따면 온몸에 두드러기가 나는 수고를 감수하면서도 농가에서는 고소득 고추를 재배하고, 소비자들은 그런 고춧가루를 먹게 되니, 이것이 고춧가루 소비량을 줄여야 하는 이유이다. 고춧가루 소비를 줄여도 몸에는 나쁠 것이 없다는 게 내 생각이다. 여름에 텃밭에서 따 먹는 고추 정도면 충분하지 않을까?

식재 및 종자 보관 방식

제철에 나는 음식은 제철에 많이 먹어 두는 것이 자연건강에 최고다. 전기냉장시설을 이용해서 사계절 먹는다고 건강해지지 않는다. 자연식재들의 자연생명이 그대로 보존된다고 할 때, 인위적인 보관이 아닌 그들 스스로의 보관기간이 온 생명을 전달해 주는 기간이 될 것이다. 인간도 자연의 일부분이라 자연물을 먹을 때 '자연이 주는 기간', 즉 제철에 나오는 것을 제철에 많이 먹어 두는 것이 최고의 음식영양법이다.

자신이 먹고 남게 되는 것들은 나눠 먹는 것이 또한 자연이 준 선물에 대한 보답일 것이다. 동물들은 보관하지 않는다. 천적이 옆에 있어도 자신이 배고프지 않으면 먹지 않는다. 그런 것처럼 동물들은 필요한 만큼 먹고 나머지는 다른 이들이 먹도록 내버려 둔다. 오로지 인간만이 탐욕스러워 잔여물을 축적한다. 자연은 인간이 충분히 먹고도 남는 양을 줄 터인데, 욕심 많은 인간들은 축적을 통해 타인이 절실하게 필요한 양까지 포탈한다. 그래서 전 세계 식량이 부족하다는 말은 거짓이다. 식량을 착복하는 자가 있다. 이에 우리 또한 일상적으로 식량을 착복하고 있는 것은 아닌지 다시 돌아볼 일이다.

농산물은 자연에서 노동을 통해 얻은 것이므로 자신이 필요한 것만 취하고 나머지는 나누고 또 나눠야 자연의 몫으로 환원시킬 수 있다. 필요한 만큼 가져가고 나누는 것이 많아질수록 우리는 건강해지고 행복해질 수 있다.

종자 우선, 먹는 것은 차선

수확을 할 때 쌀을 제외하고는 종자를 먼저 챙긴다. 밭벼도 흉년에 대비해서 매년 심는데 종자로 보관하기 위해서다. 종자로 우선 보관해 놓은 것들을 내가 먼저 시식하지 못한 경우도 많다. 맛이 있는지 없는지는 종자를 주신 분의 얘기로만 그친다. 종자를 먼저 확보하고 그것을 나눈다. 한 줌의 산두벼가 한 포대로 증식된다. 한 포대는 그다음 해에 나눔을 하게 된다. 내가 심을 종자를 남겨 두고 나눈다. 나눔을 하고 난 뒤 남은 것이 있으면 그때 비로소 먹게 된다.

콩 종류는 말할 필요도 없다. 각종 밥밑콩(밥에 넣어 먹는 콩)을 수확하고 난 뒤 종자통에 보관하고 겨울에 종자를 골라낸다. 나눔을 하고 난 뒤 남은 것을 한데 모아 밥에 넣어 먹는다. 작두콩 맛을 3년 뒤에야 알게 된 연유도 거기에 있다. 맛이 좋은 것을 보관하기보다 우선적으로 많은 토종 콩을 확보하여 증식하고 나눔을 하는 것이 우선이라고 생각했다.

이곳에서는 내가 먹을 것을 중심으로 종자를 증식하고 보관한다. 채종한 종자 중 나눔을 하고 남은 것은 먹고, 몇 알은 혹시 다음 해 채종에 실패할까 봐 남겨 둔다. 작년에 태풍으로 인해 검은 호박은 종자 한 알도 건지지 못했다. 하지만 몇 알 남겨 두었던 것을 그다음 해 종자로 사용할 수 있었다. 그래서 종자는 매해 남김없이 심는 것이 아니라 구입하기 어려운 것은 몇 알 남겨 두고 심는다. 사람 씨는 남겨 두지 못해도 사람들이 먹을 씨는 남겨 두는 것이 한세상 오간 사람들의 책임 아닐까?

자본기업이 만들어 낸 냉장고 생활 시스템

요즘 냉장고 없이 살 수 있다고 생각하는 사람이 있을까? 냉장고는 생활필수 가전제품이 되어 가전회사의 판매 전략에 힘입어 해를 거듭할수록 대형화되고 있다. 일반 가정에서 찬장 역할을 대신하고 있는 냉장고는 김치냉장고까지 합치면 두 종류의 냉장고를 소유하고 있다. 현대 생활에서 생명을 유지시켜 주는 식품 창고 역할을 톡톡히 하고 있는 셈이다.

이런 냉장고는 먹을거리의 과소비를 부추긴다. 어느 집이나 냉장고를 열어 보면 먹지 않는 음식이 켜켜이 쌓여 있는 것을 볼 수 있다. 한 달에 한 번 냉장고를 청소할 때 보면, 냉동고와 냉장고에서 버려지는 것들이 한 가득이다. 보관한다고 넣어 두었다가 잊어버리기 일쑤다. 먹을거리를 한꺼번에 사 놓고 먹게 된 것도 냉장고 덕택이다. 냉장고라는 창고 덕에 대형마트에서는 세트형으로 일괄 판매한다. 또한 세트형 일괄 판매는 값싼 것이라는 환상을 갖게 한다. 기업은 일괄 판매하는 방식을 통해 이익을 취하고, 소비자는 세트로 사는 것이 싸다는 환상을 가짐으로써 기업의 판매 전략에 놀아나 더 많은 돈을 들여 한꺼번에 축적해 놓게 되는 것이다.

마치 축적은 불안한 미래에 대한 대비인 것처럼 보인다. 그래서 지금의 생활보다 미래를 미리 생각하는 것이 바람직한 삶의 모습이라고 기업은 은밀하게 강요한다. 미래를 대비한 축적은 먹지 않고 버리게 되거나 과다하게 먹게 되는 과소비를 조장한다. 날로 더 많은 상품과 날로 더 커지는 냉장고는 폭발할지도 모르는, 아니 이미 작은 폭발이 시작된 도시생활의 상징 중 하나다.

상추 하나도 사서 먹어야 하는 도시생활자들의 비애는 결국 기업에 우롱당할 수밖에 없는 처지다. 그러면 먹을거리를 직접 재배해서 먹는 농촌에서는 어떨까? 농촌에서도 냉장고에 대한 사랑이 도시 못지않다. 텃밭에서 채소를 매일 뜯어서 먹는다고 해도 반찬을 해 놓고 먹는다든지, 심지어 고추장·된장도 냉장고 저장 방식 위주로 만들어 냉장고는 여지없이 꽉꽉 찬다. 냉장고는 과연 인간생활에 '반드시' 있어야 할 것인가?

냉장고 없이 살기

시골에 내려올 때 조그만 냉장고 하나와 김치냉장고를 가지고 왔다. 김치냉장고는 종자보관용으로 얻은 것이다. 김치냉장고 아래 칸은 전기가 작동되고 위 칸은 고장 났다. 냉장의 기능이 상실된 위 칸은 서리태·깨·결명자 등 일반 곡물의 창고 기능을 수행하고, 전기가 들어오는 칸에는 팥·녹두 등 벌레가 잘 생기는 것들을 보관한다. 일반 냉장고에는 김치와 장아찌 등의 반찬통이 있다. 냉동고에는 종자 일부와 얼음팩, 선물 받은 생선이 있다.

앞서 말했듯 나는 본디 냉장고가 꽉 차 있으면 정서적으로 불안해진다. 냉장고를 절반 이상을 비워야 한다. 일상적으로 혼자 냉장고를 쓸 때는 냉장고에 담겨 있는 것이 별로 없다. 그러나 여럿이 밥상을 같이하고 난 뒤 다른 이들도 살림을 함께하자 냉장고가 꽉꽉 들어찬다. 나는 비우고 다른 이들은 채운다.

과연 내 생활에서 냉장고가 얼마나 유용하게 쓰일까?

첫째, 종자보관용으로도 냉장고는 필수가 아니다. 종자는 충분히 말린 후 바깥에 두면 된다. 여름에는 오두막이나 처마 밑에 달아 놓는다. 물론 비가 오면 물에 젖는다. 그래서 처마 깊숙이 넣어 두어야 한다. 옛날 농가가 처마를 깊이 낸 이유가 여기 있는 듯하다.

둘째, 냉장보관이 안 되는 장아찌는 간장을 자주 달여 부패를 방지해야 한다. 그것이 귀찮아 냉장고에 넣어 놓는데 생각해 보면 장아찌를 많이 담글 이유가 없다. 간장으로 해 두는 것은 제철이 지나서 먹을 요량이지만 겨울철을 제외하고는 제철에 나오는 음식이 넘쳐 나기 때문에 장아찌는 많이 담글 필요가 없다. 나는 머위나 뽕잎 장아찌를 담그면 거의 먹지 않고 나눠 준다. 처음에는 사람들이 많이 온다는 것을 핑계로 담그지만 밭에서 나오는 음식들이 많아 굳이 거기에 대비할 이유가 없다.

나의 냉장고에는 동생으로부터 얻은 즙도 들어 있다. 건강식품은 나에게 불필요한 음식 중 하나다. 호박이나 양파는 그냥 음식으로 해먹으면 될 일이지 건강식품이라고 해서 즙까지 내어 마실 일은 아니다. 양파즙 이런 것들이 건강을 지켜 준다고 할 수는 없다. 호박만을 생산하는 농민들이 농가소득을 위해 만들어 낸 또 다른 소비촉진 상품일 뿐이다. 양파가 몸에 좋다며 양파즙을 중탕해 만든 팩 상품들은 소비자들의 주머니를 털고자 하는 전략일 뿐이다. 농민을 돕는다는 이유로 지자체나 국가가 농민을 장사꾼으로 전락시켜 소비자들을 현혹하도록 한 것이다. 현혹된 소비자들은 그것을 구매하기 위해 더 많은 돈을 벌어야 한다. 우롱당하는 생산자와 소비자 사이에서 이익을 보는 것은 간사한 기업이고 기업이윤이 많아질수록 기업으로부터 받는 상납액이 커지는 것은 국가

다. 국가와 기업은 그렇게 공모자이고 동반자라는 것을 하루빨리 알아
차리는 것이 우리가 잘 살 수 있는 지름길일지도 모른다.

흐르는 물을 이용해 음식 보관하기

시골에서는 하루 이틀 먹을 반찬만 있으면 된다. 따라서 냉장고는 없
어도 된다. 냉장고가 없으면 찬장이 이를 대신할 수 있다. 그 옛날 작은
찬장에는 간장 · 고추장 · 된장 종지와 멸치볶음, 검정콩조림, 그리고
쉬어빠진 김치가 있고, 맨 위 칸에는 라면, 국수, 말린 멸치가 있었다.

예전에는 김치통을 그냥 흐르는 물에 담가 두었다. 수돗물이 생기고
나서 흐르는 물에 담가 두는 것이 없어졌지만. 내 집에서는 옹달샘 물
을 받아서 쓰므로 충분히 가능한 일이다. 흐르는 물에 담가 두면 단기
저장효과가 충분하다. 저장이 얼마나 오랫동안 되는가를 따질 것이 아
니다. 저장 기간이 줄면 저장 음식의 양도 준다. 그리고 상대적으로 날
것으로 먹는 양이 많아진다. 찬거리를 많이 해 놓으면 살림하는 여성들
의 일손을 덜어 준다고 하지만 실제로는 그렇지 않다. 반찬을 계속 먹
는 경우는 많지 않다. 한두 끼 이후에는 반드시 새로운 반찬을 하기 마
련이다. 냉장고를 없애면 살림하는 여성들의 일손이 조금 늘기는 한다.
하지만 우리는 약간의 수고를 통해 그보다 더 큰 이익을 볼 수 있다. 소
비량이 줄고 음식의 신선도는 높아질 것이며 건강한 음식생활을 할 수
있다. 밥 한 공기에 반찬 세 가지. 그것이 우리의 적당한 밥상이다. 저장
방식에서 가능하면 전기를 쓰지 않는 것이 돈을 줄일 뿐만 아니라 우
리의 과욕을 줄이는 방법이다.

🌿 종자 보관 방법

모든 종자는 건조가 잘되어 있어야 보관이 용이하다. 종자에는 15% 정도의 수분을 유지하는 것이 좋다. 수분 측정은 따로 할 필요가 없다. 3~5일 햇볕에 잘 말리면 된다.

- 옥수수 · 수수 · 조: 바람이 잘 통하는 곳에 걸어 놓는다. 대를 꺾어 10개씩 묶어 한 단을 만들어 건다.
- 콩 종류: 쓰다 남은 양파망에 넣어 걸어 놓는다. 양파망이 없으면 콩은 통에 담아 바람이 잘 통하는 그늘진 곳에 놓아둔다.
- 녹두나 팥: 여름철이 지나면 벌레가 많이 생긴다. 수시로 햇볕에 말려 보관한다. 대체로 항아리나 플라스틱에 보관한다.
- 완두콩 · 콩 · 들깨: 1년 이상 상온에서 보관하면 발아율이 현저히 떨어진다. 가능하면 매해 심어 먹는다. 완두콩도 녹두나 팥처럼 벌레가 잘 든다. 역시 자주 말린다. 벌레가 낀 것이라고 해도 종자 발아에는 큰 영향을 주지 않는다.
- 배추, 무 등의 십자화과 종자: 상온에서 3~5년 보관할 수 있다. 유리병이나 봉지에 잘 담아 둔다.
- 호박이나 박 종류: 상온에서 2~3년 보관되나 햇수가 거듭될수록 점차 발아율이 떨어진다.
- 밀이나 나락: 쌀부대에 담아 바람이 잘 통하고 서늘한 곳에 보관한다. 밀은 3년 이상 상온에서 보관해도 괜찮다. 단, 해를 넘길 경우 햇볕에 한 번씩 말린다. 벌레가 생기기 때문이다.

건조하기

저장 방법 중에 가장 널리 쓰이는 것이 건조다. 약초는 대부분 건조한다. 도라지 · 오갈피 · 골담초 · 삽주 · 쇠무릎 · 뽕나무 · 고로쇠 · 황기 등 뿌리나 가지를 꺾어 말리는 것들은 햇살에 충분히 건조한다. 나뭇가지나 뿌리를 잘게 썰어 보관하려면 작두가 있어야 한다. 장에 나가서 약초 써는 작두를 산다. 충분히 건조된 것을 양파망에 넣어 집 한 구석에 매달아 놓고 필요할 때 꺼내서 사용한다.

질경이·민들레는 뿌리까지 캐어 깨끗이 씻어 말리고, 취·고사리 종류는 잎만 뜯어 말린다. 충분히 말린 것들은 양파망에 넣어 걸어두지만 질경이씨, 고사리 꽃 등 부스러져서 바닥에 지저분하게 떨어지는 것들은 종이나 투명 비닐봉지에 넣어 양파망에 담아 둔다. 장마철이나 겨울 한철이 지나고 나면 봉지에 수분이 들어 눅눅해져 곰팡이가 필 수도 있다. 중간 중간 확인해서 다시 말려 두어야 한다.

밤은 저장성이 떨어진다. 밤송이가 저절로 벌어져 나온 밤이 아니면 대부분 덜 익은 밤을 따게 된다. 하루 이틀 지나면 밤 안에 있는 벌레가 밤을 먹는다. 그래서 수확 즉시 반으로 쪼개서 말린다. 생밤을 말리기도 하고 찐 밤을 말리기도 한다. 찐 밤은 좋은 간식거리가 된다. 말린 밤은 밥이나 떡을 할 때 넣어 먹는다.

옥수수는 수확 즉시 바로 쪄 보관한다. 그렇지 않으면 당도가 약해지고 전분이 많아진다. 요즘에는 바로 쪄 냉동고에 보관하도록 하는 저장법을 권장해 냉동고도 한없이 커졌다. 혹여 흉년이나 가뭄 등 먹을 것이 부족해질 때를 굳이 대비하고 싶다면 남은 것을 말려서 밥에 넣어 먹거나 옥수수 강냉이 간식을 만들어서 먹는다. 또는 옥수수가루로 만들어서 국수나 수제비 등의 반죽으로 사용한다.

건조된 것들은 장마철을 보내기가 수월하지 못하다. 그래서 녹두·팥·완두콩 같은 것들은 장마철이 지나면 반드시 한 번 더 말려야 한다. 장마철 이전에 말린 것들은 장마철이 끝나면 다시 햇볕에 널어 바짝 말려 보관해야 한다.

늦가을에는 곶감을 만든다. 곶감을 만들면 감 껍질이 남는다. 감 껍질은 잘 말려서 사용하고 곶감은 바람이 잘 통하는 처마에 매달아 말린다. 곶감은 '곶감 빼먹듯이'라는 말처럼 오가며 먹는 간식이다.

 옥수수의 습격

대부분의 가공식품에는 옥수수로 만든 첨가물이 들어간다. 동물의 사료나 가공식품 과당은 대부분 옥수수 전분으로 만들어져 있기 때문에 우리는 부지불식중에 옥수수를 다량 섭취하게 된다. 한 음식을 오랫동안 다량 섭취하면 건강 '균형'이 깨진다. 더구나 우리가 다량 섭취하는 옥수수는 유전자 변형 옥수수인 데다가 대부분 정제된 것이다. 계절에 먹는 통옥수수와는 다르다. 가공식품만이 아니라 최근 동물의 사료가 대부분 옥수수로 만들어진 점을 감안한다면 우리가 고기를 자주 먹는 것도 옥수수를 다량 섭취하게 되는 꼴이다. 옥수수의 다량 섭취는 화학적 분해과정을 거치거나 사육 방식의 문제로 인해 건강에 해로움이 더 크다.

옥수수를 주식으로 하는 사람들은 영양 불균형을 막기 위해 다른 것을 첨가해서 먹는다. 옥수수에는 오메가 6가 많기 때문에 영양 균형을 위해서 오메가 3를 많이 함유한 음식을 먹는다. 그렇다고 굳이 오메가 6, 3라는 정제된 약품으로 먹는 것은 아니다. 모든 것은 통음식으로 섭취해야 한다. 통음식으로 섭취해야 다른 영양소와 함께 몸에서 제 기능을 할 수 있다. 영양소 그 자체는 잠깐의 치료를 위해서 필요한 것이지 일상적인 음식으로 먹는 것은 오히려 건강을 해칠 수 있다.

염장하기

염장의 대표적인 음식이 젓갈과 장류이다. 젓갈은 내륙 사람들이 먹을 수 있는 바다음식이었는데, 지금의 젓갈은 김치에 넣는 양념이 되었다. 새우젓·조개젓 정도가 어린 시절 먹었던 젓갈이다. 뜨거운 밥에 올려 먹던 그 맛은 생각만 해도 즐겁다. 염장은 농가에서 주로 이용하는 방법 중 하나다. 대개 고사리·죽순 등 제철에 반짝 나오는 것을 염장해 놓고 나중에 짠물을 빼 조리해서 먹는다. 염장은 특히 겨울철에 많이 하는데 배추를 그냥 소금에 담가 놓고 봄철에 빼서 먹는다. 동치미도 실은 염장 방법 중 하나로, 그냥 소금으로만 담가 놓아도 이듬해 여름까지 먹을 수 있다. 대개 건조법으로 보관하는 고사리도 염장법이 있다.

재로 저장하기

나무 땔감을 이용해서 난방을 하는 집에는 재가 많이 나온다.

재는 살균소독제로 사용할 수 있다. 내가 재를 가장 많이 사용하는 곳은 뒷간이다. 재가 냄새를 잡아 주기 때문이다. 또한 소변이 섞여 부패되는 과정에서 구더기가 생기는 것을 방지해 준다.

재는 농자재용으로도 많이 사용된다. 오이나 부추 재배 과정에서 재를 뿌려 주면 충균방제 역할을 하고, 토양도 한층 비옥해진다.

또한 재는 비누 대용으로 사용된다. 기름때가 묻었을 때, 머리를 감을 때 재를 물에 담가 사용한다. 물론 이때 재는 나뭇재·짚·밤송이 등 순전히 천연식물을 태워 만든 재여야 하고, 특히 뽕나무 재와 버드나무 재는 약리작용이 있다. 예전에는 잿물로 그릇도 닦고 빨래도 삶았다. 그 뒤에 양잿물이라고 하여 화학제품이 들어왔으며 양잿물은 독극

물로 자살할 때 이용되기도 했다. 순수 잿물은 거의 없다.

재는 저장에도 사용된다. 가지는 반으로 잘라 대나무 잎 위에 가지 런히 놓고, 그 위에 재를 뿌린다. 층층이 깔아 놓고 겨울에 꺼내 깨끗이 씻으면 이제 막 딴 것처럼 생생하다. 고사리는 삶아서 재를 켜켜이 뿌 려 놓았다가 먹을 때 재를 씻어내고 먹는다. 재는 부패를 유도하는 미 생물을 방제하는 역할을 한다.

효소로 만들어 저장하기

나는 설탕을 이용해 저장하는 것을 그리 즐기지 않는다. 음식에 설탕 대신에 넣을 효소 몇 가지와 약으로 특별히 사용할 것에만 설탕을 이 용해 효소를 담근다.

주변에서 자연스럽게 얻을 수 있는 모과, 명자나무 열매, 야생 매실, 솔순, 개복숭아는 관절과 허리디스크에 좋은 명약으로 알려져 있어 효 소로 담근다. 향도 좋아 기꺼이 차로도 사용할 수 있다.

산수유는 내가 사는 곳에는 지천이라 지인들에게 주기 위해 효소로 담 근다. 반면 오디는 그 철에 열매를 따서 먹는 것 그 자체로만 충분하다.

매화꽃을 보기 위한 매화나무에서 작은 매실들을 주워 매실 효소를 담가 놓고 음식이나 감기차로 이용하기도 하며, 미나리가 과하게 넘쳐 나면 미나리 효소를 담가 식재로 사용한다. 미나리 효소는 향이 좋다.

오미자 효소는 여름철에 즐겨 먹는 갈증해소 음료인데 오미자는 재 배하지 않아서 동생에게 얻어서 먹는다. 오미자 효소는 초고추장을 만 들 때 주로 사용한다. 고추장에 오미자 효소만 넣으면 오미자의 시큼달

큼한 맛이 초고추장에 제격이다.

참외속처럼 당도는 높으나 먹지 않는 것도 효소로 만들어서 음식재료로 사용할 수 있다. 그 밖에 개똥쑥·달맞이꽃·으름꽃 등의 효소가 있어 향으로 먹는 차로 이용한다.

• 음식에 넣어 먹는 효소

오미자 효소(초고추장), 미나리 효소(무침), 참외속 등 과일 잡 효소(무침)

• 향으로 먹는 효소

으름꽃 효소, 대마잎 효소

• 내 몸 앓이 치유에 좋은 효소

- 관절·허리디스크: 으름꽃 효소, 개복숭아 효소, 명자나무 열매 효소, 돌배 효소, 엉겅퀴 효소, 모과 효소
- 혈액순환: 칡 효소, 개복숭아 효소, 당귀 효소
- 면역력 강화와 갱년기 여성: 달맞이 효소, 매실 효소
- 천식·폐질환: 수세미 효소, 도라지 효소, 모과 효소

소주로 저장하기

약초를 화학소주로 담근다는 것이 그리 좋은 것은 아니다. 화학소주는 황산으로 강제분리된 것으로 황산의 나쁜 성분이 고스란히 남아 있

을 가능성이 높다. 그래서 약초의 약성을 높이기 위해서는 화학소주가 아닌 증류소주로 담그는 것이 좋다. 증류소주는 제조 공정상 비싼 것이 흠이지만 기왕에 약술을 담근다면 효능을 생각하는 것이 좋지 않을까?

예전에는 술을 많이 마셨지만 몇 년 전부터는 젊은 날에 건강을 홀대한 까닭에 간의 해독 능력이 현저히 저하된 것 같아 술을 거의 마시지 않는다. 그래도 분위기를 봐서 한두 잔 정도 마시거나 집에서 약술을 한두 잔 한다. 술을 담가 먹는 것은 그리 많지 않다. 술을 담글 때는 술을 좋아하는 오빠를 생각하면서 담그기도 한다.

겨울철에 칡 한 뿌리를 캐어 3리터짜리 3~4통에 칡을 잘라 나눠 넣고, 소주를 부어 주면 진한 칡술이 된다. 칡즙을 막 짠 것처럼 진하다. 소주 냄새가 나지 않으며, 칡의 해독작용이 강해 칡술을 마시면 얼굴이 달아오르긴 해도 취하지는 않는다. 남은 칡에 계속 우려 마실 수 있다.

개복숭아를 술로 담가 놓으면 그 향이 좋아 한두 잔이 몇 잔으로 바뀌게 된다. 술을 좋아했던 버릇이 약간 남아 있어 잠자기 전에 한두 잔만 마시라는 약술의 권장사항을 잊게 된다. 모과와 명자나무 열매도 술로 담가 놓으면 그 향이 좋아 마찬가지다. 나는 허리 관절에 좋은 것을 술로 담가 마시는데 주로 향이 좋은 것으로 한다. 죽순도 소주에 담가 놓으면 향이 독특하다. 그러나 약술을 홀짝홀짝 마시는 것도 과할 경우 약이 독이 될 수 있다.

식초로 만들기

효소로 담갔다가 제때 거르지 못하거나 당도를 못 맞추면 발효 과정에서 알코올을 거쳐 식초로 변한다. 천식으로 인해 어린 수세미에 설탕을 넣어 효소를 담갔는데 당도를 못 맞춰서 그런지 알코올 기운이 돌았다. 한 모금 마시면 핑 돈다. 그냥 놓아 두고 한 잔 정도 술 대신 마시기도 한다.

감이나 사과는 알코올보다 식초가 되기 쉬운데, 덜 익은 감이 떨어지면 주워서 설탕을 조금 넣어 담그고, 연시가 떨어지면 터진 것이라도 그냥 장독에 넣어 둔다. 이듬해 봄에 보면 연시 위에 맑은 물이 고여 있는데 그것을 따로 병에 보관한다. 발효가 끝나면 맛있는 식초가 되어 피곤할 때 한 모금 마시거나 음식 재료로 사용할 수 있다. 시골에는 감이 많아 감식초는 두고 먹을 수 있다.

사과 밭에서 일을 해 주고 흠이 있는 사과를 얻어 와 흠 부분을 도려냈다. 그냥 먹기 힘든 사과는 잘게 썰어 설탕을 섞어 독에 묻어 두면 사과식초가 만들어진다. 설탕을 제대로 못 맞춰 알코올 냄새가 나는 것을 마시면 사과술이 된다. 사과의 경우 당도가 현저히 약하면 곰팡이가 끼면서 물러져 이도 저도 아닌 것이 만들어질 수도 있다. 이에 대비해 처음에 당도를 맞추고 한두 달 후에 다시 열어 당도를 맞춰 주는 것이 좋다.

시골살이에서 식초는 있는 재료만으로도 충분히 만들 수 있다. 쌀식초도 만들 수 있고, 현미를 발효시키면 현미식초가 된다.

설탕과 소금, 소주가 없을 때는

설탕이나 소금 그리고 소주는 대부분 돈으로 사 온다. 예전에 장날에 쌀 한 말을 가져가서 바꿔 오는 것들이 설탕이나 소금, 고기, 생선 등이었다. 그렇다면 이런 것들 없이는 저장이 힘들까?

소금이 나오기 전에는 붉나무 가지를 가지고 소금 대신 사용하기도 했다. 식물이나 동물에는 천연 간기가 있기 때문에 소금 없이도 사실 살아갈 수 있다. 단, 여름철 더위나 노동으로 인해 땀을 많이 흘리면 소금 공급이 더 필요해지는데 그 간기 보충이 어려워 신장이 약한 사람들이 많았다. 지금은 나트륨의 과다공급이 문제가 되어 일부러 소금을 덜 먹는 일이 있는데, 이 문제들은 가공식품의 정제 소금을 통해 나트륨만이 공급되었을 때 생기는 것이다. 천연소금은 각종 미네랄이 함께 있어 건강에 해를 끼치지 않으며 또한 음식에 넣어 먹으므로 유기적 영양활동이 가능하다. 지금 나트륨 과다복용과 탄수화물이 살을 찌우고 건강에 해롭다는 의견들은 사실 가공식품을 두고 하는 말이다. 그럼에도 불구하고 가공식품에 대한 언급은 없다. 식품회사가 망할까 우려하는 것인지, 아니면 그 진의를 정말 모르는 것인지는 알 수 없으나 공장에서 만들어진 가공식품을 기피하면 무조건 건강에 이롭다는 사실을 알아야 한다.

일제 강점기 설탕이 국내로 유입되고 광범위하게 보급되자 정부는 조청이나 엿을 집에서 만들어 먹는 것을 금지했다. 쌀의 부족이라는 미명하에 이루어진 일이다. 노인과 어린아이들의 좋은 간식으로 사용했던 엿과 조청은 가공식품 회사들의 몫이 되었고 그들은 과당을 이용해 엿과 조청의 유사품을 만들었다. 그리고 이윤을 더 내기 위해 당원·사카린과 같은 고밀도 당을 고안해 식품에 첨가했다. 식품회사에서 사 먹는 단 과자나 빵들은 이제 인간에게 해로운 영향을 주는 화학적 식품 첨가물로 대체되었다.

옛사람들이 집에서 만들어 먹었던 조청이나 엿은 보리 싹을 틔워 엿기름을 만들어 오랜 시간 곤 것이었다. 또한 그 재료는 당분이 있는 곡물이나 채소였다. 늙은 호박으로 만든 호박조청과 엿·쌀·보리·수수·돼지감자·고구마·무 등이 그러하다. 조청이나 엿은 떡을 찍어 먹거나 물에 타서 간식으로 먹었는데 이는 어린 시절 최고의 맛이었다. 노인이나 어린애들이나 너도나도 조청과 엿에 매달렸다. 이렇다 보니 지금 유행하는 효소 같은 것은 없었다. 오히려 감이나 사과, 포도, 다래, 머루 등 천연 당도에 의존해 독에 저장해 두면 알코올이 되거나 식초가 되었다. 공기 중에 가시균이 들어가면 식초가 되는 것이다. 식초 여부는 10원짜리 구리동전을 넣어서 확인할 수 있다.

소주 또한 마찬가지다. 지금이야 쉽게 화학소주를 구입해 담금주를 만들 수 있지만 예전에는 증류식 소주여서 쉽지 않았다. 이렇게 과일주를 만들기 위한 소주를 만들 수는 없는 일이다. 따라서 소주 대신 누룩을 만들어 과일주를 만들었다. 토마토 누룩주가 그러하다. 누룩을 넣으면 고량주 냄새가 난다. 또한 그 자체로 술이 되기 때문에 도수가 높다. 누룩은 밀로 만드는 것이다.

설탕과 소금이 없어도 가능한 시절을 상기해 보면 현대인의 질병이 어디로부터 온 것인지 명확해진다. 식품회사에서 만든 것들을 기피하면 해로울 것이 없다. 왜냐하면 식품회사에서 판매하는 것들은 유통의 편의를 위해 정제되거나, 더 많은 수익을 위해 화학적으로 분리하여 고밀도화된 것이기 때문이다. 암 환자가 제일 먼저 가공식품과 이런 정제된 것으로부터 멀어져야 하는 까닭이 여기에 있다.

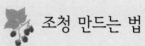 조청 만드는 법

조청의 재료는 쌀, 잡곡류, 무, 호박 등 다양하다. 이 중 조청의 주재료는 쌀이다. 식혜-조청-엿 순서로 만들어진다.

① **기본 재료 준비하기**

현미 40%, 각종 잡곡 40%(율무·수수·차조·통밀), 기타재료 20%(호박·무·생강), 겉보리엿기름

② **기본재료를 깨끗이 씻어 압력솥으로 밥 짓기**

식은 밥으로 하는 것이 좋다.

③ **엿기름을 물에 잘 걸러 몇 시간 두기**

④ **찌꺼기 위에 뜬 물을 밥에 넣기**

⑤ **생수 또는 각종 달임물을 혼합해 발효시키기**

엿기름의 양은 찐 밥의 40%, 물은 적당히 넣는다.

⑥ **발효가 되면 찌꺼기를 걸러내고, 원액을 약한 불에 24시간쯤 달이면 조청 완성**

이때 온도조절이 잘되어야 한다. 끈적끈적해지면 조청이 타거나 눌어붙거나 넘치지 않도록 불을 약하게 하고, 저어가며 달인다. 밥솥에 그냥 놓아둬도 조청이 된다.

 누룩 만드는 법

① **통밀을 깨끗하게 씻은 후 3시간 이상 불리기**

② **물을 뺀 후에 말려서 가루 내기**

③ **통밀가루에 물을 약간 넣어 고슬고슬하게 반죽하기**

④ **야구공보다 약간 작은 정도의 크기로 뭉쳐 납작하게 누르기**

⑤ **두꺼운 박스를 준비해 아래에 미생물집(쑥, 짚, 솔잎)을 깔고 누룩 올리기**

일반적으로 습도가 높은 계절에는 마른 쑥 위에 놓고 띄우고, 습도가 낮은 동절기에는 솔잎 위에 놓는다. 겨울에는 짚풀도 좋다.

⑥ **사이사이 미생물집을 깔며 켜켜이 누룩을 쌓고, 이불로 박스 위 덮어 주기**

수분과 온도 조절을 위해서다. 한여름에는 이불을 덮지 않아도 된다. 열린 공간에서 하는 경우는 수분을 맞추기 위해 분무기로 물을 자주 뿌려 준다 (※누룩을 띄울 때는 습도와 온도 조절이 중요하다. 습도는 60도, 온도는 30도가 알맞다).

⑦ 일주일이 지나면 누룩을 한 번 꺼내 1~2시간 정도 햇볕에 건조시킨 후 뒤집어 다시 넣기
⑧ 수분을 없애고 공기가 잘 통하는 음지에서 완전히 마를 때까지 건조하기

버리는 것으로 약이나 음식 만들기

장마나 태풍 때 익지 않은 감이나 밤, 은행들이 떨어지면 그것을 주워서 물에 한 번 씻어 물기를 뺀 뒤 설탕에 재어 놓고, 이듬해 여름 전에 걸러 준다. 밤은 가시가 있는 밤송이째로 담그는데 향기가 좋다. 은행은 농사용 액비로 사용하면 좋다.

막걸리를 먹고 남은 것도 버리지 않는다. 막걸리는 그대로 두면 막걸리 위에 맑은 물이 뜨고 탁한 것은 가라앉는다. 한 달 뒤에 맑은 물을 따라 내면 막걸리 식초가 되는데, 이는 고추 탄저 예방을 위해 밭에서 사용되거나 식재를 닦는 재료로도 사용된다. 자재를 일부러 만들 필요 없이 이렇게 남은 것을 활용하니 생활이 절로 풍요롭다.

고기를 먹고 남은 것이 있으면 새우젓에 넣어 두거나 소금에 절여 놓는다. 새우젓에 발효시키면 고기의 독소가 빠지고 연해지는데 그것을 조림으로 이용할 수 있다.

식혜도 예전에는 식은 밥을 이용한 간식 음료였다. 식은 밥이 있으면 그것을 그대로 말려 프라이팬에 볶는다. 볶은 곡식은 밥을 먹기 싫을

때나 산에 올라갈 때 간식으로 들고 다니면서 먹을 수 있다.

• 감꼭지, 감 껍질

늦여름 태풍 때문에 익지 않은 감들이 떨어지면 감들을 모아서 2~3일 꾸들꾸들 말려 된장이나 고추장에 박아 놓는다. 겨울에 감 장아찌는 맛있는 반찬이 된다.

단감으로 곶감을 만들 때 벗긴 껍질은 버리지 않고 고추장·고춧가루·설탕과 함께 섞어 놓는다. 그러면 껍질이 삭아 들고 감고추장이 된다. 껍질과 설탕을 섞어 담아 놓으면 감식초가 만들어지기도 한다. 또 가을 햇살에 잘 말려 잘게 잘라서 떡을 할 때 넣거나 김장을 담글 때 넣어도 좋다. 감 꼭지나 껍질은 기관지 천식 치료제로 쓰인다. 타닌과 유기산, 진정 작용을 하는 스테로이드 등이 들어 있으며, 맛은 쓰고 떫지만 독이 없고 성질이 따뜻하다. 기를 내리게 하고 딸꾹질을 멈추게 한다. 감 꼭지에 마른 생강을 같은 양으로 섞어서 달여 먹어도 좋다.

감 꼭지 외에 감나무 잎도 좋은 식재이자 약재이다. 비타민이 많은 감잎은 5월과 8월에 따서 너무 뜨겁지 않은 85도 정도의 물에 15초 이상 데쳐 그늘에 말린 뒤 차를 만든다. 감잎차는 동맥경화 예방과 고혈압 치료에도 좋다. 이렇게 감은 꼭지·껍질·잎 등 버릴 것이 없다.

• 배추 겉잎

허드레로 배추 겉잎을 버리지 않고 배추를 소금물에 절여 놓는다. 며칠 푹 절인 뒤 배추를 잘게 썰어 놓거나 먹을 때 꺼내 물에 담가서 소금 간을 뺀 다음 조리해서 먹어도 된다. 소금기를 뺀 절인 배추를 잘게 썰어 보리밥에 올린 뒤 진한 된장찌개와 참기름 또는 들기름을 넣고 비비거나, 고추장을 넣고 비벼 먹으면 맛이 일품이다. 시래기는 푹 삶아 가마솥 뚜껑에 콩기름을 넣고 볶아 먹으면 시골에서 이보다 더 운치 있고 행복한 밥상이 없다.

• 김치 찌꺼기

김치를 먹을 때 코다리는 대부분 버린다. 김장을 담글 때 칼로 도려낸 코다리는 버리지 않고 모아서 국을 끓일 때 국물 맛을 내는 데 사용한다. 전라남도 영암에서는 김치를 썰고 남은 코다리로 묵덕장을 만들어 먹는다. 넓적한 냄비에 김치 코다리와 김칫국물, 된장가루나 청국장 가루를 넣어 따뜻한 부뚜막에 놓고 발효되기를 기다리면 묵덕장이 만들어진다. 발효재로 김칫국물과 메주가루를 사용하므로 일정한 시간이 지나면 부글부글 끓는다. 따라서 냄비의 높이를 충분히 고려해야 한다. 발효된 것은 묵처럼 되는데 음력 설 전에 먹는다.

김칫국물은 대부분 버리는데 발효된 김칫국물은 유산균이 많아 농자재로도 사용한다. 김칫국물을 따로 모았다가 망에 찌꺼기를 걸러내 토양에 퇴비로 뿌리거나, 물과 희석해서 토양에 살포하거나, 식물이 시들시들할 때 물과 100:1로 희석해 엽면시비를 하면 유산균으로 세포 활성화에 도움을 준다. 또는 쌀뜨물과 섞어 사용하기도 한다. 김칫국물은 고등어(꽁치) 조림이나 콩나물국 등 기타 다양한 조리를 할 때 넣으면 김치의 시원한 맛이 어우러져 각종 냄새를 삭혀 준다.

겉절이용 김치, 너무 쉬어 버린 김치를 버리지 않고 물로 깨끗이 씻어 콩가루 또는 들깨가루를 넣고 끓이면 신맛이 덜하게 된다. 들깨가루나 콩가루를 넣지 않고 김치를 총총 썰어서 들기름에 볶다가 물을 넣어 먹어도 좋다. 시원한 맛이 우러나온다.

• 언 무와 무의 실뿌리

일반적으로 언 무는 잘게 썰어 무말랭이를 만든다. 언 무를 반찬으로 하면 더욱 무의 맛을 즐길 수 있다.

얼었다 녹았다 한 무는 버리지 않고 통째로 놓고 식재로 사용할 수 있다. 여러 번 얼었다 녹은 무는 스펀지처럼 되어 손으로 껍질을 벗기고 잘게 찢어낼 수 있다. 잘게 찢어낸 무를 부뚜막에 꾸득하게 말린다. 프라이팬에 기름을 두르고 말린 무를 볶다가 간장을 넣고 졸인다. 그리고 취향에 따라 통깨 · 후추 · 마늘을 넣는다. 쫄깃쫄깃한 맛이 고기를 먹는 듯하다. 여기에 효소나 식초를 첨가하여 무쳐 내면 겨울용 입맛을 당기는 싱싱한 무침이 된다.

언 무로 밥을 해 먹기도 한다. 언 무로 밥을 할 때는 통째로 넣는다. 통무를 숟가락으로 퍼내고 거기에 약간의 간장을 넣어 먹거나, 무밥에 들기름을 넣고 비벼 먹거나, 무를 간장에 찍어 먹으면 좋다. 무를 썰어서 밥을 한 후 같이 비벼 먹어도 좋다.

무 뿌리 차도 좋다. 무 음식을 할 때 무의 맨 아래 가느다랗고 긴 뿌리는 사용하지 않고 잘라서 버리기 십상이다. 무 뿌리는 영양을 찾아 움직이는 신경체로서 영양과 수분을 흡수하기 위해 척박한 토양과 가뭄일수록 발달된다. 그래서 돌이 많은 지역에서는 무 뿌리가 사방으로 발달되는 것이다. 이렇듯 무 뿌리는 인삼 뿌리처럼 강인하다. 무 뿌리는 따로 모아 놓고 며칠 말리거나 구들에 말린다. 말린 뿌리를 프라이팬에 노릇하게 볶아 보관한다. 볶아낸 것을 일부 물에 넣고 끓인 뒤 그 물을 수시로 복용한다. 끓인 무 뿌리는 밥에 넣어 간장에 비벼 먹거나 생선 조림에 넣어 같이 조리해 먹어도 좋다.

· 누런 깻잎과 열매

깻잎은 아무 곳에서나 잘 자란다. 깻잎씨 또한 따로 채종하지 않고 떨어져도 그 자리에서 잘 나온다. 금산이나 음성 깻잎이 유명한 것은 인삼 재배 후에 척박한 땅에서도 잘 자라기 때문이다. 또한 수도권과 가깝다는 지리적 장점을 이용하여 대규모 들깨밭을 조성해 출하하기 때문이다. 영양분이 소진된 땅에서 들깻잎으로 소득을 올리는 것을 보면 인간이 참 영리하긴 한 것 같다. 깻잎은 못 먹는 데가 없다.

들깨는 '임자'라 한다. 참기름이 찬 성분인 데 반해 들기름은 따뜻한 성분이다. 또한 검정깨는 근골을 견고하게 하고 근력을 키우고 기력을 북돋아 준다. 그래서 추운 북쪽지방에서 많이 먹는다. 들깨는 기를 내리고 속을 따뜻하고 편안하게 하며 몸을 보한다. 심장과 폐를 녹여 기침을 멈추게 하며, 얼굴빛이 좋아지게 한다. 특히 폐기가 약해 기침이 심한 사람의 경우 들기름 두 술에 계란 한 알, 꿀 한 술을 섞어 한꺼번에 마시면 좋다. 들기름에 마늘을 넣어서 먹어도 기침을 낫게 한다. 또한 들깻잎은 비위를 고르게 하고 냄새를 없애는 작용을 하며, 신장에 좋고 뇌하수체에도 영양을 미쳐 치매 예방도 된다. 들깻잎은 생으로 먹어도 좋고 나물로 먹어도 좋다. 나물로 무쳐 먹는 것이 향이 더 강하다.

열매를 맺을 때에는 잎이 노래진다. 노래진 잎은 음식으로 사용하지 않고 버리는데 철분 함량이 많아 식재로도 손색이 없다. 깨 열매가 달려 익어갈 무렵 잎이 노랗게 된 깻잎을 따서 20장 정도를 실로 묶어 장독에 넣고 소금물을 담아 절이면, 누런 깻잎 절임이 된다. 겨울에 한 묶음씩 꺼내 물에 담가 짠 기를 없애 그냥 먹거나 각종 양념을 가미해서 먹는다. 효소와 고춧가루를 넣고 버무려 깻잎 김치로 먹거나 짠 기를 없앤 깻잎을 기름에 넣고 볶아 먹기도 한다. 짠 기를 빼면 시원하고 담백하며, 깨의 향과 어우러져 맛이 좋다.

깨 열매 볶음 및 튀김은 열매가 열려 익어갈 무렵까지 열매를 따서 보릿가루와 통밀가루를 넣고 물로 섞어 걸쭉하게 만든 뒤 거기에 깨 열매를 넣어 옷을 입히고, 프라이팬에 볶는다. 술안주나 아이들 간식, 밥반찬용으로 좋다.

차조기는 자줏빛이 도는 깻잎이라 해서 '자소'라고 불린다. 옛날에 중국 화타가 지나던 길에 큰 물고기를 잡아먹고 소화가 안 돼 펄펄 뛰던 수달이 자소엽을 먹고 소화가 된 것을 보고 자소라고 이름 지었다고 한다. 자소는 물고기의 음독을 푸는 데 명약으로 사용된다. 그래서 일본에서는 회를 자소에 싸 먹거나 생선찌개에 넣어 조리한다. 자소는 일본 음식에는 자주 등장하는데 살균 작용을 하여 부패 방지에 사용되며, '우메보시'라는 매실 장아찌를 만들 때 함께 넣으면 습도가 높아 과도한 세균번식으로 부패되는 것을 막을 수 있다. 자소는 죽으로도 사용하며 차, 기름 등으로 사용한다. 무엇보다 집에서 기침 감기를 예방하고 치료하는 데 항상 음용하는 차로 사용하면 좋다. 자소 잎을 따 바람이 잘 통하는 그늘에 말린 후 밀봉해서 놓고 저장 음식에 방부제나 차로 사용한다. 엮어서 말린 후 음용하는 차로 상복하면 좋다.

차조기씨와 들깨씨를 함께 넣어 기름을 짜기도 한다. 차조기씨가 부족하면 들깨씨와 함께 기름을 짠다. 기름은 가능하면 생기름이 좋다. 생기름은 볶은 것보다 기름이 1/2밖에 나오지 않아 옛 어른들은 좋아하지 않는다. 볶아도 약하게 볶아달라고 해서 기름을 내면 그 들깨의 고소함이 배가 되며 귀한 약재가 된다.

• 귤껍질(진피, 귤피)

귤껍질 이용법은 이미 많이 알려져 있다. 가슴이 답답한 증세와 습을 없애고 가래와 기침을 다스린다. 소화불량과 위염으로 아픈 데도 좋다. 임신 초기 배가 더부룩해서 구역질이 나고 어지러운 경우에 특효다.

유기농 귤 중에서 향기가 센 것을 골라 햇볕에 잘 말려서 쓴다. 잘 말린 것을 조그맣게 잘라 놓고 녹차나 민들레차를 만들어 가미해 먹으면 좋다. 특히 오미자를 귤피와 함께 쓰면 효과가 더 뛰어나다. 귤피를 먼저 끓인 다음 그 물에 오미자를 우려내서 따뜻할 때 먹으면 좋다. 귤피를 욕조에 넣어 목욕하면 피부에도 좋다. 단, 귤피는 진액이 부족한 사람, 땀이나 침이 부족하여 건조한 사람에게는 쓰지 않는다.

• 밤 껍질

율피 중에 속껍질은 동의보감에 의하면 꿀에 잘 버무려서 얼굴에 바르면 주름이 펴지고 미백에 도움을 주며 노화방지에 효과가 있다고 한다. 속껍질과 겉껍질을 분리하기 어려우면 껍질을 잘 말려서 가루로 만들어서 밀가루에 개어 얼굴팩으로 이용한다. 또한 머리카락이 검어지고 윤기가 나게 한다. 율피를 잘 말려서 물에 넣어 끓여 먹으면 이뇨작용으로 신장병에 좋다. 갑자기 시력장애를 일으키는 경우, 밤 껍질을 물에 달여서 자주 씻어 준다. 또한 태풍으로 밤이 채 익기도 전에 떨어지면 밤을 주워 물에 씻어서 송이째 넣어 설탕으로 절인다. 6개월이 지나면 향긋한 냄새가 나고 물은 아주 적은 양이 나온다. 밤송이를 방아로 짓이겨 즙을 내도 좋다.

• 작물 뿌리와 껍질

고추 줄기와 말린 뿌리를 달여서 먹는다. 자궁출혈이나 고환이 붓고 아플 때 쓰인다. 손발의 마비나 어혈 풍한으로 아플 때 고추 줄기를 달여서 먹는다.

상추 뿌리 꽃대가 많이 올라오면 상추 뿌리를 버리게 된다. 특히 겨울을 이기고 나온 상추 뿌리는 약성이 좋은데 대체로 눈의 충혈을 없앤다. 몸이 피곤하고 간 기능이 저하되었을 때 상추 뿌리를 모아 물을 내서 먹는다.

파 뿌리와 양파 껍질은 감기약으로 쓰이는데 파 뿌리를 흑설탕에 재어 따뜻한 부뚜막에 2~3일 놓아둔다. 감기몸살에 삭힌 파 뿌리즙을 먹는다. 양파 껍질은 끓여서 차로 마시면 따뜻한 기운이 돌고 단맛이 있다. 특히 양파 껍질 달인 물은 피부 보습에 효과가 좋아 목욕물이나 세안용으로 사용하거나 스킨로션 대신 사용한다.

• 덜 익은 토마토, 터진 토마토

토마토는 번시라는 티베트 이름이 있다. 토마토 순을 따 주고 난 뒤 토마토 순은 잘 모아서 끓는 물에 데쳐 토마토 나물로 해 먹는다. 향이 좋고 부드럽다. 열매가 익는 과정에서 열과 현상으로 터지거나 기형인 것들은 퇴비로 가게 된다. 토마토 조림, 토마토 술은 파란 상태일 때 꾸득하게 말린 뒤 간장으로 조림해 찬으로 먹으면 좋다. 특히 방울토마토는 크기도 적당해 조림반찬으로 최고다. 빨갛게 익은 것은 설탕을 넣고 잼을 만들거나 효소를 만들면 된다. 또한 완숙된 토마토의 경우 항아리에 누룩을 가루로 내어 버무려 넣고 완전 밀봉해서 서늘한 곳에서 보관한다. 5~6개월이 지나면 술 익은 냄새가 나는데 45도 누룩으로 빚은 과일주가 된다.

•찬밥

찬밥이 있으면 그것을 말렸다가 두꺼운 프라이팬에 기름을 두르지 않고 볶는다. 이것이 '볶은 곡식'이라고 하는 것인데 간식이나 산에 올라갔을 때 밥 대용으로 좋다. 볶을 때 죽염을 넣으면 여름에 기운 내기도 좋다. 예부터 찬밥으로는 식혜를 해 먹었다. 찬밥이 남아 식혜를 해 먹는 것도 좋고, 몸이 좋지 않을 때 약초 뿌리를 달여서 식혜를 해도 좋다. 나는 허리디스크와 관절로 인해 자리공(장녹뿌리)과 쇠무릎, 오갈피, 골담초, 고로쇠 등 산골에서 잘 나는 것들을 평소에 말려놓았다가 달여서 식혜를 해 놓고 일하고 쉴 때 시원하게 음료로 마신다. 찬밥 덩어리에 물을 넣고 따뜻한 곳에 두면 발효되어 쌀 요구르트가 되기도 한다.

늙은 호박속과 작은 고구마, 김치와 활용하기

11월 가을걷이가 끝나고 늙은 호박이나 동아는 따뜻한 윗목에 놓아야 얼지 않는다. 대개 겨울철에 늙은 호박을 갈라 씨를 채종하고 난 뒤, 호박속을 버린다. 그러나 그런 호박속을 버리지 말고 김치를 넣고 끓이면 부드럽고 달고 시원하다. 호박 대신 동아속으로도 할 수 있다. 박이나 동아는 특히 시원한 맛이 진하다. 이 찌개는 감기와 몸살 이후 몸보신에 좋다.

가을에 고구마를 수확하면 가느다랗고 작은 고구마가 나온다. 농민들은 팔만 한 크기를 가진 것만 챙기기에 손가락 크기의 고구마는 밭에 나락으로 남겨지거나 퇴비 더미로 가거나 사료로 쓰인다. 도시 소비자들은 이런 고구마를 구경하기 힘들지만 농가에서는 이런 고구마를 밥을 할 때 같이 넣어 먹는다. 또는 잘 찐 뒤 밀려 어린이들의 간식으로 사용한다. 이런 고구마는 반찬으로 더욱 요긴하고 맛있게 활용될 수 있다. 특히 고구마를 김치찌개에 넣어 끓여 먹으면 고구마의 뜨겁고 달달한 맛이, 발효된 김치와 어우러져 별미다. 이때 고구마는 껍질을 벗기지 않고 통째로 넣는다.

주와 의의 자립

자기 집 마련은 도시생활자들의 꿈이다. 결혼을 하면 부부는 집 마련에 혼신의 힘을 바친다. 월세에서 전세 그리고 자기 집 마련에 이르면 아이들도 어느덧 대학생이 되어 있다. 도시생활 중산층의 삶은 정신없이 돈을 벌어야 하는 기계적인 삶이다.

자본주의 경제성장이란 부수고 지으며 파괴와 생산을 수없이 반복하는 과정에서 이윤을 착복하는 것이다. 재산 증식의 일등 공신이었던

'아파트' 마련은 재산적 가치에서 상당부분 벗어나게 되어 도시 가족의 '보금자리'라는 원래 집의 개념으로 환원될 기회가 왔다. 하지만 도시에서 얼렁뚱땅 지어진 아파트들은 수명이 짧다. 예전에는 재건축을 통해 금전적 이익을 보면서 보금자리가 다시 꾸려졌지만 이제는 집이 쉽게 낡아 버려 재건축이나 보수하기가 쉽지 않아 애물단지가 되고 있다. 이런 면에서 보면 도시생활자들의 주의 자립이란 불가능해 보인다.

도시에서의 '주'가 '자기 집 마련'이라면, 귀농한 사람들에게 '주'는 '자기가 직접 설계하거나 자기 손으로 직접 집을 짓는 것'이다. 예전에는 모두 자기 손으로 직접 집을 짓고 살았다. 흙집·귀틀집 등 기후와 지형에 따라 형태가 달랐고, 지주냐 소작인이냐에 따라 집 구조도 달랐다. 예전 농가에는 흙집이 대부분이다. 자연에서 손쉽게 얻을 수 있는 것으로 집을 지었기 때문이다. 한 번 지어진 집은 매년 보수를 통해 100년 이상 살기도 했다. 시골의 경우 최소 40년 이상 된 집들이 많다.

예부터 집은 그 지역 산물로 짓고 기후 특성에 따라 난방과 더위 해결에 초점을 맞추었다. 집 구조와 자재에 의해 에너지 자립도가 달라진다. 그러나 요즘 시멘트 콘크리트와 온갖 화학물질을 섞어 일률적으로 똑같은 모양으로 만들어진 집에서 사는 어린아이들이 아토피와 질병에 걸리는 이유는 바로 집 때문이다.

집은 자연재해를 피해 몸을 가리는 곳이다. 자신의 권력과 부를 드러내기 위해 사치스럽게 치장하는 그런 곳이 아니다. 생태적 자립을 생각하면서 시골에서 살고자 하는 사람들의 집은 자연에 가능한 한 위배되지 않고, 소박하고 생태적이어야 하는 것이 당연하다.

기업공화국에 거주하다

공장의 상품처럼 찍어낸 도시 아파트는 건설업자에게 많은 이익을 주고 인적 관리자(정부)의 관리 효율에 맞춰진 집이다. 땅의 효율성을 높이고 사람을 많이 수용하면 건설업자 측에서는 개별 주택보다 수백, 수천 배의 수익을 올릴 수 있고, 관리자 측에서는 한꺼번에 사람들을 모아 놓고 관리하고 조종하는 데 유리하다. 아파트는 유행을 만들어 내고 브랜드를 만들어 낸다. 기업 브랜드는 서로 동질감과 소속감을 느끼도록 하여 사실상 기업의 지배를 받도록 한다.

요즘은 기업 단지가 형성되어 아파트도 학교도 일자리도 쇼핑센터도 모두 한 기업이 만들어 낸 것으로 기업공화국과 다름없다. 똑같은 모양의 아파트는 부와 권력을 표시할 수 없다. 그래서 부와 권력을 드러내는 것으로 제일은 아파트 평수이며, 그다음으로는 아파트 내 인테리어와 수많은 가전제품이다. 건설업이 실내 사치물을 다루는 업자와 동반 성장하는 이유가 여기에 있다. 도시형 주거 방식 아파트는 설혹 개인의 소유라 해도 그 자립도는 제로가 된다. 기업과 국가의 그물망 속에서 살아가기 때문이다.

전기 없는 생활

문명의 극적 전환은 '전기'의 사용에서 비롯되었다. 밤을 낮처럼 사용할 수 있다는 것은 자연을 지배할 수 있는 확실한 계기가 되었다. 따라서 전기의 편리함은 자연에 순응하며 살아가는 사람으로 하여금 자연 위에 군림하는 것이 가능할 것 같은 위치로 올려놓았다.

석유나 원자력 에너지를 이용한 전기는 자원의 유한성과 생태계를 위험에 빠뜨리게 된다. 따라서 지구의 지속적인 삶을 생각하는 사람들은 에너지의 '자립'을 생각한다. 지속적이고 자립적인 에너지는 두말할 필요도 없이 바람·물·태양을 이용한 에너지다. 생태적인 귀농을 생각하는 사람들은 중앙에서 공급되는 에너지가 아닌 지속적이며 개별적 에너지를 사용하는 집을 짓고 싶어 한다. 나는 아예 '전기를 사용하지 않는 것'을 생각해 봤다. 현재 공급되는 전력에너지의 유한성과 위험성 때문이라기보다 문명적 생활에서 보다 자연적인 생활을 꿈꾸었기 때문이다. 집을 지을 때 전기 인입부터 해야 한다는 말에 내가 생각한 것들이 꿈이었다는 것을 알게 되었다.

돌과 흙 그리고 나무로만 지어진 집 또한 꿈에 불과했다. 나무로 지어도 나무를 켜고 가래를 만들 때 톱과 대패만 사용했던 예전 목수를 이젠 생각할 수 없다. 이제 전기든 휘발유든 경유든 '기구'가 아닌 '기계'가 깊숙이 자리를 잡고 있다. 기계에 의존하지 않는 집 짓기는 옛날 일이다. 기계를 이용하지 않는 일이 '노동력'이다. 시간의 제한이 없고 사람이 많으면 기계가 하던 일을 할 수 있다. 흙을 퍼다 나르고 돌도 주워 나르고 나무를 베어 1년 이상 말린 것의 껍질을 벗기고 기둥이나 상판을 만들기 위한 과정은 시간과 장인 기술이 필요하다. 그래서 목수가 제일 비싼 인건비를 받아 왔다. 집을 짓는 데 반드시 필요한 목수조차도 이제 기계 없이는 일을 하지 않거나 못한다. 망치가 아닌 컴프레서에 연결한 타카를 이용하여 못질을 한다.

기계를 사용하는 것은 시간과 돈 그리고 인력의 문제만은 아니다. 사람의 성격이 '느리게', '덜 예쁘게'라는 것을 견디지 못하게 한다. 사람의 손으로 하는 일이라 아무리 빨라도 기계보다 수십 배, 수백 배 느릴 것이며, 기계보다 측량을 통한 모양 만들기가 그리 정확하지 못할 것이다. 사람들은 그동안 '빨리', '보다 보기 좋게'에 길들여져 왔기 때문이다. 그래서 제아무리 노동력이 충분하고 시간이 충분하다 하더라도 사람들의 성향이 '더 빨리', '더 정확하게'에 집착하게 된다. 그런 욕심을 채우기 위해서는 그만큼의 돈이 필요하다. 전기와 기계 없이 집을 짓는다는 것은 요즘 같아선 불가능한 일로 보인다.

전기 없이 사는 것은 그리 어려운 일이 아니다. 내 집 말고 빈집을 수리해서 사는 집은 전기를 들여 놓지 않았다. 전기문명에 익숙한 현대인의 생활에서 전기 없이 사는 것은 처음엔 불편한 일이나 나중에는 몸이 무척 편한 일임을 알게 될 것이다. 전기가 없으니 집 안에 들여 놓을 가구도 별로 없다. 태양이 떠 있을 때는 일을 하지만 전기가 없는 밤에는 책을 보거나 컴퓨터를 할 수 없다. 청소년의 50% 이상이 컴퓨터 중독증에 있다는 점을 감안한다면 전기 없는 집에서는 자연스럽게 중독증을 치료할 수 있게 된다. 방 안에는 전기제품이 하나도 없거니와 책도 들여놓을 필요가 없으니 있는 것이라곤 옷과 이불이 전부다.

구들난방 방식은 밥 짓는 일이 번거롭다. 간편하고 간단한 밥상에 대해서 고민하게 된다. 생식에 익숙해진다. 냉장고가 없으니 생채나 장류에 의존하는 반찬들이다. 냉장고와 밥통이 없는 먹을거리는 자연스럽게 소식, 생식이 되며 번거롭지 않은 식도구와 자재를 이용하게 된다. 밥솥 하나에 국 끓일 그릇, 반찬통이 전부다. 이런 것이 오두막집 살림살이다.

전기를 사용하지 않는 일상은 동물과 다를 것이 없다. 저녁을 해가

지기 전에 먹어야 한다. 그리고 문명적인 활동과는 완전히 거리가 멀어진다. 밥을 먹고 어두워지면 할 것이 없다. 랜턴을 이용해서 책을 보지만 오래 보지 못한다. 누워서 자는 일이 많아지고 상상하는 일이 많아진다. 겨울에는 8시에 자고 여름에는 9시에 잔다. 자다 깨면 눈을 감고 상상을 한다. 아침 일찍 일어나면 운동을 하거나 산책을 하거나 일을 하게 된다. 생활이 단순하다. 일하고 밥 먹고 자는 일이 전부다. 소위 문명적·문화적인 일은 하지 않는다. 책도 거의 읽지 않는다. 기록하는 일이 별로 없다.

전기는 문명의 전환점이다. 전기가 없으면 자연에 가까운 생활을 하게 된다. 더욱 원시적으로 바뀐다. 몸의 움직임에 예민해지면서 생활한다. 전적으로 몸에 의존한 생활이다. 현대인은 전기 없는 생활을 해야 건강을 회복할 수 있다. 전기가 없다면 책과 텔레비전을 보고, 인터넷을 한다고 시간을 버리는 일이 없을 것이다. 건강한 생활은 문명과 떨어질수록 건강한 몸이 된다. 건강한 몸이 되기 위해서는 무엇보다 전기가 없어야 한다. 전기를 사용하지 않는 생활이 건강한 몸을 돌려줄 수 있다. 그래서 에너지의 자립은 거창한 생태환경의 구호 때문이 아니라 내 몸과 마음이 건강하기 위해서 필요한 것이다. 문명이 사람의 몸과 마음을 찌들게 하고 병들게 하는 것은 분명하다.

옹달샘을 이용하다

집을 지을 때 처음에는 관정(管井, 둥글게 판 우물)을 파는 것을 당연하게 생각했다. 관정에 대한 아무런 이견이 없었다. 그러다 집을 다 짓고 난 뒤 관정을 파려고 하니 산골인지라 대공을 파도록 권유받았다. 대공을 파는 가격은 700만 원. 처음에는 비용 때문에 관정 파는 일을 꺼렸다. 관정을 파지 않고 어떻게 생활할 수 있을까? 다행히 집 바로 위에 옹달샘이 있다. 이 옹달샘은 대나무 밭 아래에서 나오는 지표수이다. 예전에 이 마을에 11가구가 이 물을 마시고 살았다고 한다. 옹달샘은 식수였고, 양 옆에 흐르는 계곡은 농사를 짓고 빨래를 하는 물이었단다. 내 집 바로 옆에 우물이 있었지만 이미 물이 말라 회복시키기는 어려워 보였다.

옹달샘과 집 안 사이 물 저장고를 묻고 모터를 이용해 집 안으로 물을 끌어왔다. 물을 마음껏 쓸 수 있는 구조다. 하지만 이렇게 설비를 해 놓고 1개월을 사용했는데, 상상치 못한 전기세가 나왔다. 도시에서 생활하듯 수도꼭지를 켰다 껐다 수시로 하니 전력 소모가 컸던 모양이다. 물을 받아서 쓰거나 물을 흐르도록 해야 동력 비용이 들지 않는다. 겨울에는 집 안으로 들어오는 어느 지점에서 물이 얼었다. 그래서 양동이로 떠다 사용했는데, 확실히 실내에서 편하게 물을 사용할 경우 물 소비량이 그만큼 많았다. 편리함이란 소비량을 증가시키는 법이다. 수조통 입출구를 통해 물이 일정 정도 차면 흐르도록 해 놓았다. 그렇게 해서 수조통의 청결문제는 해결되었다. 도시 아파트의 수조통은 화공약품으로 청소를 하기 때문에 비위생적이다. 그래서 얻은 결론은 급수에 대한 가장 생태적인 것은 옹달샘 물을 떠다 마시는 재래 방식이어야 한다는 것이었다. 그래야 물을 허드레로 쓰지 않는다. 바깥에서 쓰는 물은 대부분 그냥 버리지 않는다. 남은 물은 텃밭에 버린다. 반면 실내에서 쓰는 물은 생태하수구로 나가 식물로 가니 그냥 버린다. 때때로 활용에 따라 구정물을 구분해서 텃밭에 버린다. 물론 재사용 가능한 물은 반드시 재사용한다.

이렇게 생활하다 보니 애초에 물을 집 안으로 끌어들이지 말았어야 했다는 생각이 든다. 수조통 옆에 구들 아궁이가 있는 재래식 부엌으로 만들고 샤워실과 세탁실도 겸하면 비용 문제는 훨씬 덜했을 것이다. 아니, 흐르는 물을 사용해도 충분했을 것이다. 예전 재래식에서 입식으로 바뀌기 전에 부엌에서 목욕도 하고 빨래도 했던 중간 구조가 농가 방식으로 알맞다. 아궁이를 이용하여 밥도 짓고 뜨거운 물도 쓰고, 물과 불의 동선도 짧으며 그리 불편하지 않은 생활이 가능했을 것이다. 집을 짓고 살다 보니 가장 아쉬운 점이다.

옹달샘을 이용하면 생활용수의 청결함이 지켜지도록 강제할 수 있다. 위에서 사는 사람이 물을 오염시키지 않도록 강제하고, 위쪽 사람이 아래쪽 사람을 생각하며 생활할 수 있는 책임을 부여할 수 있다. 자고로 윗사람이란 언제나 아랫사람을 생각하며 생활해야 하는 법이다. 이런 것이 있을 때 세상은 생태적이고 제대로 돌아간다.

자본주의는 순환적인 생활을 단절된 생활양식으로 전환시켰다. 지저분한 것은 숨기고, 보이는 것은 예쁘게 치장하도록 했다. 농사에 농약을 치고 제초제를 치는 일, 정화조를 설치하여 오폐수를 마구 버리는 일, 화학약품의 일상적 사용 등으로 나 혼자만 편하게 살면 그만이라는 식으로 지구와 인간의 건강을 위기로 몰아갔다.

옹달샘을 지킨다는 것은 좋은 물을 마신다는 의미만이 아니다. 우리의 삶이 연결된 그물망으로 '공동체적 의식과 생활'을 자연스럽게 할 수 있도록 해 준다. 옹달샘 물은 동물들이 마시고 가기도 한다. 뱀과 개구리도 오간다. 이렇게 동물과 인간이 함께 물을 마시는데 세제 사용이나 오염물을 투척할 수 있을까? 내가 아무리 힘들더라도 제초제와 농약을 치는 일은 없지 않을까? 식수로 이용하는 옹달샘, 그 하나만으로도 생태적이고 자연스러운 생활 고리를 회복하게 한다.

관정의 문제

시골에 들어오면 식수를 얻는 일이나 농사용으로 관정을 파는 것에 무감하다. 나 또한 집 설계부터 관정을 파서 하는 것으로 당연하게 생각했다. 관정을 파면 어떤 것이 문제 될까?

가장 간단한 것은 지구의 피를 빨아먹듯 지구 내부의 물을 뽑아 마셔 물 부족에 시달리게 한다는 것이다. 물 부족의 가장 큰 이유는 도시에서 변기처리와 샤워 등으로 물을 마구 사용하기 때문이다.

두 번째는 관정이다. 도시텃밭이 유행할수록 관정에 대한 욕구는 더 커진다. 천수답으로 농사짓는 것은 옛말이 되었다. 너도나도 관정을 파는 것이 농업인의 필수 항목이 되고, 집에도 관정을 판다. 예전처럼 지표수를 사용하지 않는다. 이유는 지표수의 오염 때문이다. 무분별한 관정 파기는 물 부족만이 아니라 환경오염을 더욱 촉진시키는 원인이기도 하다. 사람들은 지표수를 마시지 않기 때문에 지표수에 대해 부주의한다. 농촌에서는 제초제를 사용하거나 오염물질을 마구 버리거나 해서 아래에 사는 사람들이 더 이상 지표수를 마시지 못하게 된다. 지하수를 마시니 지표수에 대한 공동 책임은 줄어든다.

또한 지표수에 대한 위생검증도 문제다. 수질상태를 검사한다고 하지만 이 또한 도시 차원에서 이뤄진다. 수질상태는 지형의 성분에 따라 달라진다. 빗물을 정화해서 허드레 물로 사용할 뿐만 아니라 식수로도 사용 가능하다. 하지만 지금의 환경오염도를 생각하면 허드레 물이라도 사용할 수 있으면 된다.

이곳 내가 사는 명산 초동에서는 대공을 파지 않으면 안 된다고 관정업자들이 말한다. 600만~700만 원의 비용이 든다. 난 관정 비용이 비싸서 다행이라고 생각한다. 왜냐하면 비싸니까 관정을 팔 엄두가 잘 나지 않을 것이기 때문이다. 현재 여기는 물이 풍족한 편이다. 나를 포함해서 옹달샘 물을 먹는 사람이 서너 가구 정도. 혹시 급수가 부족하면 계곡물을 쓰면 된다. 단지 집 안으로 끌어들이는 것이 불편할 뿐이다. 그러나 집 설계가 이미 그렇게 된 이상, 전기 비용은 감당해야 할 것 같다. 아니면 집 설계부터 예전의 부엌 방식이 되어야 어울린다.

소공은 20~30m로 지표수에 해당된다. 대공은 지하 100m 이상으로 암반층에 해당된다. 만약 주변에 축사가 있고 물이 정말로 비위생적이라면 관정을 어쩔 수 없이 생각해야겠지만 이처럼 지표수를 마실 수 있고 유량이 풍족한 경우에는 불편을 감수하더라도 지표수를 사용하는 것이 바람직하다. 이는 한편으로는 공동체적 생활 방식(생태적 생활)을 강제하는 결과를 낳기 때문이다. 만약 여기서 관정을 사용한다면 위에 사는 사람들은 '관정을 사용하니까' 하면서 물오염을 쉽게 생각할 수 있다. 요즘 지하 50m에서 지열을 채취한다고 하면서 물뿐만 아니라 열도 빨아들여 지구를 죽이고 있다고 한다. 도시가 싫어서 오는 사람들이 "도시에서 살던 방식을 '약간' 수정해서 온다"고 생태적·자립적일 수는 없다. 정말 뼛속 깊이 생태적이지 않고서는 우리의 삶의 질이 나아지길 바라는 것은 자신만을 위한 이기적인 태도에 불과하다.

　생태적으로 산다는 것은 정말 어렵다. 함께 사는 사람들이라고 해서 같은 생각을 갖고 같은 생활을 하는 것은 아니기에 더욱 그렇다. 그들과 대립하면서도 나의 원칙을 지킬 수 있다면 괜찮지만 그들의 생활방식까지 내가 고집해서 강요하기란 하늘의 별 따기다. 그래서 내 원칙을 포기하게 된다. 원칙을 지키며 살아가는 것 또한 고립을 자초하고 폐쇄적인 일이 된다. 그래서 아예 그렇게 살기로 했지만 내 소유가 전부가 아닌 바에 또 사람들이 밀려온다. 삶의 원칙을 지켜나가는 것과 사람들과 관계를 맺는 것은 쉽지 않은 일이다. 그래서 나는 차라리 사람들로부터 욕을 먹기로 했다. 욕을 먹고 고립을 당해도 내 생활과 삶이 자립적이면 견딜 만한 일이다. 그래서 자연을 지키고 자유롭게 살기 위해서는 필히 자립적이어야 한다는 것이다.

자기가 싼 똥은 자기가 처리하는 것

　시골에서 분뇨는 당연히 거름으로 쓰게 된다. 똥거름은 예부터 금비라고 해서 귀하게 취급했다. 예전의 화장실은 똥통이 있어 오줌과 똥이 함께 모아지고 그것을 똥장군으로 퍼다 날랐다. 여름에는 구더기도 많아 어렸을 때 기억으로는 화장실에 가는 일이 무엇보다도 싫었다. 똥통에 빠질 것 같은 그런 두려움은 커서도 꿈에 나타나곤 한다. 재래식 화장실의 다른 방식을 당연히 고민하게 되었다. 똥과 오줌을 분리해야 구더기 문제나 냄새를 해결할 수 있다. 남도 지방의 가장 흔한 방식은 똥오줌을 함께 해결하되 왕겨로 덮어서 헛간에 모아두는 것이다. 왕겨는

냄새도 적고 오줌의 수분도 조절하여 파리도 덜 꾀게 된다. 모아둔 분뇨는 1년에 한두 차례 불에 태워 재를 만들어 밭에 뿌리거나 왕겨 똥거름을 밭으로 바로 옮겨 흙에 섞어도 된다. 이 방식이 가장 편하고 무섭지 않은 재래화장실이다.

뒷간과 친정은 멀수록 좋다는 말은 맞다는 생각이 든다. 밤에 화장실 이용을 하기 위해서 화장실을 집 샤워실 바로 옆에 설치했다. 물론 생태 화장실이다. 오줌과 똥을 따로 분리하고 왕겨나 재로 덮어 모아두었다가 한 달에 한 번 밭으로 퍼다 날라 밭에서 발효시켜 사용한다. 그러나 나의 경우는 괜찮지만 외부 손님용 화장실 문제와 일하다가 화장실을 가는 일에는 여간 불편한 것이 아니다. 그래서 소변은 밭에서 자연스럽게 해결하고 대변은 밭 가장자리에 헛간 겸 뒷간을 만들어 그곳에서 처리했다. 밭별로 똥거름을 놓아두니 그 똥과 풀이 섞여 비료가 된다. 화장실을 설계할 때 거름으로 사용하는 것에 초점을 두지 않으면 똥은 쓸데없는 것이 된다. 도시에서는 똥과 오줌 그리고 많은 양의 물이 함께 뒤섞여 정화 처리에 고비용이 소요된다. 분뇨를 집단적·기계적으로 해결하려고 하기 때문이다. 자기 똥을 자기가 처리하는 방식은 당장은 귀찮은 것 같지만 적은 비용과 노동이 들고 가장 위생적이다. 예전에 똥장군으로 치워내는 재래식 뒷간도 집단적 노동력이 필요하고 자기 똥에 대한 자기 책임을 지지 못했다. 차라리 바닥에 똥을 누고 자기 똥의 건강 상태를 확인하기도 하면서 그 위에 재나 왕겨를 뿌리고 발효 칸으로 옮겨 놓는 것이나 흙구덩이를 파서 그곳에 볼일을 본 뒤 흙을 덮는 방식이 순환의 법칙에 가장 적합하다.

또한 똥은 적어야 한다. 많이 먹으면 많이 싸게 되어 있다. 많이 먹으려면 그만큼 노동력이 많이 들고 땅이 필요한 일이다. 그래서 적게 먹고 적게 싸는 것이 가장 순환적이다. 자기가 싼 똥은 자기가 처리하고, 오줌은 별도로 모아서 웃거름으로 이용하거나 풀거름에 넣어 잘 삭혀서 퇴비로 사용하는 것이다. 오줌과 똥은 밥만큼이나 귀하게 다루어야 한다.

땔감을 구하는 방식

나는 방 두 칸 모두 구들로 놓았다. 대체 난방은 없다. 처음에는 화목난로를 놓으라고 제안받았다. 그러나 나의 집은 구들로 난방을 한다. 최소 10년 이상 굵은 나무가 들어가는 화목보일러를 사용하는 사람들은 목재의 귀중함을 잠시 잊게 된다. 구들은 잔가지만이 아니라 밤송이도 낙엽도 땔감으로 이용할 수 있다. 구들 외에 연탄도 석유도 아무것도 설치하지 않았다. 하룻밤 방 하나를 데우는 데 지름 20cm, 길이 30cm의 나무 3~5개가 들어간다. 그래도 방 안 온도가 8~15도 사이를 오간다. 나무가 아무리 풍족해도 나무에 미안하고, 이 마을에 사는 사람들의 인원과 산림의 규모를 생각하면서 속도를 조절해야 하기 때문이다. 화목난로의 설치 비용이나 구들 놓는 비용이나 그리 차이는 없었다. 하지만 화목난로는 나무토막이 굵어야 화력이 오래간다. 잔가지로는 번거롭기 그지없다. 그래서 잔가지나 밤송이, 낙엽 등을 태울 수도 있는 구들을 선택하였다. 구들은 하루 한 번 정도 태운다. 구들을 이용한 열효율방식은 좀 더 연구해서 각자 취향에 맞게 놓을 필요가 있다.

땔감은 주변에서 구하는데 태풍이 와서 쓰러진 나무를 이용한다. 산에서 이미 넘어진 나무들을 틈틈이 가져온다. 가지들도 그렇다. 또한 주변에 대나무가 많아서 화력 좋은 대나무를 정리해서 가져와서 불쏘시개로 사용한다. 나무에 대한 걱정은 없다고 하나 봄이나 늦겨울에는 주로 땔감을 마련하는 일을 한다. 제일 부러운 것은 땔감을 많이 쌓아 놓은 집이다. 추위에 땔감 걱정 안 하는 것이 행복해 보이기 때문이다. 여성 혼자 사는 집이나 부잣집에는 땔감을 전문으로 하는 머슴이 있었다. 땔감이 귀하기 때문에 톱과 도끼로 땔감을 자르고 패어 산에서 지게를 해오는 것은 남자의 몫이었다.

땔감을 구하고 장작을 패놓지만 그래도 땔감을 마구 사용하지 않는 것은 나무들이 언제 사라질지 모르기 때문이다. 쓴 것만큼 나무를 심어야 하지만 소비가 워낙 빠른 데다가 집 안 온도를 옛날보다 훨씬 더 따뜻하게 해 놓고 지내는 생활습성이 있어 수요를 따라잡지 못한다. 나는 한겨울에 실내온도 15도 정도에서 지낸다. 단, 집 안에서 점퍼를 입어야 한다. 밤에는 뜨끈한 구들에서 잔다. 도시 사람들은 춥다고 호들갑이다. 땔감을 많이 때는 것보다 몸을 차가운 곳에 더 익숙하게 만드는 것이 건강에 더 좋다. 하지만 나이가 들어 아파트에서 살다가 시골 구들방에서 살기란 어렵다. 몸들이 굳어지기 때문이다. 결국 나이가 들수록 따뜻한 난방이 되는 곳에서 살아야 한다. 노인들에게는 뜨끈한 구들방이 필요하다. 누군가 불을 때주는 것. 노인들을 생각하면 편리한 난방 장치여야 한다. 구하기 쉽고 돈도 적게 드는 난방 말이다.

기계의 사용

처음에는 톱을 가지고 산에 올랐다. 큰 톱으로 나무를 자르는 데 종일이 걸린다. 톱으로 나무를 자르고 가져오는 일은 잔가지나 가능했다. 태풍이 오고 큰 나무들이 쓰러져 나무를 베고, 집을 지었다. 나무 기둥을 만드는 일은 엔진톱이 없으니 엄두를 낼 수 없었다. 결국 엔진톱을 샀다. 엔진톱에 대한 타협을 이루자 집을 지을 때 필요한 몇 가지 기계를 더 샀다. 남자들은 그런 것을 재산을 마련한 것처럼 기뻐한다. 나는 기계를 살 수밖에 없는 현실을 자연스럽게 받아들였다. 예초기 · 엔진톱 · 타카 등 창고를 짓거나 농사를 지을 때 적당히 사용하는 것이 몸을 너무 고되게 하지 않는 것이라고. 7월이 되면 밭은 낫으로만 풀을 벨 수 있지만 그 많은 논둑과 밭 주변, 그리고 사람들이 다니는 길에 있는 풀까지 낫으로 벤다는 것은 엄두가 나지 않는다. 그런데 예초기를 두 시간 정도 사용하면 후딱 해치울 수 있다. 그래서 기계 사용에 적당히 타협했다. 과다한 사용을 억제하는 것으로 가닥을 잡았다. 적당히, 내 몸이 너무 지치지 않게. 농토와 풀밭의 경계가 점차 없어질 때, 예초기를 사용하는 일은 일어나지 않을 것이며, 굵은 나무가 사라지면 엔진톱 사용이 없어질 것이다. 기계도 필요 없는 시기가 올 것이다.

일반 도구

시골에서 살면 만들고 보수해야 하는 것들이 많다. 아궁이 비가림 문을 만들어야 하고 사립문도 만들고 헛간 원두막 같은 정자도 만든다. 이런 것을 만들 때는 주변의 것을 활용하는데, 나는 주변에 있는 대나무를 활용했다. 대나무를 베어 말려 놓으면 대나무로 집 벽을 만들 수 있다. 고추 지지대도 대나무로 만든다. 정자도 대나무로 만든다.

대나무를 자를 때 쓰는 톱과 작은 나무를 자를 때 쓰는 큰 톱이 있고 나무를 패는 도끼와 정이 있다. 못과 망치 등 일반적인 도구와 장비들은 필수다. 여자들만 있는 집에도 나사부터 간단한 소품을 만드는 장비들이 있다. 또한 농사를 하는 데 필요한 낫과 괭이, 호미 등이 있다. 돌담 사이 사립문에 덩굴 얼개로 사용하는 것에는 칡과 으름 덩굴이 있다. 칡덩굴이나 으름덩굴은 좋은 묶음 재료다.

대마를 재배하면서

삼월은 늦봄이니 청명 곡우 절기로다. 봄날이 따뜻해져서 만물이 생동하니 온갖 꽃 피어나고 새소리 갖가지라. 대청 앞 쌍제비는 옛집을 찾아오고 꽃밭에 범나비는 분주히 날고 기니 벌레도 때를 만나 즐거워함이 사랑홉다. …… 개울가 밭에 기장 조요, 산 밭에 콩 팥이로다. 들깨 모종 일찍 뿌리고 '삼농사'도 하오리다.

조선 후기 농가에서 해야 할 일과 풍속을 기록한 농가월령가이다. 농부가 아닌 선비들이 쓴 것으로 상업적 측면에서 수익이 되는 것을 적극적으로 권하는 구절도 있다. 앞에 기록한 것은 3월령으로 양력으로는 4월에 해당한다. '삼농사'라고 하는 것은 대마 농사를 말한다. 대마는 잡초인 환삼덩굴과 더불어 '삼과'에 속한다. '삼농사'는 대마를 재배하는 것이고, '삼베'라고 하는 것은 대마를 재배하여 섬유로 만든 것을 말한다.

예전에는 '식의주'에 소비되는 모든 것을 직접 만들어 사용했던 자급적 생활이었기 때문에 삼농사는 당연히 하는 농사였다. 섬유를 얻는 것으로 삼농사만이 아니라 목화를 재배하는 면화 농사가 있고, 뽕을 재배하여 누에를 쳐 비단을 얻는 양잠이 있어 가난한 농부들은 장에 내다팔 생각으로 양잠과 면화를 했고, 자신들의 의류 소재로 사용하기 위해 삼을 이용했다. 삼베는 항균작용을 하면서 매우 질기고 튼튼하여 오래 입을 수 있는 장점을 가지고 있기 때문이다.

비 온 끝에 볕이 나니 일기도 청화하다. 떡갈잎 퍼질 때에 뻐꾹새 자로 울고, 보리 이삭 패어 나니 꾀꼬리 소리한다. 농사도 한창이요 잠농(蠶農)도 방장(方長)이라 남녀노소 골몰하여 집에 있을 틈이 없어, 적막한 대사립을 녹음에 닫았도다(4월령). 젊은이 하는 일이 김매기뿐이로다. 논밭을 번갈아 서너 차례 돌려맬 제. 그중에 면화 밭은 사람품이 더 드나니. 틈틈이 나물 밭도 북돋아 매가꾸소(6월령).

짧은 해에 끼니 마련 자연히 틈 없나니. 등잔불 긴긴밤에 길쌈을 힘써 하소 베틀 곁에 물레 놓고 틀고 타고 잣고 짜네. 자란 아이 글 배우고 어린 아이 노는 소리 여러 소리 지껄이니 안사람의 재미로다. 늙은이 일 없으니 거적이나 매여보자(11월령).

농사는 믿는 것이 내 몸에 달렸느니. 절기도 좀 다르고 한 해 농사 풍흉 있어 홍수가뭄 폭풍우박 재앙도 있지마는 극진히 힘을 들여 온 식구 한맘 되면 아무리 큰 흉년도 굶어죽기 면하느니 제 마을 제 지키여 딴마음을 두지 마소. 하늘이 알아주고 노하심도 일시로다(12월령).

도시에서 농사를 지으면서 시골에 내려가면 해야 할 것 중에 하나가 삼농사였다. 삼은 다각적인 활용이 가능하다. 발상의 계기는 의류의 자립이었지만 지금 당장 급한 것은 아니다. 왜냐하면 지금 제일 남아도는 것이 옷이기 때문이다. 나는 옷을 거의 사 입지 않는다. 남이 입던 옷을 입거나 오래된 옷을 아직도 입는다. 사실 옷은 갈아입을 작업복과 외출할 때 입는 옷이 계절별로 있으면 된다. 얻어온 옷도 남아돌아 함께 내려온 사람들에게 나눠 준다. 의류의 자립은 현재로서는 그렇게 중요하지 않다. 삼베를 짜서 옷을 만드는 일을 열악한 환경이지만 악착같이 지속하고 있는 분들이 있어 적정 기술을 개발하여 산업화를 원하거나 전통기술을 보존하고자 한다.

풍속과 농사를 아는 마지막 세대가 지금의 70~80대 노인들이다. 마지막 세대 노인들이 죽어간다. 시골에서는 한 해 겨울이 지나고 나면 마을에 살던 몇 노인들이 보이지 않는다. 작년에도 3명의 노인이 돌아가셨다. 내 집을 지을 터에 처음으로 왔을 때, 현재 식수로 사용하는 옹달샘 근방에서 불쑥 나타나 반갑게 인사를 했고, 여전히 나무 지게로 똥거름을 나르며, 옛날 방식으로 농사를 짓던 할아버지가 돌아가셨고, 손으로 직접 모내기 하는 것을 흡족하게 내내 지켜보시던 구순 할아버지가 요양원으로 가셨고, 도시 할머니는 도저히 할 수 없는 퇴비 한 포대를 끌고 가던 팔순의 할머니가 돌아가셨다. 올해는 어느 분이 힘겨워하실까? 꼿꼿하게 농사를 짓고 젊은이들에게도 경어를 쓰던 할머니가 겨울을 지내고 난 뒤 얼굴이 말이 아니다.

이렇듯 '자연을 잘 이용할 수 있는 생활 기술'을 가진 할머니, 할아버지들이 매년 돌아가시고 있다. 내가 원하면 언제든지 노농(老農)들의 지혜를 배울 수 있는 것이 아니다. 귀중한 자원은 자연만이 아니라 노인들이기 때문이다. 그들로부터 배울 것이 한두 가지가 아니다. 빗자루를 하나 만드는 데도 그들은 손쉽게 엮는다. 작년에 대빗자루를 엮어 보았지만 노인들의 손놀림으로 만들어진 것과는 비교할 수가 없다. 피죽이 썩으면 초가지붕을 올릴 생각인데 이엉 엮는 방법을 배워야 한다. 집 돌담도 무너지고 있어 돌 쌓는 것도 배워야 한다. 1년에 하나씩 하던 것을 내년부터는 수시로 해야 한다. 이 마을에 거의 평생을 사신 분들이 누구보다 이 땅과 하늘을 잘 알 것이다. 이들이 사라지기 전에 배워 두어야 할 것들이 너무나 많다.

대마 농사를 한다는 말을 대수롭지 않게 받으시며 "힘만 들고 돈도 안 되는디……" 하신다. 반면에 도시 사람들은 "대마초? 그 대마?" 눈이 휘둥그레진다. 도시 사람들은 국가의 국민의식 교육으로 '대마초'가 각인이 된 터였다. 마찬가지로 여기 담당 보건소 직원도 같은 반응을 한다.

짚풀 공예 명인 할아버지도 올해부터 대마를 재배해서 짚신 소재로 사용한다. 신발 소재로 더할 나위 없이 훌륭하기 때문이다. 단단한 섬유 줄기는 로프의 소재로 사용된다. 질긴 강도가 약하지만 칡덩굴이나 으름덩굴을 나무를 엮는 데 사용했다.

삼은 의료에도 사용된다. 삼의 종자에서 얻은 기름은 양질의 단백질이 함유되어 있어 갱년기 여성과 류머티스성 관절염 환자, 신경성 피부

엽에도 좋은 약성이 들어 있다. 검은색 고약에 노란 기름은 대마유로 만든 것이라고 하였다. 상처 환부에 바르기도 한다. 상처가 나면 가장 가까운 곳에 있는 풀을 먼저 짓이겨 발라 소독하지만 삼잎이나 종자유를 이용할 수도 있다. 식용으로도 가능하다. 3m 이상의 크기로 자라는데 창고 목재만이 아니라 부스러기를 땔감으로 사용하는 것도 가능하다. 이런 면에서 볼 때 몇 개월에 3m씩 자라는 삼은 버릴 것이 전혀 없는 훌륭한 원료이다. 6천 년의 재배 역사를 가진 삼은 제일 먼저 인간을 치료하는 약용으로 사용했으며, 다음에 섬유로 사용했다.

미국의 통제를 받은 한국은 1946년 마리화나와 그 성분, 유도체, 조제품이 금지되었고, 1970년 THC(Tetrahydrocannabinol) 및 그 염류 유도체로 대마초를 습관성 의약품으로 규정하여 인도 대마초만이 아닌 우리나라 재래종 삼도 규제 대상에 포함시켰다. 1976년 대마관리법 제정으로 품종에 관계없이 모든 종류의 대마에 대하여 허가 없는 재배를 금지하고 있다. 결국 이러한 법적 제재와 값싼 화학섬유의 도입으로 대마 재배 농가는 급속하게 줄어들었고, 현재는 기껏해야 재배면적이 100ha에도 미치지 못하는 것으로 예상된다.

삼농사를 하면 석유자원을 사용하는 생활재로, 민간의료약재로, 먹을거리로, 의류와 소품으로 사용하여 아무것도 버릴 게 없는 것이 삼의 특징이다. 그래서 가장 늦게까지 재배를 해 왔던 것이 대마였다. 하지만 대마초에 대한 단속으로 대마는 사전 허가를 받아야만 재배할 수 있게 되었으며, 그나마 대마 재배를 조금씩 해 왔던 농가는 수익에 전혀 보탬이 되지 못한다는 이유로 대부분 폐농하였다. 보성에서 삼베를 하고 있는 삼베랑 마을은 이제 주변에 아무도 대마 농사를 짓지 않아 결국 대마 삼베의 원료를 수급받는 일이 난감하게 되었다. 곡성에서도 7년 전까지 삼 농사를 지어 삼베를 만들던 마을이 있었지만 역시 많은 노동력에 비해 수익이 적은 관계로 하나둘 사라지더니 결국 7년 전에 모두 폐농했다.

농사의 기준은 대부분 '돈이 되느냐, 안 되느냐'이다. 농사 자체가 집중된 노동력에 의한 것임을 감안한다면, 농사 인력이 턱없이 부족한 상황을 감안한다면 이해가 된다. 삼농사 100평에 죽어라 노동하여도 50만 원도 안 되는데 누가 하겠는가? 더구나 늙어가는 몸에 재배야 쉽다 해도 잘라서 찌고 벗기고 실로 만드는 10단계의 공정을 거친 뒤에도 긴긴 밤 물레를 돌리고 베틀에 앉아 옷을 만들어 내는 과정은 여인네의 한숨을 자아내는 것인데 말이다. 차라리 노인회관에 모여 10원짜리 화투를 치는 것이 더 재밌는데 말이다. 충분히 이해된다. 나라도 삼베 만드는 일은 안 하고 싶을 것이다.

삼을 보다 손쉽게 이용할 수 있는 방안을 생각해 보면 어떨까? 그래서 삼을 재배하여 섬유제로 활용하기보다는 먼저 약으로서, 음식으로서, 땔감으로서 등 노동 강도와 기술이 적은 데부터 익숙해져 보려고 한다. 수익이 안 된다고, 힘이 든다고 눈길을 안 줄 것이 아니다. 자급을 생각하고 자립을 생각하는 사람들은 그 의미만으로도 충분히 시작해볼 만하다.

지금 사라지는 노인들의 세대로부터 배우고, 이제 자라나는 아이들에게 삶의 방식을 보여 주고 배우도록 하는 징검다리 역할을 우리가 해야 한다. 이런 점에서는 난 절박하다. 자식도 없는 나에게 이렇게 절박함으로 와 닿는 까닭은 무엇일까? 후세대들은 언제나 선대의 유전인자와 생활습관에서 자유롭지 않기 때문이다. 후세대를 생각하면 가슴이 먹먹하다.

옷의 재활용, 재봉기술이 필요하다

의생활의 자급은 가능한가? 내가 옷을 만들어 입을 필요는 당장은 없다. 옷은 현재 남아돈다. 화학제품으로 만든 의류들은 질기고 오래 입을 수 있다. 작거나 커서 못 입거나 유행이 지나서 못 입는 것이지 닳아서 입지 못하는 경우는 거의 없다. 어린 시절에는 명절이면 한두 연령 높은 것을 사서 헐렁하게 입혔다. 몇 년을 입어야 하기에. 그런데 요즘에는 계절마다 옷을 사고 매일 또는 며칠에 한 번 옷을 바꿔 입는다. 예전 같으면 상상도 할 수 없는 일이었다. 대량생산에다가 의류 가격이 천양지차지만 값싼 것들이 많기 때문이다.

시골에서 옷은 한두 벌이면 충분하다. 외출복은 계절에 하나면 족하다. 대부분 작업복이고, 작업복이 평상복이며, 일하다 말고 읍내에 가기 일쑤다. 양말은 구멍이 잘 나서 꿰매 신어도 또 구멍이 난다. 천이 닳기도 한다. 농사를 하면서 내가 옷을 사서 입은 것은 손에 꼽힐 정도다. 대부분의 옷은 여동생에게 얻거나 주변인이 사준 것들이다. 심지어 팬티조차 사 입은 기억이 별로 없다. 그만큼 옷에 대해 신경을 쓰지 않는다. 옷의 공급처는 주로 여동생인데 여동생이 옷을 한 보따리 가져다주면, 내 체격에 맞는 옷을 고르고 나머지는 주변 지인들에게 가져가 그들이 골라 입도록 한다. 아이들만 헌옷을 입는 것이 아니라 어른들도 헌옷을 즐겁게 입는다. 옷만이 아니라 가방이나 모자, 이불 등 모두 그러하다. 아마 에너지 위기가 닥쳐도 입을 옷이 없진 않을 것이다.

옷을 바꿔 입으니 옷을 줄이거나 늘려서 입는 것이 필요하게 되었다. 중고교 시절에 바느질을 배우긴 했지만 바느질을 잘 못한다. 내가 어렸을 때 엄마는 당신의 한복 공단 치마를 잘라 이불 호청을 만들거나 내

치마를 만들기도 했다. 우리 자매의 옷은 대부분 엄마의 옷을 다시 재봉해서 만든 것이었다. 1980년대 말에서 1990년대 초 섬유제조업의 활황에 힘입어 옷은 흔한 것이 되었다. 요즘은 제조 공장들이 값싼 노동력을 찾아 중국이나 동남아로 빠져나가 역수입되는 단계를 거쳐 값싼 의류들이 들어온다.

옷을 돌려가며 입게 되면서 바느질과 재봉질에 여성들이 관심을 두게 되었다. 처음에는 천연 염료 물들이기에 더 많은 관심을 가지더니 내 손으로 만드는 소박한 생활을 하기 위해서인지 재봉을 배우는 센터에 사람들이 조금씩 늘어난다. 직접 소품을 만들어 사용하는 여성문화센터가 생기면서 바느질 모임들이 만들어졌다. 재봉 기술을 배워서 옷만이 아니라 마대나 헌 조각들을 이용해 바구니 등을 만들어 사용한다. 내 주위에는 재봉을 할 수 있는 이들이 세 명이나 된다. 그들은 소품들을 직접 만든다. 또 한 친구는 바느질을 잘한다. 나는 터진 곳을 꿰매는 정도이지만 그녀는 꼼꼼하게 마치 재봉질을 한 것처럼 꿰맨다. 명주실이 아니라 나일론실은 내 손에 그리 들어맞지 않는다. 바느질과 재봉틀이 들어서면서 베짜는 기술을 배우는 단계로 들어가도 괜찮을 것 같다. 이제는 섬유를 직조하는 기술에 관심을 보일 때가 된 것이다.

03

자립의
확장

자연이 준 거니까 내게 먹을 양이 적어지더라도

모두 다른 이들에게 돌려주게 된다.

자연은 분명 나눠 먹으라고 준 것들이니까.

5장

비자립적 사고의 한계를 넘다 / 생활의 자립을 넘어

삶의 자립

모든 생명이 죽은 듯 고요 속에 있다가 경칩이 되면 땅이 부풀어 오르며 모든 만물들이 깨어나고, 동물과 식물이 어우러져 살아가는, 저 하늘 아래서 바라본 자연은 아름답다고 할 수 있다. 아름다운 자연에 대한 찬미는 여태 수많은 언어와 그림으로 담겨져 왔다. 힘들고 꽉 막힌 도시의 일상에서 벗어나 한적한 산골로 가서 며칠 지내고 있자면 자연은 최고의 휴식처이기도 하다. 사람들의 자연에 대한 칭송과 예찬은 끊임이 없다. 자연은 아름답다.

몇 년 전 지진과 쓰나미로 일본 북해도를 잠식했던 대재앙은 고사하고 올여름 집중적인 장맛비와 태풍으로 집이 물에 잠기고 산사태가 일어나 가까운 가족이 죽게 되는 재해를 경험한 인간에게 자연은 무서운 존재로 다가온다. 질풍노도와 같은 순간의 재해는 인간의 삶을 산산조각

냅다. 그리고 다음 날 태연자약하게 태양이 땅을 비추고, 잔잔한 물결이 이는 것을 바라보고 있자면 자연은 실로 잔인하기 그지없다.

자연은 아름다운 것일까, 잔인한 것일까? 자연은 도대체 어떤 것일까? 자연이 아름답다는 것도, 자연이 잔인하다는 것도 모두 인간의 상태와 마음을 기준으로 한 것이다. 그래서 어떤 이에게는 자연이 아름다울 수도, 잔인할 수도 있다. 그리고 오늘의 자연은 아름다울 수도 있고 어제의 자연은 잔인했던 것일 수도 있다. 그렇게 자연은 인간이 자연 속에 처한 상황과 마음을 통해 판단되어 왔다. 자연은 자연 그대로일 뿐인데 말이다.

모든 생명은 자연 안에 상생한다

자연의 본성은 무엇일까? 자연은 '스스로 존재하며 스스로 완결적'이다. 자연의 구성물은 수백억 수천억의 것들이 다양한 형태로 존재한다. 그들은 홀로 그 자체로 완벽하게 존재하며 그들만의 생애를 살다가는 유아독존이다. 하지만 그들은 그들만으로 살아가지 못한다는 것도 알고 있다.

자연에서는 무엇이든 정당화시킬 수 있는 이유를 얼마든지 찾을 수 있다. 닭은 위계를 이루고 산다. 닭을 잡는 날에도 도망가는 대신 먹을 것이 나오는 줄 알고 발밑으로 모여든다. 닭은 동료의 죽음을 슬퍼하는 대신 다른 동물이 먹다 남은 동료의 시체를 먹는다. 또 다른 면이 있다. 혼자 있을 때 포식자가 나타나면 닭은 빠르고 조용히 몸을 숨긴다. 그러나 여럿이 모여 있을 때 위험이 닥치면 날카롭고 큰 비명을 지른다.

이는 다른 닭들을 위한 행동이다.

　자연에서는 용기와 희생과 사랑을 찾을 수 있다. 고래는 동료가 병들면 숨을 쉴 수 있게 수면까지 데리고 올라가 준다. 코끼리는 동료와 가족의 죽음을 슬퍼한다. 매년 철 따라 이동하다가 사랑하는 동료나 가족의 뼈를 만나면 발걸음을 멈춘 채 코로 머리뼈를 껴안고 신음하며 운다. 이렇듯 생명은 서로 잡아먹든, 서로 동정하고 위하든 혼자만이 아니라 여러 종이 결합하여 생명을 유지한다.

　또한 우리는 대부분 우리 눈에 보이지 않는 수백만 종류의 미생물에 의존하고 있다. 이들은 우리가 하지 못하는 생산과 분해 작업을 해낸다. 이들이 없다면 지구상의 생명은 몇 초 사이에 사라지고 말 것이다. 우리 몸무게 중 1~4kg 정도가 박테리아이며 대부분 우리 장에 살면서 음식물을 소화하고 영양분을 흡수하는 것을 돕는다.

　살아 있는 모든 것이 다른 살아 있는 것에 의존하고 생명 자체가 상호 의존의 연속이라는 점을 인정한다. 삶과 죽음은 같은 순간을 공유한다. 누군가 살기 위해서는 실제로 누군가 죽어야 한다. 둘 중 하나를 거부하는 것은 다른 하나도 거부하는 것과 같다. 그 길밖에 없기 때문이다. 우리의 고통이나 슬픔과 섞인다 할지라도 이것을 성스러운 과정으로 껴안는다.

　이 체계에서는 죽음이 문제가 아니라 인간의 오만과 무지가 문제다. 이는 우리와 비슷한 것에 대해 우리 입맛에 맞는 방법으로만 걱정하게 하고, 우리를 생존할 수 있게 해 준 다른 생명들이 지구상에서 영원히 사라져 가는 것에는 무관심하게 만든다. 우리는 다른 종 위에 군림하는 것이 아니라 그들에게 의존하고 있다. 그리고 우리의 생존을 가능하게

해 주는 그 생명들을 귀하게 여기는 것만이 우리가 살아남을 수 있는
길이다.

인간이 알아채기 어려운 식물의 생명 활동

식물은 화학물질을 가지고 있다. 이것이 그들과 우리의 차이다. 식물
은 수십만 어쩌면 수백만 종의 복합 화합물 혹은 2차 화합물을 만들어
낸다. 단순히 4개의 당 분자 사이의 관계를 바꾸는 것만으로도 3만 5천
개 이상의 서로 다른 화합물이 만들어진다. 알려진 알칼로이드만 1만
가지, 테르펜 2만 가지, 폴리페놀 8천 가지다. 식물은 복잡한 피드백 경
로를 통해 끊임없이 주변에서 무슨 일이 벌어지고 있는지 느끼고 그에
반응해 화학물질을 얼마나 많이 어떤 조합으로 만들어 낼지 등을 결정
한다. 이 화학물질들이 벌레·곰팡이·박테리아 등과 같은 임무를 수
행하는 것은 잘 알려진 사실이다.

식물은 당연히 배고픈 포식자로부터 도망가지 못한다. 그래서 그들
은 자신을 보호해 줄 화학물질을 만들어 낸다. 그 정확도가 숨이 멎을
정도로 높다. 특정 초파리 종의 도움을 필요로 하는 선인장은 그 초파
리들이 성적으로 성숙해 번식하는 데 꼭 필요한 스테로이드 화합물을
휘발성이 강한 형태로 만들어 낸다. 그에 대한 보답으로 초파리와 유충
은 선인장의 썩은 부분을 먹어 선인장이 건강을 유지하도록 돕는다. 이
화합물은 특정 초파리에 맞도록 조정되어 있어서 선인장에 붙어 있는
유충 6,803마리 중 다른 종은 단 한 마리였다.

세계적으로 700종이 넘는 무화과나무는 각각 특정한 무화과 말벌이

있어야 무화과씨의 수분이 가능하다. 어떤 숲에서는 척추동물의 70%가 이 무화과를 먹고 산다. 이 화학적 신호에 반응하는 것은 모든 척추 동물이 다 가지고 있는 기관인 서비 기관(Vomero-Nasal-organ)이라고 부르는 감각기관으로 감지된다. 서비 기관이 하는 유일한 기능은 식물과 동물이 분비하는 향기 나는 화학물질을 극소량 감지해 뇌로 전달하는 것이다. 서비 기관이야말로 벌이 반경 100km 이내에 있는 모든 꽃의 정확한 위치를 파악하고 기억하는 것을 가능하게 해 주는 기관이다. 같이 사는 여성들이 생리 주기가 맞는 것도 바로 이 서비 기관 때문이다.

식물은 계속적으로 의사소통을 한다. 식물, 주변 식물 공동체, 생태계 생물 군계 사이에 메시지의 흐름이 존재한다. 균사 네트워크가 공유되는 곳에서는 어디서나 화학물질·치료물질을 교환할 수 있다. 한 식물이 화학물질에 구조요청을 실어 내보내면 다른 식물은 거기에 정확히 맞는 항생제나 항균제를 보내 그 식물을 돕는다. 매를 발견한 닭이 동료에게 위험을 알리는 것처럼 식물도 포식자가 다가오면 경고 메시지를 담은 화학물질을 분비한다.

딱총나무가 '지도자(elder) 나무'라고 불리는 데는 다 이유가 있다. 딱총나무가 다른 나무에게 무엇을 할지, 어떻게 자랄지 가르치기 때문이다. 따라서 딱총나무가 없으면 근처 식물 공동체는 혼란에 빠진다는 이야기가 많은 원주민 공동체나 시골 사람들 사이에 전해 내려온다. 각 식물은 핵심 종과 관계를 맺고 자라는 경우 혼자 자라는 것보다 성장은 조금 덜 하지만 다른 식물과 합치면 필요한 물과 영양분을 똑같이 공급받았다 하더라도 형성하는 바이오메스가 훨씬 커진다. 이산화탄소를 더 많이 흡수하고 뿌리도 더 빡빡하게 자라는가 하면 잎도 더 무성하게 자라 광합성을 더 많이 한다. 흙과 식물 내에 보존된 물의 양도 늘어나며 흙에 사는 유기체들의 범위도 훨씬 다양해진다. 따라서 식물 공동체는 그 공동체를 이루는 각 성원의 합보다 훨씬 크다.

나무는 비를 만든다. 나무는 보통 흙에서 끌어올린 물의 1/3만 자신을 위해 사용하고 나머지는 공동체 동료에게 나눠 준다. 물만이 아니다. 식물은 항상 자기 건강을 지키는 데 사용된 양보다 더 많은 양의 화학물질을 만들어 주변 환경을 관리하는 데 사용한다.

식물은 수천 년 동안 살 수 있다. 태즈메이니아 섬에는 4만 3천 살 먹은 호랑가시나무가 아직도 살아 있고, 1만 8천 살이 된 너도밤나무, 1천 년 된 목초 지대도 존재한다. 인간의 시간 척도로는 상상하기 어렵다. 씨는 2만 4천 km를 이동하고 식물이 움직이는 목적성이 더 뚜렷해진다. 오히려 우리 스스로를 식물의 자손이라고 이해하면 우리와 식물 사이에 자연스러운 가족적 유대 관계가 형성된다. 이는 식물을 자원으로 보는 관계에서 가족을 돌보는 연장자로 보는 관계로 변화시킨다. 생명에는 범위가 없다.

이천식천(以天食天)의 윤리

벌에 쏘여 본 사람은 뼈가 에이는 고통을 알 것이다. 논둑 가장자리의 풀을 베다가 풀섶에 있던 벌과 논둑 돌을 들어 올리다가 모여 있던 벌들로부터 쏘였다. 내가 벌집을 건드린 것이다. 벌이 나를 공격한 것이 아니라 내가 그들을 공격한 것이다. 그러니 내가 벌에 쏘이는 것은 당연한 일이다.

한여름에는 뜨거운 햇볕 때문만이 아니라 풀섶의 모기 때문에 살갗이 거의 보이지 않도록 긴 바지와 양말, 긴소매 또는 토시를 끼고, 목에는 수건이나 여름 목도리를 두르고 들어가지만 모기들은 옷도 뚫고 덤벼든다. 저녁이면 여지없이 그들은 사람들을 향해 덤빈다. 모기의 양식은 동물의 피이기 때문이다. 피에 굶주린 자연은 어디에서든 찾을 수 있다. 족제비 · 담비 · 너구리 등이 다른 생물을 죽여 왔고 계속 죽일 것이다. 자연은 동료를 먹기도 하고, 슬퍼하기도 하며, 인간이 먹이가 되기도 한다. 먹이사슬은 서로 얽혀 있다. 먹이사슬은 피라미드가 아니라 원형이며 각자의 생존을 위해 서로 얽혀 있다. 생과 사는 먹이사슬의 변화 과정이다. 먹이사슬은 개체 간 경쟁이 될 수도 있으나 죽음의 다른 이면으로 본다면 그것은 경쟁이 아니라 협력관계이기도 하다. 동물과 식물, 박테리아는 서로 공생하며 얽혀 있다. 같은 종에서는 위계가 있을 수 있지만 자연 전체로 보면 위계가 없다. 동물을 학대하지 말아야 하는 이유는 곤충이나 식물에게도 해당된다.

우리는 나를 먹이기 위해 죽는 것들을 외면하지 않아야 한다. 인간은 자신들의 먹이를 위해서라도 생물 종 전체가 멸종되지 않도록 최선을 다해야 한다. 조상들이 5억 년 동안 지켜 온 흙을 파괴하지 않도록 하는 것, 강과 습지에 물이 흐를 수 있도록 기름은 땅에 머물 수 있도록 노력해야 하는 이유는 나만이 먹는 것이 아니라 이 우주 전체가 서로 먹고 살고를 지속해야 하기 때문이다. 우주 전체를 인간의 뇌로 이해하기에는 너무 복잡 심오하며, 생명은 끊임없이 변화하기 때문에 인간은 언제나 겸손하고, 고맙게 여기며 살아야 한다.

생명은 흐름이다. 살아 있는 강, 우리는 그 물 위로 여행하는 뱃사람이며 언젠가 물고기들이 우리를 먹을 것이다. 생존을 위해 식물이든 동물이든 곤충이든 다른 생명을 죽인 사람은 생명의 존엄성을 책임져야 한다. 우리가 물고기를 먹을 때마다 그 물고기가 서식하는 강이 안전하게 살아남을 수 있도록 힘쓰겠다고 맹세해야 한다. 나무 한 그루를 벨 때마다 그 나무가 속한 그룹에 비슷한 맹세를 하고, 소고기를 먹거나 당근을 먹을 때마다 공장형 축산과 산업형 농업을 근절하겠다는 맹세를 해야 한다.

죽음의 자립

'야생의 순수'라는 영화를 보면 에스키모인의 생과 사에 대한 문화를 알 수 있다. 에스키모들은 혼자 아이를 낳는데 동물의 출산과 크게 다르지 않다. 출산을 위한 준비를 하고 아이를 낳고 자신의 이빨로 탯줄을 끊고 남자 아이라면 신생아 몸에 묻은 피와 양수를 혀로 어미가 핥는다. 여자 아이의 경우는 탯줄만 끊고 아이 입에 눈을 넣고 엎어 놓는다. 사냥과 유목을 근거로 살아가는 야생의 삶에서 여자 아이는 종족 보존을 위한 것으로만 필요할 뿐, 살아가는 데 짐으로 작용한다. 극한 지방에서 사냥을 해서 먹고사는 유목민에게는 동물적 습관이 우선일 수밖에 없다.

어린 생명이 탄생하면 부양을 받고 있던 노인은 죽음을 선택하게 된다. 하나의 탄생은 하나의 죽음을 의미한다. 그래서 노인은 딸과 사위로 하여금 자신을 눈 속에 놓아두라고 하고 곰이나 야생동물들이 자신의 몸을 뜯어 먹도록 한다. 포식자로서 살아온 인간이 자신의 몸을 다른 종의 먹이로 제공함으로써 서로의 생존을 위한 수평적 관계임을 드러내는 것이다.

인도의 관습에서도 식량이 부족해지면 노인은 길을 떠난다. 아들은 아버지가 떠나는 것을 알고도 붙잡지 않는다. 그리고 며칠 뒤에 아들은 노인의 몸이 이미 동물들의 먹이로 제공되고 난 뒤의 흔적을 발견하고 수습해 온다. 이것은 한반도의 문화에서도 나타난다. 바로 고려장이다. 움직이지 못하는 노인은 아들로 하여금 자신을 다른 장소에 버리라고 한다. 그래서 아들은 노인을 지게에 실어 노인이 원하는 장소에 놓고 빈 지게로 돌아온다. 현대 사회에서 고려장은 부정적 인식으로 남아있다. 조선시대 유교사상에 비추어 봐도 '후레자식으로 당장 때려죽일 놈'이지만, 이 또한 죽음을 스스로 선택하는 방식이었다. 자신의 죽음이 가족의 또 다른 생명의 탄생과 맞물려 있었기에 이는 노인들의 자연스러운 선택이었던 것이다.

이렇듯 자발적이고 자연스럽던 인간의 생과 사에 대한 의식이 죽음은 나쁜 것, 어두운 것, 회피해야 할 것 등으로 바뀌고 난 뒤, 인구의 증가가 나타났다는 생각이 든다. 죽음을 기피하는 윤리의 등장은 삶과 죽음을 대립적 관계로 바라본다. 심지어 기독생명 윤리에서는 노인의 자발적 선택을 자살이며 죄라고 규정한다. 에스키모의 여자 아이를 죽이는 것을 두고 생명을 죽이는 것은 죄라고 하면서, 당시의 권력인 사회나 국가 그리고 종교의 법을 통한 단죄는 합리적이라 한다. 그러면서 지금까지 종족의 관습이나 개인의 자립적인 선택을 완전히 봉쇄해온 것이다. 결국 개인의 삶과 죽음을 또 다른 권력이 쥐게 되는 환경을 강제한 것이다.

이로써 현대인의 탄생과 죽음은 병원에서 일어나며, 병원에서 생명 연장 속에서 죽어간다. 나의 탄생과 죽음의 선고 또한 의사의 사인이 있어야 한다. 자신이 죽음을 선택할 수도 없다. 죽음의 자립이 박탈당한 현대인은 어떻게 죽음의 자립을 준비할 것인가? 잘 죽기 위해서 잘 사는 것처럼 잘 사는 것을 얘기해 왔다면 우리는 잘 죽는 것을 지금부터 준비해야 한다.

병원은 전지전능한 성역

"너 몸이 안 좋니?"

"응 머리가 아픈 것 같아."

"그럼 병원 가야지."(또는 "약 먹어야지.")

대한민국 드라마에서 흔히 볼 수 있는 일상 대화다. 몸이 안 좋아 보이면 즉각 튀어나오는 말이 '병원'이다. 우리 생활에서 병원은 옆집에 놀러가는 정도의 일상이다. 내가 어렸을 때만 해도 병원에 간다는 것은 쉬운 일이 아니었다. 누가 기침을 하면 머리에 손을 얹어 열이 있는지 없는지를 판단해 보고 열이 없으면 생강차를 끓이고, 목에 수건을 두르게 하고, 찬물을 먹지 못하게 한다. 열이 있으면 파뿌리와 콩나물 뿌리를 설탕이나 꿀에 재어 따뜻한 부뚜막에 하루 묵힌 뒤, 다음 날 진액을 마시게 하고 이불을 푹 뒤집어써 땀을 내도록 하였다. 땀을 흠뻑 낸 다음에는 말끔하게 일어났다. 감기나 몸살 정도로 병원을 가진 않았다.

체한 것 같으면 소다를 먹도록 하거나 손가락을 바늘로 따서 피를 내게 한다. 그래도 체기가 있으면 손을 넣어 토하게 하거나, 그래도 해결이 안 되면 동네에 '빼는 곳'으로 달려간다. 그것도 안 되면 그제야 병원이라는 곳에 달려간다. 이렇듯 병원은 여러 단계를 거친 뒤에 가는 곳이었다.

부모님은 죽을 뻔했던 내 유아 시절의 기억을 가끔 떠올리신다. 엄마가 문을 바깥에서 걸어 잠그고 밭일을 나갔다 돌아오니 내가 까무러쳐 있더란다. 깜짝 놀라 동네 의원으로 달려가니 고개만 갸우뚱할 뿐 처방을 하지 못하고 하루를 지냈다. 마지막으로 아이를 데리고 '빼는 데' 달려가서 해 보니 담배은박지를 삼켰는지 피에 뭉쳐 있는 은박지를 빼냈다. 한참 뒤에 나는 울기 시작했고 엄마의 젖을 빨아댔다. 더운 날 나를 업고 밭을 맬 수 없어서 방에 놓고 밭을 맨 사이에 벌어진 일이라고, 그 뒤부터는 나를 혼자 두지 않고 언제나 업고 다녔다고 한다.

그때는 어딘가 몸이 불편하면 어디가 불편한지 부모나 가족이 탐문을 하고 탐문한 결과를 가지고 집에서 간단한 처방을 했다. 지금은 벌에 물려도 병원을 찾아간다. 하지만 벌이나 뱀에 물리는 정도는 토란을 짓이겨 붙이고 며칠을 앓으면 된다. 독버섯을 먹게 되면 역시 토하게 하고 해독제로서 검정콩즙이나 무즙과 녹두를 갈아서 먹게 했다. 목을 맨 사람도 지금은 119를 통해 병원에 달려가지만 몸을 잘 뉘여 맑은 간장국을 입에 넣고 토하게 하면 된다. 이처럼 과거에는 응급처치 또한 누구나 할 수 있도록 생활 속에서 배웠다.

예전에는 배앓이와 진통제 효과를 가진 양귀비와 대마를 비롯한 각종 약초를 집안 상비약으로 두었지만 지금은 진통제와 설사약, 소화제

등의 양약을 상비약으로 둔다. 미군정 치하 이후에 양의가 등장하고 정부를 중심으로 서양의학에 의존한 의료시스템이 확립되기 시작했다. 1990년 초 약의 남용을 막는다는 취지 아래 약사를 의사 아래 두고, 건강보험으로 전 국민을 의료체계 안에 편입시키면서 대부분의 증상과 앓이를 병원에서 치료하도록 하였다. 예전에는 의사가 문진과 청진기를 통해 진찰하고 약을 처방했지만 지금은 각종 엑스레이, 초음파 기계를 통해 속의 상태를 보고 처방하는 시설이 주를 이룬다. 그런 시설이 없으면 의사 단독으로는 진단이 어렵다. 의사는 기능인이 되어 간다. 이제 병원은 거대한 시설이 동반된 병원 기업이 되었다. 생사여탈권을 쥔 병원 권력과 의사들이 야합하여, 소비자인 환자와 가족의 지갑을 완전히 거덜 내려 한다. 생명의 존귀함은 돈의 존귀함으로 바뀌고 돈에 따라서 병원을 넘나들 수 있다.

병 주고 약 주는 의료시스템

앓이는 근본적 원인이 반드시 있다. 몸에 열이 나면 어디엔가 염증이 있는 것이며 염증은 병균이 침입하여 항체를 공격하는 과정이다. 고열인 경우에는 열을 먼저 식히는 것을 과제로 냉찜질을 하여 열을 낮추고 그다음 처치에 들어간다. 하지만 우리의 일상적 습관을 보면 두통이 있으면 두통약을 먹고, 기침을 하면 기침약을 먹는다. 열이 있으면 열을 없애는 약을 먹는다. 기침 감기약은 대부분 항생 소염제와 진통효과가 있는 것으로 조제한다. 진통제는 통증을 느끼지 못하도록 하는 것이고 해열제는 열의 발산을 막는 것이다. 그렇다면 열은 어디로 갈 것이며, 두통을 유발시킨 원인은 어디로 갈 것인가? 열과 통증은 원인을 찾아내어 고쳐야 하는 것인데…….

나의 엄마는 중풍환자다. 혈전제·혈액순환제·치매방지제 외에 10여 가지의 알약을 먹는다. 해마다 약봉지는 커져만 간다. 처음에는 혈액순환을 돕는 것 정도만 있으면 충분했지만 손발이 떨리는 증상이 심해지자 손발이 떨리지 않도록 하는 약을 처방하고, 기침이 잦으니 기침 처방제, 엉덩이가 아프니 진통제 등 여러 가지가 증상별로 늘어난다. 엄마는 이것을 모두 먹는다. 안 먹으면 아프다고.

중풍환자는 움직임이 줄어 뼈와 근육이 약해진다. 뼈와 근육이 약하면 혈액순환이 잘 되지 않아 저림 증상이 나타나고, 면역력이 약해 감기에 취약해지고, 실내에만 머물게 되어 폐질환이 생기게 된다. 몸을 정상적으로 움직여 주지 않음으로써 오는 이런 증상들은 결국, 몸을 최대한 움직일 수 있도록 돕고, 식이요법을 잘 해 주는 것이 필요하다. 하지만 이는 깡그리 무시되고 증상에 따른 약이 처방됨으로써 몸은 나날이 약해진다. 그나마 의지해서 걷던 힘도 줄어들고, 앉아 있는 시간도 점차로 짧아졌다. 이는 비단 중풍환자만의 일은 아니다. 진통제를 즐겨 먹는 사람은 더 이상 진통제는 듣지 않으며, 해열제도 마찬가지로 내성이 생기게 된다. 감기는 굶고 충분히 앓고 나면 낫게 되는데, 자꾸 항생제나 진통제를 먹으니 병균도 내성이 강해질 수밖에 없다. 약은 병을 키우게 되고, 가벼웠던 앓이가 중병으로 바뀌어 가는 것이 현대의학이 조장해낸 약 처방 시스템이다. 이로써 병원은 사람들이 아프면 아플수록 다양한 질병이 많아지고, 중병이 들면 들수록 망하지 않는 장사가 된다. 병원의 시설기구를 만드는 공장이나 제약회사 그리고 서비스 회사는 점차로 용역이나 하청 시스템이 되어 병원에 종속된 구조를 이루고, 로비를 통한 이익을 남기고자 더 값싼 시장가격을 형성하게 된다.

병원에 얽힌 구조는 거대병원 기업을 만들기도 한다. 병원은 문어발식 계열사를 만들어 냄으로써 주택·교육·음식·생활필수품 등의 기업 지배구조를 형성했다. 인간의 전 생애를 관장하여 이윤을 남기도록 하는 시스템이 되어 버린 것이다. 적당한 약으로 단기적 효과를 보게 하고, 장기적으로는 병원에 종속시키는 의료시스템을 보면 기업의 자연스러운 형성 과정이라고밖에 할 수 없다. 장례식장마저도 그렇지 않은가?

병을 낫게 하는 것이 아니라 병을 오히려 키운다는 사실은 공공연한 비밀이다. 병원이 '병 주고 약 주는' 곳이라는 것을 아직도 모르는 사람들이 있을까?

신체적·정신적으로 건강한 삶

자신의 생애 대부분을 병원에서 지내고 싶은 사람은 없다. 따라서 자립적인 죽음을 위해서 제일 우선은 건강한 생활을 도모하는 것이다. 건강한 생활은 이미 앞에서 언급한 것과 같다. 자립적인 생활은 당연히 건강한 생활을 위한 전제조건이자 결과이다. 귀농 바람이 불기 전 시골이나 산골 깊숙한 곳을 선택하는 사람들은 크게 두 부류였다.

한 부류는 사업에 실패하여 도시의 삶을 기피하고 싶은 사람, 다른 부류는 질병을 치유하려는 사람. 그렇게 선택했던 임시적 삶이었지만 질병이 치유되고 정신이 안정되어도 다시 도시로 돌아가는 경우는 드물다. 자연 속에서 살면서 내 몸의 질병이 어디로부터 왔는지, 힘든 마음이 어디에서 기인하는지를 잘 알게 되었기에 그들은 전의 생활로 돌아가길 꺼린다. 잘 먹고 살겠다고 시골을 버리고 갔던 도시에서 우리가 받은 것은 오로지 정신적 고통과 아픈 몸이라는 것을 깨닫자, 심지어 도시에 남고자 하는 가족과도 이별을 감행한다.

자연이 돈도 주지 않았고, 약도 주지 않았는데 왜 그들은 자연 속에 남아 있을까? 문명은 순간의 아편일 뿐, 자연 속에서 자연의 일부로 살아가는 삶만이 자연이 준 천수를 누리고 살 수 있다는 것을, 먹을 것과 살 곳을 자연은 이미 우리에게 주었으며, 우리는 그것을 누리고 살다가면 그뿐이란 것을, 우리의 생은 그것 이상도 이하도 없음을, 문명은 사람을 사람답지 못하게 한다는 것을 터득하고 그들은 도시문명을 포기하고 자연 속에서 소박하게 살아가게 된 것이다.

나에게 수십억을 줄 터이니 도시에서 살라고 한다면 나는 콧방귀를 뀔 것이다. 수십억이 나에게 무엇을 줄 수 있을까? 나의 생명도 나의 건강도 나의 행복도 주지 못한다는 것을 너무나 잘 알고 있는 나에게 누가 감히 그런 제안을 할 수 있겠는가.

양생을 잘하려면 자연에 순응하는 습관이어야

문명의 꽃이라고 불리는 전기는 자연에 순종하는 삶을 벗어나도록 했다. 문명은 자연보다 사람의 과학과 지식을 우위에 두고 자연을 활용하는 데만 관심을 두었다. 건강을 찾는 사람들은 오로지 보약을 찾아 헤맨다. 자연의 이치에 맞게 살면 그것이 건강을 회복하고 건강함을 유지하는 것임을 잊은 채.

도시에서 돈을 벌기 위해 살아가고 있는 사람들은 1년 365일 시계추처럼 달리고 있다. 기계에 맞춰 숨 가쁘게 살아가면 심신이 지친다. 때때로 찾아오는 한가로운 생활조차 제대로 누리지 못하고, 마치 바쁘지 않으면 커다란 문제라도 있는 것처럼 생각한다. 모처럼 찾아온 여유 시간에 집 안에서 텔레비전이나 미디어에 빠져 빈둥빈둥 보내며 심신을 어떻게 가누어야 할지 모르는 사람들이 대부분이다.

우리는 각종 문명의 소리 속에서 산다. 아무리 귀를 막아도 우리는 소리를 피해 갈 수 없다. 음악이라는 미명하에 기계소리가 있으며, 남녀의 사랑이 인생의 전부일 것 같은 미디어의 소재 속에서 살아가고 있다. 미디어에서는 돈으로 먹고사는 것, 화려한 공장 식품이나 외식의 음식잔치가 매일 열린다. 양생을 위해서는 제일 먼저 없애야 할 문명이 미디어 문화라고 할 수 있다. 텔레비전을 없애고, 각종 영상물을 없애야 한다. 물론 유해하지 않은 것들도 많으나 차라리 미디어 자체가 없으면 유 · 무해를 따질 것도 없다.

미디어 문화는 우리도 모르는 사이에 우리를 폭력 속으로 끌어넣어 무의식적 행위를 조장하곤 한다. 미디어의 홍수로부터 빠져나오는 것은 도시에서는 불가능하다. 그래서 도시로부터 탈출해야 한다. 그렇지 못하면 모든 미디어의 수단과 단절하는 방법을 강구해야 한다. 밤이면 잠을 자고, 해가 뜨면 일어나 일하고, 적당하게 즐기면 된다. 인생이 너무 한가하면 딴생각이 나게 되고, 너무 바쁘면 참된 성품이 가려져 보이지 않으므로 모든 것이 적당해야 한다. 사람들 속에서 영예와 치욕을 생각하지 않으면 마음이 고달프지 않고 정신이 고갈되지 않는다.

따라서 양생을 잘하려면 먼저 여섯 가지 해로움을 제거해야 하는 데, 첫째, 명예와 이익을 가볍게 여기고, 둘째, 소리의 즐거움과 색을 금하며, 셋째, 재물은 검소해야 하고, 넷째, 맛있는 음식을 줄이며, 다섯째, 허망한 것을 물리치고, 여섯째, 질투를 없애야 한다. 이 여섯 가지를 지키면 행복은 저절로 오게 된다.

생활의 절제와 소식하기

양생록 금단정리서(金丹正理書)에 의하면 총애와 모욕에 놀라지 않으면 간[肝木]이 저절로 편안해지고, 기거와 동정을 정중하게 한다면 마음[心火]이 저절로 안정되며, 음식에 절도가 있으면 위장[肥土]이 튼튼하고, 휴식을 적절히 잘하고 말을 적게 하면 폐[肺金]가 저절로 온전해지며, 안정하고 욕심내지 않으면 신장[腎水]이 저절로 풍족해질 것이다. 생각이 일어나는 것은 병이 되지만 두려워하지 말고 받아들이고, 생각이 이어지지 않는 것은 약이 되므로 그대도 두면 되는 일이다.

먹고 일하고 자고, 세 가지를 행하는 데 생각이 개입되는 것은 '일하는 것'이 어떤 종류인가에 따라 다르다. 시골에서는 육체노동을 주로 한다. 농사짓는 일이나 채취하는 일은 생각이 아니라 몸의 습관으로 한다. 생활에서 배웠기 때문에 골치 아픈 일이 없다. 농사를 지어 수확한 것을 다른 사람에게 팔고자 할 때는 이익을 얻기 위한 거래관계로 인해 골치가 아프다. 욕심을 내지 않는 일이라 하여도 거래관계란 자신의 이익을 챙기는 일이기 때문이다. 자신이나 가족이 먹을 것만 농사를 짓는다면 일하는 행위에서도 생각할 이유가 없다. 그래서 욕심이 없는 생활이 농부의 생활이 다. 농부의 생활에서는 자신의 철학적 심지가 없으면 안 된다.

밥을 먹을 때는 잘게 씹어서 조금씩 삼키되 진액으로 넘긴 연후라야 정밀하게 맛이 비장에 흩어져 얼굴이 환하고 살결이 빛난다. 거칠고 급히 먹으면 이것이 찌꺼기가 되어 장과 위를 막을 뿐이다. 또 일생 동안 먹을 때 단지 반만 먹고 항상 남김이 있으면 부족한 듯 느끼던 마음도 섭생하고 수양하는 방법이 된다. 항상 배부른 가운데 굶주리게 하고 굶주린 가운데 배부르게 하는 것이 좋다. 극심하게 목이 마를 때도 지나치게 마셔서는 안 된다. 노자가 말하기를 배고프지 않은데 억지로 먹으면 비장이 피로해지고, 목마르지 않은데 억지로 마시면 위장이 팽창한다. 겨울에는 아침에 굶지 말아야 하고, 여름에는 밤에 배불리 먹지 말아야 한다. 음식은 사계절을 막론하고 항상 따뜻하게 먹어야 하는데 여름에도 음이 속에 숨어 있으므로 따뜻하게 먹는 것이 좋다.

사람의 수명이 짧은 것은 모두 정기가 새어나가는 데서 말미암은 것이다. 병을 앓는 데 있어서도 정기가 충만한 20대에는 3일 후에 회복되고, 30대는 10일 후에, 40대는 1개월 뒤에, 50대는 3개월 후에 회복되며, 정기가 빠져나가는 60대에는 7개월 후에 회복된다. 젊어서 정기를 소진하는 생활을 한다면 정기가 자연스럽게 빠져나가는 노인이 돼서는 어떠하겠는가?

머리카락이 건강하면 몸도 건강하다. 파마나 염색 그리고 샴푸나 린스의 사용이 두피와 머리카락의 건강함을 해치는 것은 두말할 필요가 없다. 가능하면 머리는 자연색 그대로 두고, 머리를 자주 빗질해 주면 두피와 모발이 건강해지고 마사지 효과로 두통이 생기지 않는다.

양치는 소금물로 하고 손가락으로 잇몸을 닦아 주는 것은 치아건강을 위해 좋다. 우리가 일상적으로 먹는 가공식품은 치아와 잇몸을 약화시킨다. 따라서 식후 양치질보다 더 중요한 것은 가공식품을 먹지 않는 것이다.

잠자리를 조심해야

습기가 있는 곳에 거처하지 말아야 한다. 그러면 항상 몸이 무겁고 찌뿌듯하다. 일설에 의하면 습기가 많은 곳에 거처하면 몸에 습이 많아져 신장·관절·뼈가 좋지 않다고 한다. 푸석한 땅에 거처해서도 안 된다. 푸석한 땅에 거처하면 바람이 많은 날에는 황사로 인해 눈병이나 피부병에 걸리기 쉽다. 또한 어두컴컴한 골짜기에 거처해서는 안 된다. 골짜기에는 음울한 독기가 많은데 독기는 몸을 해하기 때문이다. 특히 겨울에는 골짜기 바람이 심해서 제아무리 추위에 강한 체력이라도 항상적으로 거처하는 곳이라면 몸이 약해진다.

몸은 햇볕을 자주 받아야 하는데, 특히 수행을 하는 사람은 남향을 보고 앉아야 한다. 잘 때는 머리를 동쪽으로 두고 자야 한다. 북쪽으로 두는 것은 죽을 때에야 그러하다. 집이 높으면 양이 왕성하여 명이 많다. 집을 너무 높은 곳에 짓고 살지 않아야 한다. 낮으면 낮은 대로 문제가 있는데 음이 왕성하여 암이 많다. 따라서 명이 많으면 백이 손상되고 암이 많으면 혼이 병을 얻게 되니 집의 거처는 너무 높지도 낮지도 않아야 한다. 그래서 집터로서 가장 좋은 것은 오래전부터 집터로 있어 왔던 곳이다. 또한 집터는 사는 사람의 기운에 따라 정해진다.

누워 잘 때는 몸을 옆으로 뉘고 무릎을 구부리는 것이 좋으며 깰 때는 죽 펴는 것이 좋다. 이러한 자세는 엄마의 자궁에 있을 때 자는 양태로 사람의 몸에 가장 편한 자세다. 무릎을 구부리고 다리를 말아서 왼쪽 오른쪽으로 번갈아 가며 옆으로 누워 자는 것은 잠을 자면서 몸을 수양하는 것으로, 단전이 항상 따뜻하고 신수가 훤하게 된다. 몸을 펴고 자면 기가 흩어지고 쌓이지 않게 되고, 신이 흩어져 잠기지 않으므로 잘 때는 몸을 펴서는 안 된다. 잘 때 입을 닫고 자면 기를 잃지 않고 삿된 기운이 들어오지 않지만, 입을 벌리고 자면 소갈이 생겨서 혈기가 없어지고 치아가 일찍 빠진다. 대체로 몸이 뚱뚱하고 피곤한 상태일 때 몸을 대자로 펴고 입을 벌리고 잔다. 술을 먹고 잘 때도 그러하다. 따라서 심신이 안정되지 못할 때 자는 양태가 몸을 오히려 해하게 된다.

여름에는 일찍 일어나야 하고, 가을·겨울에는 늦잠을 자도 된다. 늦게 일어나도 해가 뜬 뒤에 일어나는 것은 피하고 일찍 일어나도 닭이 울기 전에 일어나는 것은 피한다. 깨어날 때 양과 합하고 잠을 잘 때는 음과 함께하므로 깨어 있는 것이 많으면 혼이 강해지고 자고 있는 때가 많으면 백이 굳세어진다. 혼이 강한 사람은 살아 있는 사람이고, 백이 굳센 사람은 죽은 무리들이므로 자연의 밤낮에 맞춰 몸의 조화를 이루어야 한다. 그러므로 양생하는 사람은 밤에는 혼이 자고 낮에는 백이 자는 것으로 밤낮을 가려 혼백이 서로 교차하면서 깨어 있어야 신이 맑고 기가 밝다.

의료의 자립

나이가 들수록 시골살이가 그리 달가운 것은 아니다. 허리디스크나 관절염이 있는 경우에는 추운 겨울에 뼈가 시리다는 말이 무엇인지 실감을 하게 된다. 젊어서 몸을 잘 관리해도 늙으면 별수 없이 뼈마디가 아픈 곳이 생기기 마련이다. 크게 관심을 두지 않고 넘겼던 약초에 눈을 밝히게 된 것도 이런 연유다.

내 몸을 위한 약초를 별도로 재배하지 않더라도 산과 들에 있는 것을 채취해서 말려 자루에 담아 놓는다. 평상시에 물로 먹거나 식혜로 달여 먹는다. 그리고 주변에 증상이 비슷한 사람들에게 나눠 준다. 거의 주변에 널려 있는 약재를 이용한다. 여기 산골에서는 겨울 동안의 몸을 위한 준비를 그동안 모아 놓은 약재를 넣고 달이는 일로 시작한다. 오갈피, 쇠무릎, 환각구(엉겅퀴 뿌리), 골담초, 삽주나 딱주(잔대) 뿌리, 작약을 넣고 달인다. 달인 물을 먹고 한겨울을 난다. 자식들에게 보내는 것을 잊지 않는다. 시골에서의 약재는 주변에서 나는 것으로 한다.

내 몸에 필요한 약초

주변에 많이 있는 것이 오갈피나무다. 오랫동안 복용하면 몸이 가벼워진다는 오갈피나무는 돌담 주변에 두세 그루만 있으면 한 가족 약재로는 충분하다. 춘분에 옮겨 심고 추분 후에 꺾꽂이를 해도 살며, 주로 담장의 울타리로 사용한다. 봄철에 새순을 나물로 이용하기도 한다. 청명 때 잎이 피지 않은 연한 싹을 따서 소금에 절여 뜨거운 불에 말리면 푸른색이 돋보이며 그것으로 차를 끓인다. 나무껍질은 술을 빚을 수 있다. 닭백숙에 넣기도 하고, 각종 관절염·허리디스크 등 몸을 보할 때 사용하는 흔한 약재이다.

관절염이 있거나 뼈를 다친 사람이면 홍화씨가루나 기름을 장기 복용하면 효험이 있다. 잇꽃이라고도 하는데 4월 초에 심어 장마 오기 전에 거둬야 한다. 꽃이 피기 전에 장마가 오면 썩어서 수확을 하지 못한다. 유월에 씨가 여물면 그루를 뽑아 내 햇볕에 널어 말린 뒤 두드려 씨를 거둔다. 예전에 홍화씨는 삼씨 가격과 같아서 쌀과도 맞바꿀 수 있었으며 수레바퀴 기름이나 등불도 밝힐 수 있었다. 싹은 연할 때 나물을 무쳐 먹으면 매우 맛있다.

소의 무릎을 닮은 줄기를 빗대어 붙은 우슬은 밭에서는 잡초로 통하고 산과 들에 널려 있다. 암컷은 마디가 가늘고 줄기가 푸르며 뿌리가 짧고 뻣뻣하며 가벼워 약효능이 없다. 수컷은 마디가 크고 줄기가 자색이며 뿌리가 길고 부드럽고 윤택하여 약효가 있지만 종자를 선택할 때는 수컷을 피해야 한다. 여린 순들은 나물로 먹을 수 있다. 관절염·골다공증 등 뼈 약화에 효능이 있다. 쇠무릎과 더불어 자리공 뿌리인 장녹 뿌리를 말려 같이 물을 내어 끓인 뒤 식혜를 담가 먹으면 허리와 관절염에 좋다. 열매에 독이 있어 독초로 통한다. 자리공 뿌리는 독성이 있어 농사에 있어서도 그 독성을 이용하여 충균제로 사용한다. 환각구는 엉겅퀴 뿌리로 봄에 새순이 나오면 뿌리를 캐어 말려 물을 내어 마시거나 술로 담가 먹는다. 우슬·장녹·환각구 이 세 가지는 허리와 관절에 좋은 민간치료제 중 하나다.

차전초라고 부르는 질경이는 다양한 약효가 있다. 질경이씨는 특히 장내 독소 제거 및 변비, 숙변 제거에 탁월한 효과를 보인다. 질경이 전체를 찬으로 먹거나 말려서 물에 끓여 먹으면 향과 맛을 즐길 수 있다. 피를 잘 통하게 하고 이뇨작용이 있어 신장염·관절염을 비롯한 각종 염증, 간경화로 인해 물이 차는 것을 방지하고, 가래기침 해소, 고혈압 치료에 도움이 되며 면역력을 길러 준다. 봄부터 가을까지 질경이 나물, 장아찌, 김치 등 각종 반찬으로 해서 먹는 것도 좋다.

골담초는 가시가 많은 줄기를 갖고 있으며 무리지어 자란다. 골담초는 가시가 많아 접근성이 떨어지지만 5~6월경에 피는 노란 꽃은 차나 술로 만들어 마신다. 골담초는 말 그대로 허리와 관절, 즉 골담에 좋은 명약으로 알려져 있다. 골담초는 가지 전체와 뿌리를 이용한다.

시골에는 뽕나무가 많다. 누에 먹이로 이용되었던 뽕나무는 마을 곳곳에 자라거나 밭에 재배하기도 했다. 뽕나무는 혈액순환을 원활하게 해서 중풍에 좋은 것으로 알려져 있다. 뽕나무 뿌리를 상백피라고 하여 노란 껍질을 벗기면 골대처럼 나오는데 노란 껍질을 약으로 사용한다. 상백피를 모아 잘 말려 혈액순환제로 관절과 뼈에 좋은 우슬을 넣고 달여 마신다. 엄나무는 길고 곧게 자란다. 우리 집 엄나무는 너무 높아 경관용에 불과하다. 엄나무는 관절에 좋은 것으로도 유명하다.

시골에서는 도라지를 약용으로 텃밭 가장자리에 심는다. 종근을 사서 심기도 한다. 봄에 심은 것은 다음 해 봄에 캔다. 캔 것 중에서 이른 봄에 큰 것으로 골라서 쌀뜨물에 담갔다가 껍질이나 부스러기 잔재를 털어내고 물에 삶아 쓴맛을 없앤 다음 꿀로 완만한 불에 굽되 꿀이 말라붙을 정도가 되면 다시 꿀에 담근다. 이것을 낮에 햇살에 말려 갈무리해 두고 먹는다. 또한 깨끗이 씻어 절구로 찧은 다음 자루에 넣어 물

속에서 밟아 쓴맛을 없앤다. 뒤에 곡물이나 쌀에 섞어 찌거나 또는 밥 짓는 데 넣어 쪄 먹는다. 말린 뿌리는 심장통증·해수·감기·설사 따위에 약용으로 쓰인다.

해가 잘 드는 산기슭이나 산등성, 들판에 군락을 이루고 자생하는 잔대는 봄에 나오는 어린 싹을 나물로 먹는 대표적인 산나물 중 하나로 '딱주'라 부르기도 한다. 뿌리는 '사삼'이라 하여 예로부터 인삼·현삼·단삼·고삼과 함께 다섯 가지 삼의 하나로 꼽혀 왔으며 민간 보약으로 널리 썼다. 특히 인삼과 비슷한 약효가 있다고 하는데, 식용법은 도라지와 같으나 껍질을 벗기고 말린 다음 콩 따위와 섞어서 죽을 끓여 먹는 것이 특색이다. 늙은 호박의 속을 파내고 그 안에 잔대를 채운 뒤 푹 고아서 물만 짜내 마시는 방법도 있다. 장아찌를 담가도 된다. 마른 뿌리는 해수·폐질환 등에 쓰인다. 이외에도 개복숭아·돌배를 설탕에 담가 발효시켜 허리와 약한 신장약으로 먹으며, 산더덕·만삼·모싯대 등도 활용도가 높다.

해독제로 쓰이는 것들

외식을 자주 하거나 시장에서 공장식품을 자주 사서 먹는 사람들은 일상적으로 독을 몸에 쌓고 있는 것이다. 따라서 이러한 몸의 독소를 제거해 줘야 한다. 몸의 독소를 제거하는 방법으로는 단식을 하거나 채식으로 소식을 하는 방법이 있다. 아니면 1~2주에 하루 정도씩 간헐적으로 단식을 한다.

대체로 구황음식은 일상적으로 독소를 제거하는 역할을 한다. 특히 발효음식은 독을 제거하는 데 탁월한 효과를 가진다. 그래서 연탄가스에 중독되었을 때 동치미 국물을 마시거나, 풀 중독에 된장을 풀어 마시거나 간장을 타서 먹어 부종을 없애는 방법이 사용되었다. 주독을 풀 때도 마찬가지로 발효음식이 상당한 효과를 발휘한다. 초목의 독을 풀어주는 데는 쌀로 빚은 술이나 식초, 콩된장을 장을 만들어 오래 묵힌 것을 냉수에 타서 마신다. 따라서 일상적으로 독소를 제거해 주는 음식을 잘 알아두어야 할 필요가 절실하다. 무릇 해독제라는 것은 어떤 것이든 차게 먹어야 하며, 뜨겁게 먹으면 오히려 독을 부추겨 해로울 염려가 있다.

검정콩은 감초와 함께 달여서 먹기도 하고, 감초만 달여서 먹기도 한다. 검정콩은 붓는 증상을 낫게 하고 어혈을 풀어 내리며 백약의 독을 풀어 준다.

술독을 풀려면 칡뿌리 생즙이나 달인 물을 먹으며, 아욱씨를 남겨 두어 겨울철에 장이 좋지 않을 때 동규자(아욱씨)탕을 먹는다. 여름이나 가을철에는 아욱국을 먹으면 된다.

양약을 상시약으로 먹는 사람들은 녹두죽을 자주 먹어 준다. 먹을거리로 비롯된 중독인 경우는 볶은 소금을 먹는다. 입이나 코에서 피가 나오고 가슴이 답답하여 고통스럽게 되면 파를 잘라 물을 넣고 갈아서 때때로 나누어 마시면 피가 멎는다. 배가 심하게 아프고 설사 증세가 있으면 찔레 열매 50~60알을 달여 먹으면 설사를 하고 곧바로 낫는다. 얼굴색이 창백해지고 푸석할 경우 오갈피 뿌리를 달여 마신다.

독버섯 여부를 알려면 버섯요리를 할 때 생강 부스러기를 넣어 보자. 색깔이 검게 변하면 독이 있다는 표시다. 독버섯 중독은 마른 연잎이나 자작나무 껍질을 달여서 먹는다. 생선 중독은 검정콩을 진하게 삶아서 먹거나 귤 달인 물이나 갈대 뿌리 달인 물을 마셔도 효험이 있다. 들깻잎 한 줌, 미나리 한 줌, 쑥갓 한 줌을 깨끗이 씻어 그 즙을 몇 차례 마신다. 참기름을 많이 마시면 토하게 되는데 독을 뱉어내는 데 도움이 된다.

증상 치료에 쓰이는 것들

두통이 있으면 도꼬마리(창이초)를 물에 달여서 머리를 감는다. 줄기나 씨도 효과가 같다. 두통에 자주 시달리는 사람은 녹두나 결명자를 주머니에 담아서 베개로 오래 쓰면 저절로 없어진다. 말린 생강가루를 뜨거운 술에 타 계속 복용하면 두통이 사라진다. 하지만 무엇보다도 두통의 원인이 무엇인지 알아 근원적으로 치료해야 한다.

편두통의 경우 피마자 껍질을 제거하고 푹 찧어서 왼쪽이 아프면 오른쪽에 붙이고 오른쪽이 아프면 왼쪽에 붙인다. 부추즙·마늘즙·무즙도 이와 같이 한다. 말벌집을 태운 가루를 청주에 타서 먹고 땀을 내면 편두통이 사라진다.

갑자기 시력 장애를 일으키면 말린 밤 껍질을 달여서 그 물로 눈을 씻어 주거나 소금물로 자주 씻어 준다. 자신의 오줌으로 자주 씻어 주는 것도 효험이 있다.

코가 막히는 증세가 있으면 말린 생강을 가루로 내어 꿀로 환을 지어 코를 막는다. 예전에는 삼으로 만든 짚신을 태운 재를 코에 불어 넣으면 그 자리에서 뚫린다고도 하였다.

입 경련이 자주 일어나 중풍 증세가 있을 때는 차조기 잎을 따뜻한 물로 씹어 삼키면 된다. 오미자를 달여 복용하고 매일 잠자리에 들 때 곶감 1~2개를 물에 담갔다가 복용하면 입이 마르는 것을 치료한다.

치통이 생기면 대마 잎을 손으로 주물러 동그랗게 만들어 아픈 이 위에 놓고 입을 다물고 있으면 된다. 황백피를 물에 달여 따뜻할 때 물고 있다가 식으면 낫기도 하고 소금을 조금 볶아서 문지르면 곧 멎는다.

목구멍이 아프면 우엉씨를 볶아 갈아서 먹는다. 생마즙도 좋다. 급·만성 편도염에는 매실 한 개를 가지고 이를 마사지한다. 가슴이 콕콕 찌르는 듯 아프면 생마늘즙을 복용한다. 대파 줄기 10뿌리와 생강을 짓찧어 떡으로 만들어서 뜸을 떠 무르게 익게 하거나 배꼽에 붙이고 다리미로 다리면 통증이 가라앉는다. 치자를 청주에 삶아 복용하면 통증이 다스려진다.

심통(가슴과 명치가 아픈 증상), 비통(명치 밑에 기혈이 맺혀 생기는 것)이 있으면 심통은 겨자(갓의 씨)를 분말로 만든 다음 술과 식초에 타서 먹는다. 부추를 날로 갈아 복용해도 좋다. 가슴과 배가 갑자기 아픈 경우는 무를 통째로 굽거나 삶아 먹는다.

옆구리가 결리고, 맞은 것같이 아프고, 갑작스러운 요통, 손발이나 몸이 경직되어 움직이지 못하는 증상을 치료하려면 대두 1되를 볶은 다음 술 2되를 대두에 넣고 삶아 끓여 익힌(대두자탕) 후 술에 취하도록 마시면 신기하게 낫는다.

흉통은 창포로 소금을 싸서 태운 재를 먹거나 쇠비름을 보릿가루로 빚어 떡으로 만들어 먹는다. 하수오를 달여서 복용하거나 붉은팥을 갈아 얻은 즙을 복용한다. 또한 쑥으로 배꼽에 뜸을 뜨기도 한다.

허리가 심하게 아프면 소금을 누렇게 볶아 곱게 찧어 환부에 두툼하게 펼쳐 쑥으로 크게 심지를 만들어 뜸을 뜬다. 그리고 날밤을 매일 아침 10개씩 먹는다.

손과 발이 아프면 버들잎과 버들 껍질을 소금에 넣고 달여 손과 발을 씻는다.

체한 듯이 아프면 감꼭지와 진곡(누룩), 보리 싹을 함께 달여 복용한다. 또한 우엉씨(서점자)즙을 복용한다. 술을 먹고 생긴 체증은 칡즙이나 칡꽃을 차로 먹는다. 또는 콩나물국이나 무즙을 내서 먹는다. 밀가루를 많이 먹고 체증이 있을 때는 무즙을 복용한다. 무가 없으면 무씨도 좋으니 갈아서 복용한다. 연시를 먹고 생긴 체증은 소금을 물에 타서 복용하면 쑥 내려간다. 김칫국물도 좋다. 고기를 먹고 체했을 때는 문어를 물에 달여 복용한다. 씨를 바른 산사나무 열매를 달여 복용하기도 한다. 물을 먹고 생긴 체증은 생강 5편을 물에 달여서 국물을 마신다. 생강은 모든 체증을 두루 치료한다.

갑자기 중풍 증상이 있으면 향유나 생강즙을 복용한다. 중풍으로 이미 쓰러졌을 때는 인중에 침을 놓거나 급히 엄지손가락과 인중혈을 세게 누르면 차도가 있다. 입이 돌아가는 구안와사의 경우, 석회를 섞어 붙이는데 왼쪽이 삐뚤어졌으면 오른쪽에 붙여서 치료하고 깨끗이 씻어 준다. 으름덩굴의 껍질과 마디를 제거하고 물에 달여서 먹는다. 송진을 많이 먹으면 좋다. 모든 풍은 솔잎을 잘라서 술을 넣고 충분히 달여 한꺼번에 마시고 땀을 내면 차도가 있다.

평소에 양기가 부족하여 갑자기 차가운 기운이 몸 안에 들어가 어지러우며 정신을 잃거나 이를 악물고 말을 못하고 오한과 열은 나지만 땀이 나지 않는 증세를 중한이라고 하는데, 이때는 환자의 가슴을 문질러 준다. 대파 줄기를 볶아 뜨거울 때 주머니에 담아서 몸을 문질러 주고 차가워지면 다시 볶아 손발이 따뜻해질 때까지 반복해서 문질러 준다. 동시에 뿌리 달린 대파 줄기를 물에 달여서 복용하고 땀을 낸다.

변비에는 날콩가루를 먹는다. 삼씨를 갈아서 즙을 마시거나 삼씨 죽을 만들어 먹어도 즉시 통한다. 검정깨 1되, 꿀 1되를 고아서 서로 합한 다음 상복하면 폐기를 다스리고 오장을 윤택하게 하며 정수를 채워 준다. 고수 나물을 많이 먹거나 참깨를 맘대로 먹는다.

소변이 잘 나오지 않을 때 손쉽게 할 수 있는 것은 질경이 뿌리와 잎을 많이 달여 마시거나 청량미 삶은 물을 마시는 것이다. 또는 도라지즙을 꿀에 타서 복용하거나 쇠무릎 술을 복용하면 좋다. 고수 나물을 임의대로 먹는다. 반대로 소변을 자주 보는 것을 치료하려면 호두를 약한 불에 통째로 익힌 다음 잠자리에 들 때 따뜻한 술과 함께 씹어 먹는다.

배가 더부룩한 증상이 계속되면 삼씨의 껍질을 제거하고 인을 취하여 죽을 쑤어 복용한다. 무씨와 도라지도 좋다. 또는 뽕나무 잿물과 팥을 죽으로 쑤어 복용한다. 항상 배꼽에 뜸을 뜬다.

남자 생식기에 통증이 있으면 다래덩굴을 끊어낸 자리에서 다래수액을 받아 복용한다. 음경이 차고 줄어드는 증세에는 삼 뿌리를 달여서 복용한다. 검정콩 삶은 물은 뜨거울 때 한꺼번에 마신다.

체하고 갑자기 토하고 설사하는 토사곽란에는 은행 두세 개를 씹어서 먹는다. 또는 좋은 식초 한 종지를 따뜻하게 해서 먹는다. 참기름을 발바닥에 바르고 멀리서 불기운을 쏘여 주면 죽은 사람도 다시 살아난다는 말처럼 오장이 통하게 된다. 소금으로 배꼽을 메우고 그 위에 쑥

뜸을 놓는다. 곽란으로 갑자기 열이 올라 가슴이 답답하고 목이 마르면 좁쌀뜨물을 몇 되 마시면 차도가 있다. 그러나 위가 냉한 사람은 좁쌀 뜨물을 많이 마시지 말아야 한다.

간이 좋지 않아 황달이 자주 끼면 생 미나리와 순무를 자주 먹는다.

율무는 근육에 경련이 일어나 경직되는 것과 오래된 풍습비를 치료하며 뼛속 사기(邪氣)를 제거하고 장을 부드럽게 하며 수종(水腫)을 없앤다. 오랫동안 복용하면 몸이 가벼워지고 기운이 나게 된다.

해소에는 생강즙을 꿀에 타서 복용한다. 또는 명감나무 뿌리를 물에 달여 먹거나 참나리 뿌리를 삶아 먹는다. 날밤을 구워 먹기도 한다.

상처 치료에 쓰이는 것들

이 밖에 혈종이 있을 때 석회에 식초를 타서 붙이거나 수수쌀엿을 붙인다. 종기가 발갛지 않거나 열이 나지 않을 경우 범부채 뿌리를 가루 내어 식초에 섞어 붙이면 저절로 숙진다. 또는 살구씨를 짓찧어 기름을 짜내 창종에 붙인다. 검정콩, 녹두, 붉은팥 세 가지를 식초에 갈아서 즙을 취해 바른다. 종기가 오래 되면 도꼬마리씨의 껍질을 벗기고 속씨를 짓찧어 붙인다. 피마자를 짓찧어 소금과 식초를 합쳐서 조제하여 붙이기도 한다. 고름이 터진 후에 썩은 짚풀로 죽을 쑤어 붙이면 빨리 아문다. 유방에 생긴 종기에는 소리쟁이 잎을 불에 태워 종기 난 부분에 눌러 붙이거나 접시꽃 잎을 많이 취하여 식초에 담갔다가 종기 둘레를 두툼하게 싼다. 검은 설탕을 식초에 타서 녹여 마시고 취한다.

벌에 쏘이면 생토란 줄기와 잎을 찧어 붙이거나 쑥을 짓찧어 붙인다.

또한 된장을 바르고 마신다. 지네에 물리면 상처에 상백피즙을 바르거나 진한 침을 항상 바른다. 거미에 물리면 토란을 갈아서 붙인다.

뱀에 물린 상처에는 맨드라미를 찧어 즙을 한 잔 마시고 그 찌꺼기를 붙인다. 또는 보리밥이 있으면 보리밥을 상처에 붙인다. 콩나물을 찧어 붙이면 독이 빠지고 시원하다. 뱀에 물린 독은 생밤을 항상 씹거나 붙인다. 그리고 미역으로 국을 끓여 먹거나 생미역을 붙인다.

미친개에 물리면 부추즙을 마시고 검정콩 삶은 즙을 복용하거나 순무씨 간 즙을 복용한다. 칼에 벤 상처에는 꿀떡을 붙이거나 생마늘을 갈아 붙인다. 열탕에 덴 상처에는 대황가루를 꿀에 섞어 붙인다. 소주를 마시거나 바른다. 술 찌꺼기와 칡뿌리즙도 좋다.

치질을 치료하려면 고수나물 열매가 터지도록 삶은 것을 식혀서 그 즙을 마신다. 도꼬마리 잎 한 근, 쌀 2홉을 된장국물에 넣고 국을 만들어 먹거나 산초, 파의 흰 부분(총백)을 넣고 끓여 먹는다. 또는 뽕나무 버섯(상황버섯) 반 근, 물 3되를 2되가 되도록 달여 찌꺼기를 버린 다음 소금·산초·총백·쌀풀을 넣어 죽으로 삶아 먹는다.

감기몸살 외 면역력 강화에 쓰이는 것들

감기에 걸려 한열(오한과 발열)이 나고 골절이 아픈 것을 치료하려면 파를 잘게 썰어 탕으로 끓여 먹거나 국, 죽으로 만들어 먹는다. 상한에 걸린 후 흰 맵쌀을 삶아 묽은 죽을 만들고 소엽 28잎과 동전 크기로 자른 생강 14조각을 넣고 삶아 뜨겁게 먹는다. 땀이 약간이라도 나면 낫는다. 상한으로 인한 열병에 목이 마르는 구갈 증상이 있으면 수박과

배를 먹는다.

폐병에 걸려 피고름 뱉는 것을 치료하려면 율무를 절구에 빻아 물 3되를 넣고 끓여 1되를 취한 다음 술을 약간 넣어 복용한다. 폐위(만성쇠약병증)로 인한 토혈을 치료하는 방법으로 무를 통째로 구워 삶거나 국으로 끓여 먹는다. 무는 담을 사라지게 하며 기침을 멎게 한다.

냉수(찬 음식을 먹어 비장이 상해 생긴 기침)를 치료하려면 건강(말린 생강) 분말에 엿을 고루 섞어 사기그릇에 가득 넣고, 밥을 찌는 시루 위에 놓고 볶아 익힌 다음 식후에 입속에 넣고 천천히 녹여 먹는다.

기침을 금방 낫게 하려면 좋은 배를 구해 씨를 빼고 갈아 즙을 낸 다음, 차를 끓이는 주발에 산초 40개를 넣고 한 번 끓인 후 찌꺼기를 제거하고, 거기에 검은 엿을 넣어 녹여서 조금씩 삼킨다.

비위를 튼튼하게 하려면 대두를 볶아 분말로 만들어 항상 복용하며 무를 푹 삶아 달여 조금씩 씹어서 복용한다. 유전적으로 비위가 약한 집안에서는 고두밥, 떡, 마른 곡식 등만을 먹고 국이나 마실 것을 절대로 먹지 않는다. 위를 좋게 하고 비(위 아래쪽에 피 속의 혈구를 조절함)를 올바르게 하며 부족한 것을 채우려면 피쌀로 밥을 지어 먹는다. 피와 기장은 한 종류이면서 두 종류인데 메기장은 차진 것이고 피는 차지지 않은 것이다. 피쌀은 기력을 회복하고 속을 편안하게 하며 부족한 것을 보충하고 위를 편하게 하지만 오래 먹지 말아야 한다. 오래 먹으면 열이 많아진다. 기를 아래로 보내는 작용을 하고, 음식을 소화시키며, 담의 통증을 제거한다. 순무를 통째로 굽거나 삶고 혹은 국을 끓여 먹으면 기를 밑으로 내릴 수 있다. 과도하게 음식을 먹었을 때, 무를 날로 씹어 삼키면 금방 소화가 된다. 또한 무는 관절을 부드럽게 하며 속을 따뜻하게 하며 부족한 것을 보충하고 사람을 튼튼하게 하며 피부를 희게 한다. 오장을 이롭게 하려면 순무를 임의대로 먹는다. 장기간 복용해도 되며, 봄에는 싹, 여름에는 잎, 가을에는 줄기, 겨울에는 뿌리를 먹는다.

소화를 시키고 기가 올라가 기침하는 것을 그치게 하고 몸을 보하려면 들깨를 빻아 즙을 내고 국에 넣어 먹는다. 들깨는 좋지 않은 냄새를 제거해 주는 효능도 함께 있다.

허리와 다리 통증을 치료하려면 신선한 검은 참깨 1되를 향기가 나도록 볶고 절구에 찧은 다음 자루에 쳐서 꾸준히 먹는다. 대략 1말 정도 장기 복용하면 영원히 낫는다. 술에 먹거나 국·즙·꿀·탕에 먹어도 좋다.

신장이 허하고 허리와 다리에 힘이 없는 것을 치료하려면 날밤을 자루에 넣어 매달아 말려서 매일 아침에 십여 개를 씹어 먹는다. 바람에 말린 밤이 햇볕에 말린 것보다 좋으며 천천히 잘게 씹어 침으로 삼키는 것이 좋다. 만약 너무 자주 먹어 배부를 정도면 이는 오히려 비장이 상하게 된다. 손발이 저리고 아픈 것이 약간 있는 것을 치료하려면 검은 참깨 5되를 볶아 갈아서 술 1되에 하룻밤 담근 다음 적당량을 마신다.

간장이 허약하여 눈이 나빠 먼 거리를 보기 힘든 것을 치료하려면 파씨 반 근을 볶아 익힌 다음 분말로 만든다. 매번 한 숟가락씩 복용하는데 물 2대접을 넣고 달여 1잔을 만들고 찌꺼기를 제거한 다음 쌀을 넣고 죽을 끓여 먹는다. 또한 도꼬마리씨를 빻아 문드러지게 하고 물 2되를 넣어 꼭 즙을 내고, 쌀을 넣고 끓여 죽을 만들어 먹는다. 정기를 도와주며 의지를 강하게 한다.

여름에 더위를 먹은 증상에는 생강 큰 것 한 덩어리를 급히 씹고 냉수를 먹어 내려 보낸다. 이미 정신이 혼미하면 마늘 큰 것을 씹고 냉수를 먹어 내려 보낸다. 만약 씹지를 못하면 물에 갈아 입에 흘려 주면 즉시 깨어난다. 이는 냉수를 먹이지 말라는 의미다.

열을 내리려면 녹두를 삶아서 먹는다. 삶은 녹두는 종기를 없애고 기를 내리며 열을 누르고 해독하는 작용을 한다. 그 즙을 먹으면 가슴이 답답하고 열이 나는 증상을 가라앉힌다. 또한 죽순을 임의대로 먹는다.

구토를 즉시 치료하려면 삼씨를 찧고 볶은 다음 물을 넣고 갈아 그 즙을 마신다. 이때 소금을 약간 넣는다. 위가 막혀 명치끝이 그득하고 답답하면 생강즙 반 홉과 꿀 1숟가락을 넣고 달여 익힌다. 따뜻하게 복용하면 즉시 효과를 본다. 부종과 창만(배가 불룩해지는 증상)이 있으면서 음식을 내려 보내지 못하고 가슴이 답답한 것을 치료하려면 차조기씨 반근을 찧어 부수고 물을 넣고 씻어 그 즙을 취하고 맵쌀을 넣어 죽을 만들어 공복에 먹는다.

가슴과 명치가 아픈 증상을 다스리고 갈증을 없애려면 맵쌀 끓인 물을 따뜻하게 하거나 차갑게 하여 복용한다. 단순히 갈증을 그치게 하려면 찹쌀 2되를 씻은 다음 뜨물을 편한 대로 마신다. 입이 마르는 것을 치료하려면 좁쌀로 밥을 지어먹는다.

위경련과 열이 있는 소갈을 다스리려면 청량미로 밥을 지어 먹는다. 청량미 삶은 물을 마셔도 좋다. 또는 율무 삶은 물을 마신다. 녹두 껍질을 갈아 그 즙을 삶아 마시기도 한다. 그리고 여름에는 보리로 국수를 만들어 먹고 겨울에는 밀로 밥을 해 먹거나 죽을 만들어 먹는다. 삼씨 1되에 물 3되를 넣고 삶아 4~5번 끓으면 찌꺼기를 버리고 차갑게 식혀

반 되를 먹는데 하루에 3번 복용한다. 겨울에는 동아를 맘껏 먹는다. 배추를 삶아 국으로 먹거나 사과를 먹는다.

열이 있는 가운데 소갈이 있는 것을 다스리려면 붉은팥을 죽으로 만들어 먹는데 차갑게 먹든 따뜻하게 먹든 맘대로 한다.

술을 먹고 갈증을 풀어 주려면 배춧국을 끓여 먹는다. 술에 취해 깨지 않을 때는 배추씨를 간 다음 정화수 한 잔에 타서 두 번에 나누어 먹는다.

하혈을 치료하려면 붉은팥을 분말로 만든 다음 숟가락으로 퍼서 물에 먹으며, 코피를 치료하려면 밀가루를 냉수에 타서 복용한다.

설사를 그치게 하려면 맵쌀로 밥이나 죽을 만들어 먹는다. 물 설사를 금방 낫게 하는 처방은 마른 생강 분말을 미음에 넣어 공복에 먹는 것이다. 설사와 이질을 치료하려면 상수리를 푹 삶고 물에 담가 떫은맛을 제거한 다음 말려서 분말로 만든다. 쌀을 삶아 익으려고 할 때 상수리 분말을 넣어 죽을 만들고, 졸인 꿀을 넣어 공복에 복용한다.

식은땀에는 밀을 대추와 같이 달여 복용한다. 찹쌀 적당량을 밀기울과 함께 황색이 되도록 볶은 다음 미음에 타서 아무 때나 먹는다. 한 번 복용하면 효험이 있다.

신장병 치료에는 개오동나무의 열매 꼬투리가 벌어지기 전에 채취하여 말린 후 잘게 자른 것 두세 개를 1회 용량으로 달여 마시면 좋다. 신장병에는 오소리로 국을 끓여 먹는다.

노인이 중풍에 걸려 치료하려면, 껍질을 벗기고 자른 우엉뿌리 1되를 햇볕에 말린 다음 절구에 찧어 분말로 만들고 백미도 깨끗이 씻어 갈아 둔다. 우엉분말로 수제비를 만들어 된장국물에 넣고 삶아 파, 산초 양념을 넣어 공복에 먹는다. 항상 복용하면 효과가 좋다.

장위를 매끄럽게 하고 풍기를 움직이며 혈맥을 통하게 하고 피부를 윤택하게 하는 것은 흰 참깨다. 식후에 날로 한 숟가락 먹는다. 참깨 잎은 좁쌀죽 윗물[將水]에 짓찧어 짜 찌꺼기를 제거하고 머리를 감으면 풍이 제거되고 머리카락이 윤택하게 된다.

초보적인 불면증은 대추를 달여서 먹는다. 복용하는 것 외에도 한약재를 이용한 목욕으로 병을 예방, 치료하기도 한다. 목욕으로 모공이 열리게 하여 그 안으로 약재 성분을 흡수시키는 오목수요법의 원리인데, 중풍을 비롯하여 여러 질환을 예방하고, 치료하는 데 효과가 있다. 증세에 따라 약재를 달리하는 것이 오목수요법의 특징이다. 중풍에는 뽕나무 가지와 천궁을 이용하고, 간에 복수가 찼을 때는 생강과 쑥을, 피부병에는 창이자, 진피, 뽕나무 뿌리(상백피), 서리 맞은 뽕나무 잎을 이용하면 좋다. 또한 백일 전 아이가 경기를 할 때는 고사리를 이용한 오목수요법이 좋다. 열이 날 때는 얼음을 이용하여 물을 차갑게 하고, 한기가 들 때는 뜨겁게 하면 된다.

또한 여러 가지 한약재를 넣어 베개를 만들어 베고 자는 요법이 있는데, 1년을 베면 얼굴이 환해지고 병이 없어진다. 일종의 향기요법이다. 먹으면 독이 되는 것도 향기로는 치료가 가능하다. 축농증과 비염, 코 막힘과 이에 따른 두통 해소에 좋다. 배가 아프면 돌을 달궈서 배 위에 올려 놓는다. 돌이 없어도 따뜻한 것을 올려 놓으면 통증이나 어지러움 등이 가라앉는다. 단식을 하다가 체온이 내려가고 어지러우면 즉시 누워서 배를 따뜻하게 찜질한다. 집에 외풍이 있을 때 난로 대신으로도 사용한다.

요로법은 아침에 자신의 첫 오줌을 받아 마시는 것으로, 몸의 독소가 빠지고 처음에는 체중이 줄다가 알맞은 형태가 되면 체중 감소가 멈추며 피부에 윤기가 흐르게 된다. 또한 눈병이나 종기가 났을 때 자신의 오줌을 바르면 낫는다. 오줌은 면역력을 강화시킨다.

동종요법과 동색요법

동의보감에 따르면 같은 닭도 색깔에 따라서 용도가 조금씩 다르다. 붉은 수탉은 여성들의 적색대하를 치료하는 데 효과가 있고, 검은색 닭은 가슴이나 배가 아플 때, 오줌을 자주 누거나 오줌에서 피가 나오는 등 비뇨생식기와 관련된 증상에 효과가 있다. 이는 검은색은 수(水), 즉 신(腎)에 속하기 때문이다.

오행은 녹색의 木[간], 붉은색을 나타나는 火[심장], 노란색의 土[비위], 흰색의 金[폐], 검은색의 水[신장]로 나뉜다. 따라서 자신이 약한 곳을 찾아 동색을 먹으면 몸을 보하게 된다. 가령 간이 나쁜 사람은 초록색을 가진 푸른 잎 채소를 먹고, 신장이 좋지 않으면 음의 기운이 강한 뿌리채소로 검은색의 우엉이나 열매, 검정콩 같은 것을 먹으면 효과가 좋다. 기침 천식 증세가 있으면 폐가 약한 것인데 흰색의 도라지·마늘 등이 효과가 좋다. 쇠비름은 다섯 가지 색깔을 지녔다고 하여 오행초라고 하고, 오장에 두루 쓰인다.

어렸을 때 빈혈이 있으면 부모들은 간이 나쁘다고 하여 소간을 구하여 먹였다. 또 산모의 젖이 잘 나오지 않을 때, 허약하거나 뼈와 관절이 약할 때 우족을 고아서 먹이기도 했다. 우족을 푹 곤 탕을 며칠 먹으면 얼굴이 뽀얘지고 윤기가 돌았다. 관절이 좋지 않으면 닭발을 먹이기도 했다. 닭발은 관절에 탄력성이 있고 연골이 잘 발달되어 있다. 허리가 약하거나 관절 등이 약하면 고양이나 지네를 먹이라는 얘기도 있다. 고양이는 허리가 유연하고 지네는 수많은 관절이 있어 유연하기 때문이다. 이는 동물에만 국한되지 않는다. 식물에도 소의 무릎을 닮은 쇠무릎은 뼈 관절 약초이기도 하다. 접골목은 뼈가 부러진 데 먹는 약초로, 뼈와 살의 형상을 하고 마디가 있다. 또한 쇠비름은 한여름에도 잘 마르지 않는다 하여 장명채라고 부르는데 그것을 먹으면 명이 길어진다는 속설도 있다. 또한 잇몸이 약하면 옥수수 몸통을 삶아 먹고, 이빨이 약하면 옥수수를 먹는다.

동물과 식물 간에도 서로 닮은꼴이 있어 동종요법으로 치료하는 것을 보면 옛 선조들이 모든 약재를 임상을 통한 것보다 동종이나 동색을 통해 치료함으로써 임상을 대신한 것이 아닌가 싶다. 사람도 얼굴이나 모습이 비슷하면 비슷한 성격을 가지게 되고, 턱과 치아, 입술 모양이 비슷하면 역시 목소리가 비슷한 것처럼.

사람들 사이에도 관상을 통해 기질이나 성격의 통계를 내듯 자연계에서도 모양과 색깔 그리고 살아가는 환경을 통해 서로에게 약성으로 도와주는 것일지도 모른다. 식물과 동물 간의 상통점을 보면서 생태계는 같은 종만이 아니라 무수한 생물 간의 교류가 있음을 짐작할 수 있다. 옥수수는 예민한 식물로 화학적 교류를 통해 서로 교감한다고 한다. 왜냐하면 옥수수 한 채에 200~300개의 알이 있어 교배를 하니 당연한 것 아닐까. 빛 아래서 옥수수를 실험해 보면 또 알 일이다. 교배를 어두컴컴한 곳에서 하는 것처럼, 식물도 벌과 나비를 통해 교배가 이루어지지만 밤에 탄소동화작용을 하고, 낮에 광합성작용을 함으로써 뿌리와 잎이 서로 제대로 교류하는 것도 교배를 위한 중요한 일이다.

영양소와 칼로리의 함정

20대, 세상의 부조리에 눈을 뜨기 시작했을 때, 나는 미래 산업사회에서는 남성들의 정자와 여성들의 난자를 인위적으로 수정하여 아이를 배양하고 낳는 공장이 생길 가능성이 크다고 생각했다. 이것은 어쩌면 우성 인자를 유지하고 싶은 소수 권력기업에는 매우 의미 있게 실현될 것이라고 생각했다. 또 한 가지 생각은 음식을 먹기까지 상당히 불편한 과정을 거쳐야 하므로 음식 대체재로 정제된 알약이 생산되지 않을까 하는 생각도 했다. 정제된 알약에는 인체에 필요한 영양소와 에너지가 함유되어 충분히 가능성이 있을 것이다. 다만 음식을 통해 느낄 수 있는 쾌락, 즉 식감 및 포만감을 어떻게 해결하느냐가 관건이 될 것이다. 20대에 생각한 것들은 이미 은밀하게 이루어지고 있지만 대중적이지는 못하다. 그 당시 마르크스 사회주의자는 산업에 대한 부정이 아닌 단지 소유의 문제를 다루었기 때문에 나 또한 그 사상을 수용하면서 그런 유의 상상을 할 수 있었다. 여기에 어떤 인간의 감정이나 영성은 전혀 개입될 수 없었다. 그것이 그 당시 나의 한계였다.

고기와 생선 피만을 먹는 케냐 마사이족에게는 곡물과 육식 등 다양한 음식을 먹는 서양인보다 콜레스테롤 수치가 현저히 낮다. 포화지방산을 먹는 사람들이 콜레스테롤 수치가 높을 거란 추측은 사실 잘못된 얘기다. '고기=단백질·지방 함량이 높다'는 가능하지만, 단백질과 지방 함량이 반드시 콜레스테롤 수치를 높이는 것은 아니다. 인체는 유기체로서 매우 복잡한 과정을 가진다. 인체도 지역마다 기후마다 생활습관마다 개인유전별로 각각 조금씩 다르다. 그래서 동양의학에서는 체질의학도 나타났다.

동양의학에서는 8대 영양소나 칼로리 등을 말하지 않는다. 인체를 음양오행으로 설명하며, 병증을 팔강변증과 육경, 사상체질, 오장육부, 삼초 등의 구체적 변증을 통해 '증'을 결정하고 처방한다. 병이란 거의 없다고 볼 수 있다. 증세를 통해 직접적 원인이 아닌 오장육부에서 나오는 원인을 찾아내는 것이다. 이는 양의학과는 완전히 다른 것이다.

양의학에서는 콧물이 나는 증세가 있으면 코를 살펴보고 코의 염증을 찾아내지만 동양의학에서 콧물은 한증으로 폐의 상태를 분석하게 된다. 그래서 폐한증을 치료하게 되는 격이다. 이렇듯 동양의학은 수많은 병들이 있으나 단 하나, 음양론에서 출발하며 점차로 세분화된다. 그러므로 마사이족이 콜레스테롤 수치가 적으며 뇌졸중이 거의 없는 것을 양의학에서는 이해할 수 없겠지만 동양의학에서는 그들의 생활습관과 유전적 체질에 기인한 것이라고 유추할 수 있다. 그들의 생활습관은 움직임이 일상화되었고, 오랫동안 그런 음식습관을 지녀 왔으며, 그들의 장기 또한 그런 문화 속에서 발달 과정을 거친 것이다. 하지만 걷는 것도 별로 없이 차를 몰고 다니며 운동이 거의 없는 사람이 열량이 높은 고기를 먹고 게다가 기업식품회사들이 만들어 낸 가공식품을 덤으로 같이 먹으니 당연히 그들에게는 심장질환과 뇌혈관질환 등이 생기기 마련이다. 영양소의 부족 또는 과다는 사실 자신의 소화흡수 체질과 생활 방식에 따라서 현저한 차이가 있다. 영양소와 칼로리의 함정이 바로 여기에 있다.

양의학은 개인의 신체적 차이와 유기적 순환을 감안하지 않는다. 코가 아프면 코만 보지 다른 신체 기관과의 유기성을 보지 않는 것이다. 양의학에서는 증세를 보고 증세를 없애는 처방을 한다면, 동양의학에서는 증세를 보고 더 뿌리 깊은 원인을 찾아내 근본적인 병세를 처방

함으로써 증세를 없앤다.

양의학이 금방 대중적 의학이 된 이유는 증세에 대한 즉각적 처방으로 인해 증세가 사라진 것을 병세가 사라진 것으로 착각한 데 기인한 것이다. 과학이라는 미명하에 들어온 서양의학은 인체의 유기성과 순환성 등을 무시하고 현상에 집착함으로써 병을 더욱 깊이 키운다. 영양소와 칼로리가 대표적인 예이다. 감기에 자주 걸리는 이유는 비타민C가 부족하기 때문이라 하여 비타민C를 공급해야 한다고 하는데, 사실 비타민C는 따로 섭취할 이유가 없다. 이것은 신선한 채소를 전혀 섭취하지 못하는 통조림 문화를 가진 미국인들에게 필요한 일일 뿐, 신선한 채소를 먹거나 김치 등을 먹는 한국 사람은 따로 섭취할 필요가 없다. 지방·단백질·탄수화물 등 모든 것은 통곡의 형태로 있는데 단백질의 보충이나 탄수화물의 과다 등 단절적 영양소의 문제는 오히려 불균형을 낳는다. 칼로리 또한 하루권장량이란 불필요한 일이다. 사람에 따라 체질에 따라 자신의 일에 따라 다르다. 모든 것은 인풋과 아웃풋의 관계에 있다. 들어가고 나옴이 원활하지 못하면 비만증이나 소갈증에 시달리며 그런 것은 각종 내장기관에 영향을 미치며 내장기관은 척추 관절 등에 영향을 미친다.

따라서 근본적인 것은 어떤 음식물을 고루 섭취했을 때 그것을 어떻게 잘 소화시켜 혈액으로 원활하게 공급하느냐에 따른다. 인풋과 아웃풋의 불균형은 증세로 나타나며 병으로 전환되고 급기야 결정적 아웃풋의 상태인 죽음으로 이른다. 칼로리와 영양소에 목을 매달 이유는 없다. 따라서 어떤 음식에 어떤 영양소가 많고 칼로리가 많다는 것은 중요하지 않다. 성분분석이란 무의미하다. 식물성이든 동물성이든 우리가 우리 몸을 잘 관찰하여 소화력이 좋으면 좋은 대로 그런 음식을 섭취하면 되는 일이다. 현대인의 질병은 이런 화학적 분석에 의한 화합물로 만들어진 가공식품에서 유래되었으며 재배과정과 사육과정에서 기업의 이윤만을 고집하여 동식물의 생리를 염두에 두지 않은 사료의 사용 등에서 질병은 더욱 광범위해졌다.

그러므로 건강하고 싶으면 영양소와 칼로리를 잘 찾아 먹는 것이 아니라 거대 식품회사가 만들어 낸 가공식품과, 축산업에서 만들어 낸 고기, 그리고 유전자변형식물과 더불어 화석연료로 만들어 낸 단일 농업작물을 멀리 해야 한다. 그래야 질병을 치료할 수 있고, 질병에 걸리지 않을 수 있다. 물론 여기에 한 가지 더 첨가하면 땀을 내는 적절한 노동과 걷는 것, 즉 화석연료부터 멀어지는 삶을 사는 것이 가장 건강한 삶을 유지하는 데 필요하다. 이것이 의료 자립의 시작이자 전부이다.

6장

온전한 자립은 혼자 서지 않는다 / 자립의 안정과 확장

순환적 생태관으로 살아가는 사람들

생명을 바라보는 우리의 모습이 그러하다면 인간이 사회를 형성하는 데 협력 관계와 경쟁 관계 중 어느 쪽을 모델로 삼아야 할까? 자연의 평등한 측면이 됐건 위계적 측면이 됐건 우리에게는 선택의 여지가 있다. 그러나 커다란 두뇌를 가지고 있고 산소와 음식 말고는 특별히 생물학적으로 우리를 구속할 것이 없다는 사실을 인정한다고 해서 우리가 다른 생명체보다 우위에 있다고 단정할 수는 없다.

자연 구성원은 모두 그 존재의 이유가 있어 모든 목숨은 제 본능대로 살아가고 죽는다. 사물은 모두 같다는 믿음으로 세상을 살아간다면 인간의 오만과 만행 그리고 쾌락과 취미를 위한, 축적을 위한 살생은 없어질 게 틀림없다. 인간이 사자가 사슴을 잡아먹어야 하는 심정으로 소고기를 먹는다면 근 수를 더 나가게 하여 돈을 벌겠다고 사기 치는 일은 없을 것이다. 또한 생명을 통으로 먹고 – 즉, 살고 죽는 과정을 모두 보고 알며 손으로 직접 쥐여지는 그 순간까지 통으로 알고, 통으로 먹는다면 – 알 수 없는 고기로서 먹지 않는다면 살생도 줄어들 것이다. 모든 것이 분절되어 유통되고 진열 상품으로 전락함으로써 생명에 대한 존중이 사라진 것이다. 생명을 존중하게 하려면 모든 것을 '통'으로 먹고 '통'으로 살아갈 때 진정 온 삶으로써 살아가게 될 것이다.

인간의 비위는 시비의 근원이 된다. 인간의 성질은 가물면 비 타령을 하고 장마가 오면 비 그치기를 원한다. 생선에 가시가 있다고 불만을 토로하며 만물이 사람을 위해 존재하는 것으로 여긴다. 지금까지 천지를 사람의 마음으로 재단해 왔음을 시인해야 한다. 만물이 사람을 위해 있는 것이 아님을 안다면 무엇이 귀하고 무엇이 천하다는 차별은 없어질 것이다. 인간의 시비는 그렇게 인간 중심으로 모든 것을 재단해 왔기 때문이다.

자연의 마음으로 본다면 밥이나 똥이나 같고 물이나 오줌이나 다를 바가 없다. 높은 곳이나 낮은 곳이나 중간의 어느 곳이나 모두 같으며 흐르는 과정일 뿐이다. 그러나 사람들은 싫은 것은 버리고 좋은 것만을 탐하는 상태의 욕망이 마음속에 있다. 그래서 사람의 애간장을 태운다. 낮은 자리보다 높은 자리를 탐하는 야망이 있어 승리는 달고 패배는 쓰다고 자신을 몰아세워 피를 말리며 초조와 긴장의 눈빛을 갖는다. 새는 날개로 하늘을 날고, 굼벵이는 흙 속을 몸으로 기고, 물고기는 지느러미로 물속을 다니며, 사람은 두 발로 땅 위를 걷는다.

모든 것에 그 자체의 온전함이 있다고 본다면 진화론은 거짓말이라고 할 것이다. 사람으로 오기 위한 진화론은 세상이 마치 사람으로 거듭나기 위한 과정으로 종속된다. 진화론은 생존을 위한 경쟁으로 생명의 과정을 설명함으로써 자연을 지배하고, 세상을 지배해 온 '당연한' 논거로 자리매김해 왔다. 그래서 모든 것은 '생존을 위한 경쟁'의 모델로 등극했다. 경쟁은 자연과 세상을 '전쟁터'로 규정하고, 적군과 아군으로 배타적인 관계를 정립시켜 왔다. 죽고 사는 것, 밉고 사랑하는 것, 아름답고 추한 것, 귀하고 천한 것, 작은 것과 큰 것, 좋은 것과 좋지 않은 것으로 모든 것을 대별했다. 그 가운데의 스펙트럼은 존재하지 않는 것으로 애써 무시했다. 내 입맛도 오늘과 내일이 다르고, 신맛도 사과의 신맛이 있고 포도의 신맛이 있다. 맛은 사람마다 다른데 맛이 있다, 없다를 판별하여 획일화한다.

무엇은 귀하고 무엇은 천하다고 여기면 마음이 불편하다. 무엇이든 귀하다고 여기든지, 아니면 무엇이든 다 천하다고 여기게 되면 마음이 편해질 것이다. 왜냐하면 귀천의 분별로 마음을 태울 일이 사라질 것이기 때문이다. 사람의 시비는 이기고 지는 결말을 노린다. 이기면 옳은 것이고 지면 그른 것이라는 비참한 결론을 내리려고 한다. 그래서 시비는 사람을 강박하게 하고 잔인하게 한다. 그래서 사람의 시비로 옳고 그름을 분별하지 말고, 그저 자신이 입맛대로 살아가되 다른 이의 입맛을 배타하지 않으면 될 일이다.

생태적 사유관은 자연의 본성을 따르는 일이며, 삶이란 가져온 그대로 기회와 환경이 되면 발아하는 종자처럼, 설혹 발아하지 못하면 토양이 그 종자와 맞지 않는 것이지 종자가 잘못되거나 토양이 잘못된 것이 아닌 것처럼, 우리의 삶이란 종자와 밭으로, 그 본성대로 살아가는 일이다. 우리의 삶은 고통 속에 있지 않다. 또한 불완전하지도 않다. 그것은 종교가 인간에게 쳐 놓은 거짓의 덫이다. 종교가 이 세상에서 벌어 먹기 위해 만들어 놓은 조작이다. 자연의 구성원이 모두 자연의 본성대로 저절로 살고 지고, 모든 만물이 우위도 하위도 없이 똑같으며, 온 삶으로 태어난 존재로서 삶이란 본성을 펼치는 것이라는 사실을 안다면, 우리는 어떤 덫에 걸려 허덕이지도 않으며, 현대 문명의 종속적인 노예로 살아가지도 않을 것이며, 그리하여 우리는 한없이 자유롭게 행복하게 살아가는 삶이 될 것이다. 가장 자연스럽게 살아가는 이는 다름 아닌 생태순환적인 자연을 닮은 농부일 것이다. 자연 순환 속에서 인간의 본성과 자연의 본성을 깨닫는 생활이 곧 자립이다.

장애에 대한 생각

"네가 아무리 영리할지라도 신은 너에게 모든 것을 동시에 주지 않는다."

장애에 대한 인식은 사회문화적 차이가 있다. 이동성을 중요시 여기는 유목민에게는 빠르게 걷느냐, 느리게 걷느냐도 장애의 기준이다. 마사이족은 질병을 인간의 몸에 투여된 사회적 · 우주론적 부조화로 인식한다. 그들은 장애가 나오지 않도록 사회적 · 영적으로 돌보며 예방한다. 기형이 나오면 그들은 사회적 · 영적 관계에서 잘 돌보고 관리한다. 기형이 심각하면 자연의 섭리에 따라 죽도록 내버려 둘 수도 있다. 가족과 공동체의 멤버십이 더 중요한 가치에서는 장애는 장애가 아닌 것으로 간주한다. 전통 소규모 사회에서는 가족이 돌보고 가족이 기본 생산단위인 경우 장애인이 할 수 있는 것들이 많았다. 신체적 차이들은 삶의 정상적 일부로서 받아들여진다. 진실로 장애화된 인격은 공동체적 가치를 저해한 사람들이며 그들은 공동체로부터 배제되어 추방되는 사람들이다.

그런데 서구 시장경제가 침투하면서 장애인들의 활동이 더 어려워지고, 사회가 경쟁적으로 바뀌고, 획일화된 노동시간에 따른 기술단위 상품 생산은 장애인의 노동 참여를 어렵게 만들었다. 산업 문명화된 사회는 장애인들을 쓸모없는 인간으로 전락시켰다. 푸난족의 경우에는 등나무 채취와 등나무 짜는 일을 같이 할 수 있었다. 그렇지만 목재 산업으로 인해 그들의 일자리가 없어지고, 설혹 그런 일자리가 있더라도 경쟁적 사회구조로 바뀌면서 전통적 신념이 유지되는 것이 어려워졌다. 자본주의적 서구 가치는 장애인에게 별도로 수용하는 수용시설로 전락하면서 장애인을 소외시켰다. 사회적 교육을 통해 장애인을 보호할 대상자로 취급하면서 장애인이 공동체에서 정상적으로 살아가는 힘을 박탈한 것이다. 결국 장애인을 장애로 보지 않고 공동의 삶을 함께 하는 것은 자급적인 농경 생활 방식에서 가능하다. 생산량을 중요시 여기는 농업에서조차 그들은 생존할 수 없다. 경쟁이 없으며 필요한 만큼 소비되는 자급자립적 구조에서는 장애인이 온전한 삶으로 살아갈 수 있다.

개인은 자립의 최소 단위다

언젠가부터 사회에서는 '공동체'라고 하면 귀가 솔깃해져 강한 호기심을 표하는 경우가 많아졌다. 공동체가 마치 사회에 저항체라도 되는 것처럼. 자신들의 신념을 가지고 자신들의 세계를 꾸려나가는 집단을 공동체라고 하지만 일반적으로 우리가 살아가는 다양한 집단적 방식을 공동체라고 한다. 자발적 공동체든, 태생적 공동체든 우리는 어떻게든 공동체라는 연결고리 속에서 살아가고 있음은 명약관화(明若觀火)하다.

우리가 지향하는 세계가 자립적 공동체라고 한다면 그러한 자립적 공동체는 실존하는가? 생태적 자립 공동체로 잘 알려진 곳은 대부분 종교적 신념을 바탕으로 이루어진 곳들이다. 미국의 아미시, 후터라이트 공동체부터 안식교 등 대부분의 기독교 공동체들이 있다. 공동체라는 것은 서로 협력해서 서로 자립적인 것을 추구해 나간다고 하지만, '집단'이란 최소화할수록 규모에 소요되는 에너지가 작아진다. 즉, 규모가 클수록 갈등도 커지고 소요되는 에너지도 커진다. 따라서 최소한의 규모들이 모여 이루어지는 작은 것들의 연합체가 가장 바람직하다.

마을에서 보면 마을 안에도 소단위들이 있고, 소단위 속에서도 가족 구성원의 개인들이 있다. 개인은 최소한의 자립단위다. 기존에는 사회적 최소 단위를 가족이라고 보았다. 하지만 지금은 1~2인 가구가 늘어가고, 앞으로 10년 후에는 50% 이상이 1~2인 가구가 형성될 것이며, 이러한 세대주들이 모여 협력의 단위를 형성하게 될 것이다. 따라서 개인이 자립적이지 못하면 전체에 영향을 미친다.

현재의 가족단위는 자립도가 매우 취약하다. 4인 가족 구성원을 보면 부모에게 전적으로 의존하고 있는 자식이 있으며, 부부관계에서도 한 사람에게 의존해 있는 경향이 강하다. 가족 단위가 각 구성원들의 자립을 위한 준비과정이라고 하더라도 자식이 부모로부터 독립하는 시기가 갈수록 늦어지고 있으며, 부모들은 자식들의 부양 시기가 장기

화됨으로써 자신들의 자아실현을 '돈 벌어들이는 수단'에 의존하게 된다. 물론 부모의 의무는 자식의 자립을 도와주는 도우미로서가 전부라고 할 수 있지만, 그러기에는 현대 사회 구조가 너무나 취약해 즐겁지 못한 심신 상태를 가지게 한다. 부모들은 곧 스스로를 부양해야 하는 노인세대가 되었기에 부모와 자식의 자립관계는 더욱 중요해진다. 한층 자유롭게 가기 위해서라도 두 관계는 빨리 독립적이어야 한다. 그래서 부모는 자식들에게 청소년 시기에만 책임진다는 선언을 할 필요가 있다. 그렇지 않으면 부모의 짐이 무겁고 자식들은 사회구조에 끌려갈 수밖에 없다.

1~2인 가구는 그만큼 자립적 구조로 가기 쉬운 의지를 가졌다. 독립적으로 사는 것은 그만큼 중요하다. 독립적 주거는 독립적 생활 방식을 추구할 수밖에 없다. 개인의 자립의 총합은 전체 자립도를 배가시키는 시너지를 갖는다. 따라서 가족 구성원이든 사회 마을 단위 구성원이든 개인의 자립이 우선되어야 한다. 과거에는 집단 속에서 개인이 존중받지 못했다. 이는 흔히 말하는 민주주의라는 미명하에 진행되어 왔다. 에스키모의 문화를 보면 개인이 납득될 때까지 설득을 멈추지 않는다. 만약 납득이 되지 않는다면 더 이상 진행은 하지 못한다. 다수의 횡포가 없는 셈이다. 개인이 집단을 위해 포기하는 것이 아니라 집단이 개인을 위해 더 이상 진전시키지 않는 것을 의미한다. 개인은 그만큼 자립도에서 가장 기초적인 단위이기 때문이다. 그렇다면 개인 구성원의 자립을 어떻게 실현할 것인가?

개인의 자립을 어떻게 실현할 것인가?

'식주의'를 자립 근거로 삼았다면 자신의 노동력 규모를 정한다. 자신의 노동력이 가능한 범위가 아니고, 애초에 의존적 규모라면 그것은 이후 종속적인 행위를 발생시킨다. 우선적으로 자신의 노동력을 제고하고, 자신의 재능을 찾아내고, 관계에서 자신의 의지와 신념이 굴종되지 않는 확신을 가지고 살아가야 한다. 예를 들어, 혼자서 자립적 자급 생활을 한다면 자신이 할 수 있는 규모에서만 하게 된다. 기계를 만지지 못하면 기계가 필요 없는 규모로 하고, 도구를 만지지 못하면 도구가 없는 생활을 하면 된다. 만약 자신이 전기를 사용한다면 전기에 대한 지식을 가지고 스스로 만질 수 있어야 한다. 완전한 자립이란 이런 것이다. 혼자서 사는 생활을 하게 되면 그렇게 하게 된다. 혼자서 지낸다는 생각을 하고 생활근거를 갖지 않으면 우리는 옆 사람에게 구원의 손길을 뻗게 되고, 구원의 손길이 분업과 협력이라는 착각으로 진행된다. 나는 이것조차도 없애야 한다고 생각한다.

협력이란 자신의 욕심에서 비롯된 것이다. 우리의 농사란 자신이 먹을 것만 짓는다면 많은 것이 필요치 않다. 하지만 잉여물이 필요하다면 자신의 규모 이상을 벗어나게 되며, 교환이든 거래든 품앗이든 사람들 간의 협력을 필요로 하게 된다. 자신이 하나씩 배워 나간다는 전제를 제외하면 기계를 다루지 못할 경우 농사 규모를 현저히 줄여야 하며, 남의 손을 빌려 일을 했다면 불평불만을 하지 말아야 한다. 자신이 하면 불평불만이 없게 되기 때문이다. 내가 논농사를 할 때, 써레질해 주는 이가 술을 먹고 엉망진창으로 하여 이후 물 관리에 어려움을 겪었다. 논에 잡초가 무성해지면서 나의 노동시간과 노동력이 수배 증폭되었다. 나는 그에게 항의를 하지 않았다. 이미 엎질러진 상태에다가 내가 직접 하지 못한 탓이 제일 크기 때문이다. 그래서 불평불만을 없애려면 자신이 직접 하는 것처럼 좋은 것이 없다.

기대도 마찬가지다. 자신보다 관계를 먼저 염두에 두면 '기대'라는 것이 생긴다. 기대란 결국 상대방이 아닌 자신이 만들어 낸 시나리오일 뿐이다. 나는 관계에 기대를 하지 않는 법을 훈련하고 있다. 간혹 나도 모르게 기대했던 무의식이 드러나 불만이나 실망감을 드러내기도 하지만, 지금은 어느 정도 훈련되어 이내 나의 '기대'라는 원인을 찾아냄으로써 내 잘못을 시인하게 된다. 그러고 나면 마음이 편해진다. 이러한 것을 보면 우리는 어느새 자신보다 관계에 대한 기대가 1순위로 올라가 있는 것을 발견하게 된다. 이런 것은 부모와 자식 관계에서 제일 먼저 드러나며, 이어서 부부 관계 등 아주 가까운 관계에서 드러난다. 자신의 자립이 충분한 것이 아니라 자신도 모르게 두루뭉수리 그 속으로 편입되어 한 덩어리로 묶여 지내면서 한 덩어리처럼 사유하게 된 것을 발견하게 된다. 이것은 오래된 우리의 교육과 습관, 즉 집단을 강요했던 점에서 비롯된다. 개인은 사라지고 집단이 우선시 되는 삶을 강요하고 집단이 살아야 개인이 산다는 허구를 주입함으로써 희생과 양보를 강요받는 것이 미덕처럼 훈련되어 왔기 때문이다. 이것은 개인 자립의 후퇴를 양산했고, 개인 자립의 후퇴는 집단적 기대와 의존을 더욱 강화시킴으로써 집단주의를 양산했으며, 집단이 망하면 공멸하고, 집단이 성하면 그 속의 일부 권력자만 살아남고, 나머지는 거기에 종속되는 관계를 자연스럽게 형성시켜 왔다.

따라서 개인의 자립은 개인에 맞추어 모든 틀을 짜야 한다. 생활이든, 죽음이든, 모든 경우의 수를 두고 개인의 자립에 초점을 맞추고 진행할 때 비로소 어디에 가든 무슨 일이 있든 어떤 위기가 닥치든 살아갈 수 있는 것이다. 이러한 개인이 느슨하게 엮인 집단이라면 그 집단은 자유함과 자연스러움이 저절로 생길 것이며, 그 속에서 자립적이지 못한 사람들이 있다 하여도 그들은 그 속에서 자립적인 모습으로 살아갈 수 있을 것이다.

원시 부족사회에서 아이들에게 엄격하게 성인식을 치르고 훈련하는 과정은 바로 개인의 자립을 위한 것이며, 동물적 속성 또한 그러하다. 자립적인 개인들이 많은 곳에서는 '보호를 더 많이 받아야 하는 이들이' 오히려 편안하게 살아갈 수 있다는 것도 자명한 사실이 아니겠는가?

농업인이 아닌 자급농부 되기

우리가 의존하고 있는 화석연료 에너지를 인력으로 대체한다면 1인당 몇 명의 노예가 필요할까? 트랙터 또는 경운기, 예초기 등의 기계와 비닐, 화학비료 또는 퇴비, 농약 등이 없이 건강한 남성 3~4인이 농기구만을 가지고 2,000평의 농사를 짓는다면 하루 종일 뼈 빠지게 일해야 한다. 화석연료가 등장하기 전인 조선시대의 소작인들은 한마디로 뼈 빠지게 일을 한 셈이다. 그렇다면 지금 축산농업인들이 짓고 있는 규모를 생각하면 과연 얼마나 계산이 될까?

농사만이 아니라 생활 방식에서도 그러하다. 전기를 사용하고, 냉온방 및 수도, 가스 등의 소비에너지를 본다면 이에 해당하는 인력은 또 얼마나 될까? 따라서 생태순환적으로 산다는 것은 궁극적으로 인력의 문제이며, 1인의 자급 방식으로 계산한다면 그만큼 생태순환적으로 살아가고 더 적은 것으로 생활하게 된다는 결론에 도달한다. 즉, 욕심이 더욱 줄 수밖에 없는 것이다. 현대 사회는 그것을 돈으로 환치해 놓았다. 수만 년 동안 지구에 저장된 화석연료가 단 200년 동안 삶을 최고치로 올려놓았다. 그리하여 현대 산업문명은 곧 망할 수밖에 없는 구조적 결함을 가지고 있다. 그 가운데 서 있는 것이 농업이다.

농업은 그 많은 인구를 먹여 살리기 위한 식량을 생산했다고 떠들어대지만 농업으로 득을 본 것은 소수의 사람들이다. 그 소수가 부를 축적하고 사회 지배계층으로 군림하면서 80%의 다수를 그 지배계층에 의존하여 살도록 노예 또는 상대적으로 빈곤층으로 만들어 버렸다.

농업은 화석토양을 축내고 대륙 전체를 단일 경작하고 부와 동시에 빈곤을 창조한 결과를 낳는 산실이었다. 즉, 기아는 농업의 산물인 셈이다. 과거에 농업 속에서 여가와 호화생활을 즐길 수 있었던 것은 노예노동이 가능했기 때문이며, 지금은 다음 세대들이 지속적으로 사용해야 할 화석연료를 상상할 수 없는 수준의 소비가 값싸게 사용할 수 있기 때문이다. 결국 농업으로 생산되는 식량과 문명, 농업 그 자체는 이 세계의 종말을 의미하는 것이다. 따라서 농업인이 된다는 것은 자신의 행복을 위해 전체의 생태계를 파괴하는 집단적 절망으로 이끌어가는 것에 다름 아니다. 그렇다면 도시의 기업인과 뭐가 다를까?

자립하고자 하는 사람들은 머릿속에서 농업을 지워야 한다. 오히려 농업인이 농사꾼으로 전화되어야 한다. 사치스러움과 호화로움과 여유로움을 즐기기를 포기하든지, 농부로 살아가면서 여유롭게 살아가든지 둘 중 하나를 택해야 한다.

자급농사, 내가 소비하는 모든 것을 직접

현재의 삶에서는 돈이 필요하기 때문에 돈을 쌓아 놓고 살지 않는 한, 귀농을 하는 사람들은 농업인이 되어야 한다는 생각을 가진다. 판매를 위해 농사를 짓는다는 얘기다. 귀농 후 3년까지는 자급농사라도 충실히 지어보겠다고 한 사람들조차도 1년 동안 수입 없이 지출만 쌓여 가는 것을 보면 초심을 잃는 경우가 대부분이다. 돈이 제아무리 많아도 곶감 빼먹듯 쏙쏙 빠져나가는 것에 초연할 수 있는 사람은 드물다. 그래서 1년을 견디고 나면 대체로 농업인의 삶이나 다른 형태로 화폐를 벌어들일 것이 없는지 여기저기 기웃거리게 된다. 귀농한 사람들 중에서 제로 상태나 마이너스 상태로 생활을 해 보았던 사람들이라면 좀 더 무던하게 견디며 자급농사라도 충실히 익힐 수 있으련만, '바닥을 쳐보지 못한 사람'들에게는 초조하기 그지없는 일이다.

귀농한 사람들은 과연 자급농사라도 제대로 짓고 있는 것일까? 자급농사라는 것은 자신이 먹을 것을 최대한 자신의 농사로 확보하여 최소한의 화폐로 사는 것을 의미한다. 그러나 내가 지켜본 바에 의하면 대체로 도시에서 생활할 때보다 소비가 약간 줄었을 뿐 식생활이나 다른 소비 자재를 여전히 마트에 의존하고 있는 경우가 허다하다. 특히 아이들이 있는 집은 더욱 그렇다. 아이들의 습관을 바꾸지 못하거나 부모가 불편하다는 이유로 아이들에게 소요되는 일회용 기저귀나 물티슈 등을 그대로 사용하는 것이다. 이렇듯 도시 생활에 대한 처절한 반성 없이 귀농을 한 사람들은 돈에 대한 애착이 더욱 심해져 화폐 수입 없는 생활을 견디지 못하고 다시 바깥으로 뛰쳐나간다. 시골 생활이라고 해도 결국 공기 좋고 전망 좋은 곳에서 사는 것 외에는 별것 없이 사는 것이다.

제대로 된 자급농사는 자신이 소비하는 모든 것을 직접 만드는 것인데 이때는 단지 먹는 것만이 아니라 대부분의 것이 포함된다. 자급농사와 자립생활을 최대한 실현하면 화폐는 그다지 많이 필요하지 않다. 나의 경우는 '이 나라 국민을 안 하고 싶다'고 하여도 강제된 연금보험과 건강보험이 화폐로 지출되고, 휴대전화와 인터넷 등 통신 비용이 지출되며, 전기세를 포함한 20만 원이 매월 지출된다. 이것은 반드시 현금이 필요한 일이다. 그리고 기타는 자동차 운행비다. 서울을 오가는 유류비와 자동차 관련 비용이다. 그 외에 생활에 필요한 것으로 몇 가지 물품을 사는 비용이다. '식주의'에 부가적인 것은 거의 들지 않는다. 20만 원의 기본 비용은 대부분의 사람들이 필요한 비용으로 지출되고 있다. 여기서 더 절감한다면 통신비를 줄일 수 있다. 농사 관련 비용은 기껏해야 논농사에 들어가는 기계 품일 비용으로 쌀을 팔아서 대체한다. 자급자립적인 생활을 충실히 하면서 필요한 화폐는 품일을 통해 벌 수 있다.

농부에게 얽혀 있는 수많은 일거리

여성의 품일과 남성의 품일이 시골에서는 많은 터라 적절히 활용하면 생활에 필요한 화폐는 벌어들일 수 있다.

따라서 자급자립을 위한 농부가 되면 인간 최소한의 위엄은 지키며 살 수 있는 토대는 된다. 그리고 농부의 삶을 공부하게 되면 농작물 재배방법, 음식살림 방법, 옷 수선하기, 기계 수리, 간단한 농기구 만들기, 집 고치기 등 가난한 사람들이 살아가기 위한 방법과 기술을 배우면 그것이 곧 자신이 벌어들이는 화폐 수입이 된다. 우리는 지금까지 이것을 학교에서도 사회에서도 배우지 못했다. 나도 농부가 되어서야 스스로 절실히 배우고 있다.

이러한 먹고사는 기술은 앞으로 일자리가 될 것이다. 반드시 농부가 되지 않아도 농부의 언저리에서 먹고 살아갈 수 있다. 왜냐하면 내가 그 일을 해 주면 상대방은 쌀이나 음식재료를 줄 것이기 때문이다. 또한 약간의 화폐도 받을 수 있다. 품일이란 그런 것이며, 그것이 필요한 것을 주고받는 품앗이이자 두레다. 우리는 마을에서 필요한 사람을 부른다. 마을의 어르신은 일주일 돌담을 쌓아 주시고 화폐 수입을 가졌다. 노인네의 수입이다. 이런 것이 곧 젊은 사람들이 해줄 몫이다. 나처럼 농사도 짓고 글도 쓰고 강의도 하는 사람은 때로는 필요한 품일을 들일 수 있다. 물 배관상태를 고쳐 달라고. 예초기로 벌초를 해 달라고. 이 정도의 화폐는 내가 써도 되는 것이라면, 아니 그런 품일을 하는 이가 있어 일부러 쓰는 일이 생길 수도 있다.

농부 언저리에서 사는 일이 어쩌면 가장 돈이 덜 들고 자기 삶을 만족스럽게 찾아갈 수 있는 일이 될 것이다. 농업인이 될 이유가 없다. 자신의 텃밭을 가지고 적당히 자급하고 적당히 화폐를 불러들이면 된다. 이것은 지속가능한 삶이다. 해고될 염려도 채용당할 이유도 내 자존심을 구길 필요도 없다. 내 신분에 부끄러워야 할 것도 없다. 당당함만이 있을 뿐이다. 단, 욕심을 부리지 말아야 한다는 전제조건이 있다.

나누고 또 나누는 삶

수확이 계속 이루어진다. 수확을 할 때는 퇴비를 주지 않았기에 수확물이 많을 것이란 기대를 하지 않는다. 수확이 아주 적으면 적은 대로 먹겠다는 각오로 농사를 하기 때문이다.

"이 크기와 양 정도면 괜찮네."

한두 알 나오던 감자가 다음 두둑을 열면서 4~5개씩 달려서 나온다.

"와~ 이건 무슨 이변?"

남들에게는 고작 몇 알 정도 더 나온 것인데 나는 땅에 감사하고 하늘에 고마워한다. 만약 내가 거름을 줬다면 "애개~ 이것밖에 안 돼? 고작 이거야?" 하는 식으로 응했을지도 모른다. 거름도 듬뿍 주고 잘 크라고 비닐도 깔아 주었다면 "내가 이만큼 했는데 왜 고만큼밖에 안 줘!"라고 했을지도 모른다.

나는 하늘이, 땅이 고맙다는 말이 절로 나온다. 감자를 캐면서 나는 풀들을 생각해 본다. 풀이 무성하면 감자가 영양분을 적게 먹게 된다는 이치는 맞다. 왜냐하면 같은 식물종이 한 울타리 안에 있는데 서로 나눠 먹어야 하니까 서로가 차지하는 영양분은 당연히 적게 된다. 그래서 한정된 영역에서 감자는 자신의 본연의 에너지를 한껏 발휘하여 사용하게 된다. 만약 영양분이 많아 넘치면 자신의 본연의 에너지는 별로 쓸 생각을 안 하리라. 그래서 그 많은 풀과 공생을 하면서도 큰 것도 나오고, 주렁주렁도 나오는 것이다. 물론 평균적으로 작은 것들이 나올 것이다. 그러나 그것은 작은 것이 아니고 알맞은 것이었다. 우리가 워낙 큰 것에 길들여졌기 때문에 상대적으로 작다고 생각하는 것이다. 내가 어렸을 때 먹었던 감자는 그리 크지 않았다. 화학비료를 주고 퇴비도 주면서 크기를 계속 키우고 양도 늘려 간 것이다.

한 공간에서 여럿이 있다고 반드시 작은 것만 나오는 것은 아니다. 풀이 많으면 풀들은 자신의 영역을 좁힌다. 고추 밭에 쇠비름만 남기고 풀을 제거했더니 쇠비름이 엄청 비대해졌다. 나눌 상대방이 고추밖에 없으니까. 거기에 다른 풀들이 있으면 쇠비름은 영역을 작게 한다. 나누려고. 그러니까 풀들은 서로 먹으려고 경쟁하는 것이 아니라 서로 나눠 주려고 한다.

자연생태란 한 공간에서 적당히 있으려고 한다. 그래서 밀집도가 높으면 작물이 대부분 밀려나게 되어 있다. 작물은 순한 상태에서 길들여졌기 때문이다. 그러나 적당하면 작물이든 잡초든 모두 공생하는 데 최선을 다한다. 우리는 그것을 마치 경쟁하는 것으로 보게 되는데 이는 우리에게 언제나 목표하는 바, 욕심이 있기 때문이다.

사람도 마찬가지다. 내가 차지하고 싶은 공간인데, 다른 이가 들어온다. 같이 있게 되었으니 당연히 나누게 된다. 또 한 사람이 들어온다. 또 나눈다. 계속해서 나누게 된다. 애초에 큰 것이 작아진다. 서로 의견도 다르고 갈등도 있지만 본래 서로 협력하며 공생한다.

서로 계속 작아질 때 서로 공생할 수 있다. 식물이나 동물이나 한 영역에 있는 것은 서로 나누는 일이다. 경쟁해서 독차지하는 것이 아니다. 그러다 보니 작은 것에도 감사하게 된다. 이렇게 많은 자연과 사람들이 작은 것도 나누고 또 나누고, 서로 공생하려고 하는 그 모습이 한없이 고맙다. 내가 행복한 것은 나보다 덜 가진 사람을 보는 일이고, 내 몸에 감사하는 것은 몸을 자유롭게 움직이지 못하는 사람을 보는 일이다. 살아있음에 감사하고, 매일 감사하는 마음이 절로 생긴다. 욕심을 부리면 내 것이 전부여야 하고, 커야 하고, 많아야 한다. 같이 있으면 안 된다고 밀치고, 풀과 같이 나눠 먹으면 작물이 작아지니 풀을 없애야 하고, 퇴비를 안 주면 수확량이 적어지니 거름을 줘야 한다. 그러면서 우리의 욕심은 커져 간다. 그래서 욕심만큼 농사를 하게 된다. 비닐도 깔고, 화학비료도 주고, 제초제도 준다. 일단 내가 얻어야 할 것이 있으니까, 남이야 어떻든 내 욕심을 챙긴다.

살다 보니 농사와 삶은 같은 것이라는 걸 알게 되었다. 풀을 아무리 열심히 매어 줘도 어김없이 살아 움직이고, 풀과 작물이 서로 나눠 먹고, 나는 거기에 만족한다. 거름을 안 주었으니 적게 나와도, 작은 것이 나와도 그나마 그것을 준 것이 고맙다. 그런 농사를 짓게 되니 욕심을 버리게 된다. 내가 지은 것이 아니라 땅이, 하늘이 지어 준 농사라는 생각에 수확한 것을 나만 먹는 것이 아니라 여기저기 나눠 주게 된다. 내가 먹을 것을 남겨 놓지 않고 미래에 대한 생각이 없어지게 된다. 나누고 싶은 것도 욕심인지라 열심히 수확해서 삶고 다듬어 주게 된다. 내가 한가로이 마당에서 즐길 시간을 주지도 않으면서. 자연이 준 거니까, 내게 먹을 양이 적어지더라도 모두 다른 이들에게 돌려주게 된다. 자연은 분명 나눠 먹으라고 준 것들이니까. 이렇게 살아가는 것이 참삶이라는 생각이 든다. 서로 자리를 나눠 주는 것, 그래서 많으면 많을수록 크면 클수록 좋은 것이 아니라 작은 것에도 감사하고 적은 양에도 눈물 흘리는 그런 삶을 모두 가진다면 얼마나 좋은 세상일까.

수확량이 많아야 한다는 것을 강변하는 사람들은, "지구 반대편의 굶주리는 사람들은 누가 먹여 살리냐"라고 하지만, 사실 굶주리는 그들은 땅이 없어서도 아니고 농사지을 줄 몰라서도 아니다. 그들의 땅을 누군가 가로채 커피를 만들고 사탕수수를 만들도록 하여 그들이 먹을 식량을 앗아갔기 때문이다. 우리는 그들을 위해 더 많은 양을 더 큰 것을 만드는 데 집중했다고 하지만 사실 그들에게 준 적이 없다. 그렇게 해서 나온 것들은 도대체 어디로 갔을까.

더 크게, 더 높게, 더 많게. 그렇게 살아온 우리 삶들. 너무 힘들었다. 그런 것 때문에 농촌을 떠났고 공장을 전전했고 온갖 경쟁의 스트레스에 있었지만, 결국 살아온 날을 돌아보니, 더 크게, 더 높게, 더 많게 가진 것도 없고 우리 몸과 마음은 병이 들게 되었다. 그래서 이제 그런 삶은 그만 하고 싶어서 내가 소비하는 것이 적더라도 더 작게, 더 낮게, 더 적게 살면 마음과 몸은 건강해진다는 것을 알게 되었다. 밭을 일구면서, 곤충이 나오고, 풀들이 삐죽 나오면 놀라 소스라치지만 그들은 같이 살려고 함께 이 세상에 온 것이었다는 사실을 깨닫는다. 그래서 이왕 이렇게 사는 것, 공생하면서 살자, 내가 욕심을 내려놓으면 된다는 것을 터득하고, 그러면 내 아이들도 그 손자들도 잘살 수 있는 지구가 될 것이고, 삶이 될 것이라는 것을 알게 되었다.

세탁기를 돌리고, 자동차를 몰며 고속도로를 쌩쌩 달리면서 이것이 우리에게 준 삶의 최선인 줄 알았는데, 이것이 우리의 삶을 너무나 힘들게 하였다는 것을, 얻으면 잃는 것이 있다는 것을, 그것도 엄청난 것을 잃어버렸다는 것을 알게 되었다. 그리고 내 자식의 생명까지 우리가 다 써버리고 있다는 것을 알고 이제부터는 그렇게 살지 말자고 다짐한다. 우리가 아득바득 살아온 생, 가지고 가는 것이 뭐가 있다고. 모두 잘 살자. 더 큰 것을 얻기 위한 것이 아니고 내가 가진 것을 나눠서 살자. 소금

한 쪽을 더 얻기 위해 살지 말고 소금 한 쪽 나누고 또 나누면서 살자. 그래서 우리 모두 다시 농부로 살아보자. 자연을 닮아가는 삶으로.

가난한 이들의 쌀 한 줌의 나눔

어린 시절 나의 엄마는 쌀을 씻기 전에 쌀 한 줌을 따로 보관하였다. 엄마에게 그 까닭을 물었다. 엄마는 식구대로 먹는 양을 퍼 놓고 거기에서 한 줌을 따로 빼 통에 보관하고 있다가 성당 헌금으로 내든지, 거지가 오면 퍼 주는 용도로 사용한다고 했다. 그것은 습관이었다. 어느 날 쌀이 떨어졌다. 돈도 없었다. 엄마는 하는 수 없이 한 줌씩 모아둔 쌀을 내 놓았다. 거지가 오면 주려고 했던 쌀이었는데 정작 그것을 우리가 먹게 되었다. 그렇게 어려운 시절에도 '나눔'의 정신이 살아 있었다. 그러고 보니 나눔도 가난한 이들이 한다. 가난한 이들이 가난한 이들을 더 많이 생각한다. "우리가 배고팠던 때를 기억해야 한다"고 하면서 그들을 위해 몰래 퍼 놓는 일상의 나눔.

자연의 힘을 빌려 농사를 짓고, 그것을 내가 먹고 다른 이들이 먹어야 하는 것은 자연스러운 일이다. 내가 지었다고 내 것이 아니다. 내가 먹을 것만 취하고 나머지는 되돌려줘야 한다는 뜻이다. 내가 지었으되 내가 전부를 소유하지 않는 것은 자연의 뜻이다. 내 노동으로 지었다고 모두 내 것이 될 수 없는 것처럼, 자연의 힘이 없으면 아무것도 될 수 없다. 그래서 자연에서 채취한 작물들은 팔아서 내 돈으로 만들어 내가 소비하는 것이 아니라, 나눠 먹고 소유하지 않는 것이 자연을 경배하는 본래의 정신이다. 밥이 하늘인 까닭이 거기에 있다. 자연에서 얻은 채취물이나 농사지어 얻은 것들은 팔지 않는다. 이는 기본 원칙이다. 이런 기본 원칙은 내가 필요한 최소한의 돈을 받는 것 또한 변형되지만, 그런 원칙에서 완전히 벗어난 것은 아니다. 생이불유(生而不有). 내가 지었다고 내가 소유하지 않는다. 내가 낳았다고 내가 소유하지 않는다.

잉여물을 어떻게 하는가?

연두농장 시절에는 농업인으로 살았다. 그러니까 농사는 먹고살기 위한 수단이었다. 농사가 먹을 것을 만들기 위한 목적이 아니라 돈으로 바꾸기 위한 수단이었으므로 모든 것은 최상의 상품에 맞출 수밖에 없었다. 남아도는 것을 먹는 것이 우리 몫이었다. 이런 농업인의 삶은 자연에서 일한다는 것 외에는 고달픔이란 면에서 비슷했다. 쑥을 캐도 10인분 이상의 것을 캐니 쑥 캐는 일이 즐거울 수 없었다. 호박을 길러도 수백 개를 길러내야 하니 역시 울타리에 호박이라는 정겨운 시골 풍경이 나올 리가 없다. 노동력을 들일 때 돈으로 모든 것이 환산되니 일정한 수익을 위해서는 노동력도 내 맘대로 쉬고 놀 수 있는 것이 아니었다. 거래를 위한 농사는 스트레스를 주는 일이었고 온전히 즐겁게 놀이처럼 할 수는 없는 일이었으며 자연이 주는 현상에 민감해야 했다. '적으면 적은 대로'라는 자연의 이치에 전적으로 일치할 수 없는 삶이었다. 물론 도시의 공장이나 다른 직종에 있는 것보단 자연 순환적인 농사를 지었으니 보람되고 노동 자체가 주는 즐거움은 남아 있었다.

나는 늘 그리움을 가지고 있어야 했다. 나는 농업인보다 내가 먹을 것을 내 손으로 짓는 것이 우선인 농부가 되는 것, 자급자립의 농사꾼이 되는 지독한 그리움은 연두농장을 벗어나고 여기에 와서 실현되었다. 농사를 지어 나온 것들은 주고 싶은 대로 줄 수가 있었다. 부모가 일순위고 형제들이나 나보다 어렵다고 생각하는 사람들이 그 뒤를 이어간다. 사실 내가 먹는 양보다 나눔을 하는 양이 더 많다. 힘들게 지어서 팔지 않고 사람들에게 그냥 나눠 주는 일은 뭔가 이상한 일일지도 모른다.

농사를 짓는다는 것은 나의 노동력 말고는 자연이 주는 것이므로 나누게 된다. 자연이 주는 것은 나의 노동력만 있으면 생명을 유지할 수 있는데, 생명의 삶 자체가 나누는 삶이므로 나도 나누는 일을 하게 된다. 나의 노동력, 바로 여기에 관건이 있었다. 일을 덜하면 되는데 일이 커진다. 나눠 주다 보니 양이 적어 더 하게 된다. 자급자립을 하니 이것도 해야 하고 저것도 해야 한다. 나눔의 생활도 좋지만 나의 노동력을 잘 맞추는 것이 관건이다. 나는 농사만이 아니라 밤에는 글을 짓고, 때때로 강의를 하고 토종종자 보급활동을 하다 보니 베짱이 같은 여유로움이 적은 편이다. 그래도 너무 애쓰거나 서두르지 않으니 인근 지역에 때때로 가보는 여유도 생겼다. 하지만 나의 생계를 이어주는 것은 농사이므로 농사에 가장 많은 시간을 할애하고, 하염없이 마당을 바라보기보다 밭에 나가 일하게 된다. 내 몸에 맞는 농사 규모를 가늠하는 것이 여러 가지를 해나갈 수 있는 우선적 과제인 것이다.

거래와 나눔의 갈등

농사할 작물을 선정하는 기준은 내 부모에게 필요한 것과 내가 먹고 싶은 것이다. 기호에 따라 먹는 것으로는 과일을 들 수 있다. 여기 와서 내가 먹기 위한 과일은 산 적이 없다. 오디·감·밤·은행·다래·머루 등 그냥 산과 들에서 자생적으로 자라는 것이 과일이기 때문에 굳이 과일을 살 필요성을 못 느낀다. 물론 시장에서 파는 과일 가격이 서울보다 비싸다. 우리나라 유통 시스템은 서울 가락동 시장으로 올라가서 경매를 통해 가격이 결정되고, 그것이 다시 지방으로 내려오기 때문이다. 수많은 유통단계와 유통기간은 길바닥에 돈을 버리고 신선하지 못한 채 소비자에게 들어가게 된다.

올해는 수박과 참외를 심었다. 일주일 내내 두 그루에서 나오는 달고 맛있는 딸기는 새와 먹기 다툼을 한다. 누가 먼저 발견하느냐에 따라 딸기가 누구의 차지가 되는가가 결정되기 때문이다. 채취하는 약초가 아니면 약간씩 재배를 한다. 뼈에 좋다는 홍화, 몸의 면역력을 길러 주는 우엉·당귀는 재배한다. 찬거리와 약으로 쓰는 것을 자연을 통해 자급하는 것도 1/3에 해당된다.

만약 거래를 하게 되면 나눔은 자연스럽게 적어진다. 거래는 상품 위주의 사고방식을 낳기도 한다. 그래서 가능하면 내가 다른 곳에서 최소한의 화폐를 얻을 수 있는 한, 거래를 하지 않는 것으로 한다. 같이 나눠 먹고 사는 것을 원칙으로 하면 자연과 더 가깝게 생활하게 될 것이며 농사는 줄어들 것이다. 하지만 거래를 할 필요성이 있는 것도 있다.

만약 거래를 한다면

만약 거래를 한다면 실제 화폐가 들어갔느냐가 기준이 된다. 물론 내

농사의 원칙은 화폐가 들어가지 않고 순환농사와 내 노동력만으로 짓는 것이다. 하지만 내 규모에 대한 착각이나 뜻하지 않는 일, 또는 어쩔 수 없는 일로 인해 화폐가 들어가는 것을 배제할 수는 없다. 그 경우가 쌀농사다. 우선 쌀농사에 기계를 도입하니 비용이 든다. 한 마지기면 손으로 해도 되지만 두서너 마지기 이상으로 가면 기계가 들어가야 한다. 나와 부모님을 생각하면 한 마지기면 된다. 나 혼자서도 충분히 감당할 수 있는 규모의 경작지다. 1배미나 3배미나 혼자 감당하기 어려운 넓이다. 그러나 사정상 어쩔 수 없이 논 여섯 마지기를 한다. 그렇게 되니 손으로 할 수가 없다. 기계 비용이 들어간다. 경운부터 모든 비용은 2013년 현재 150만 원, 한 마지기에 25만 원꼴이며, 소출은 세 가마니다. 따라서 한 가마니는 고스란히 기계 비용으로 들어간다. 인력으로 하기 힘든 규모에서 기계를 사용하는 경우는 수확물 거래를 통해 비용을 대체한다. 2012년 기준 쌀 20kg 6만~7만 원, 80kg 한 가마니 24만 원. 한 가마니는 외부에 주는 비용이다. 한 가마니는 노동력이나 땅을 거래한 가격, 한 가마니는 먹는 비용이다. 6천 만 원을 주고 논을 샀으나 평생 농사를 지어도 6천만 원이 나오지 않으니 논농사가 돈이 되지 않는다는 이유가 여기에 있다. 이렇게 되니 거래될 것으로 쌀을 올려놓게 된다. 저곡가의 쌀이지만 쌀에 투여된 화폐와 혹시 모를 기타 비용을 대체할 수 있다. 한 마지기당 한 가마니는 판매하여 소요되는 화폐를 충당한다. 6개×80kg=480kg, 24개×6만 원=140만 원. 140만 원은 다음 해의 비용으로 처리되면서 140만 원÷12개월=월 화폐수익 10만 원에 해당된다.

패밀리 푸드

패밀리 푸드란 거래를 하되 가족 간 또는 친인척 간의 거래를 말한다. 일반적으로 친인척이나 가족 간에는 거래를 하지 않는다. 부모가 자식에게 주고 자식은 가끔 용돈을 받는다. 용돈은 용돈일 뿐이다. 하지만 가족이나 친인척 간에 나눌 때에도 공짜로 하지 않고 그들이 도시에서 사 먹는 비용을 감안해 그 돈을 부모나 농사를 짓는 형제에게 준다면, 농사꾼은 필요한 화폐를 얻게 되며 농사꾼들은 혈연을 위해 농사를 지으므로 좋지 않은 재료를 사용하는 약삭빠른 일은 하지 않게 된다. 가족 간에는 선천적 신뢰가 있다.

또한 농부 1인이 도시 사람 5인 이상을 먹여 살릴 수 있다고 보면 국가적 차원에서 식량 자급은 어렵지 않다. 이렇게 볼 때 농사꾼 1인의 노동력은 직계, 친인척 또는 지인 5인은 먹여 살릴 수 있을 것이다.

패밀리 푸드는 어떻게 할 수 있을까? 자신이 먹는 것을 기본으로 농사를 짓는다. 쌀과 곡류 그리고 일반적인 채소. 가공에서는 장류와 양념류를 하게 된다. 된장·간장·고추장은 기본으로 하면서 가족의 것까지 하게 된다. 농사를 짓는 가족은 항상 이것을 도시 사람들에게 그냥 주곤 했다. 채취한 것도 그냥 나눠 주는 것을 돈으로 환산한다. 하지만 이 돈에는 많고 적음에 대한 감정의 손상이 적다. 어차피 가족이기 때문에 적으면 적은 대로 많으면 많은 대로 서로 위하는 마음이 있기 때문이다. 자급자립 농사꾼에게 필요한 돈은 얼마나 될까? 2인 가족에게 한 달 적정 생활비가 100만 원이라고 하면 자신이 먹는 것을 매월 다섯 가족에게 보내고 20만 원을 받으면 된다. 겨울에는 쌀과 곡물을 보내고 여름에는 채소를 보낸다. 장류와 양념류, 곡물, 소품까지 합처 월 20만 원이면 소비자는 소비자대로 농사꾼은 농사꾼대로 충분하다. 1년을 단위로 계산한다. 월 100만 원이 적다면 자급자립의 개념을 다시 세워야 한다. 분명 욕심이 많아서일 것이다. 소비자들도 마찬가지다. 대부분의 먹는 비용을 20만 원, 도시의 경우 30만~40만 원까지로 한다면 잘 먹고 잘 사는 것이라고 할 수 있다. 외식과 주류의 오락문화를 뺀다면 충분하다.

내 방식대로 먹어라

가족들은 자연스럽게 생산자의 마니아가 되고 팬이 된다. 서로 허물을 덮어 줄 수 있는 사람들이다. 만약 가족이 없거나 가족이 아니라면 어떻게 할 것인가? 마니아층을 확보해야 한다. 친구나 연고를 찾아보면 5가구 정도는 있지 않을까? 사실 찾다보면 잘 찾아지지 않는 것이 흠이긴 하다. 서로 얘기하기를 꺼리기 때문이다. 마니아층을 찾아서 내가 먹는 방식의 먹을거리를 제공하는 것이다. 내가 먹는 음식은 언제나 최상급이기에 식성이나 상태가 비슷하다면 충분히 수용 가능하다.

패밀리 푸드처럼 곡물부터 장류까지 자신이 먹을거리를 위해 하는 것 중 가능한 것은 좀 더 추가한다. 자신이 먹을 것을 위해 반찬을 했을 때 맛있다고 해서 부모님에게 보내 주는 것처럼 한다. 필요한 재도 보내 주고 솔잎도 보내 준다. 더욱이 관절이나 허리가 좋지 않은 사람이라면 자신의 약재를 마련한 것에 추가해서 보내 주면 된다. 생활 전체 중 일부를 공유하는 것이다. 그래서 마니아층은 도시에서 살면서 시골의 자급자립적인 삶을 동경하거나 그런 가치에 호응한다. 과거 연두농장 시절에 그런 마니아층이 형성되었다. 우리 것이 아니라면 먹지 않는 마니아층이 두터웠다. 그런 사람들이 있었기에 상업성이 있다 하더라도 농사의 원칙을 지켜 나갈 수 있었다. 시골에 살면서 마니아층이 놀러 오기도 하고 농사를 도와주러 와 새로운 가족관계를 형성할 수도 있다. 이런 경우는 요즘 직거래를 하는 농부들에게서도 흔히 볼 수 있다.

채취한 것은 거래에서 제외

4월 중순이 되면 산과 들이 몸살을 앓는다. 8~9월도 송이나 능이를 채취하러 다닌다. 도시 사람들도 인터넷카페를 통해 만나 산나물을 채취하러 삼삼오오 다니는 것이 봄철의 풍경이다. 시골에서도 예외는 아니다. 내 마을에는 고사리와 죽순이 해마다 나온다. 고사리가 나오는 철에는 봄나물과 더불어 채취를 한다. 시골 사람들에게는 고사리나 죽순, 두릅 같은 것은 부수입에 해당된다. 그러다 보니 자신의 땅이나 밭이 아니면 서로 눈치를 보면서 채취한다. 도시 사람들이 모르고 남의 산에 갔다가 벌금을 물기도 한다. 자연이 주는 것을 먼저 채취한 사람의 몫이 아니라 이제는 소유주의 몫이 되기 때문이다. 예전에는 산과 들을 찾아 채취하는 것이 일상이었지만 이제는 이런 것도 결국 돈으로 연결되기 때문에 쉽지 않은 일이 되었다. 그러다 보니 고사리가 많이 나오는 곳을 서로 알려 주지 않는다. 알려 주었다간 며칠 내로 초토화되기 때문이다.

채취한 것을 판매한다면 마을 사람들 간에 전쟁을 방불케 할 것이다. 마을 사람들이 이익을 고루 분배하기 위한 것이라면 모를까 각자의 이익을 위해서라면 분명 전쟁이 된다. 그래서 자기 소유가 아닌 것에서 채취한 것들은 판매를 하지 말아야 한다. 사람들이 고사리와 죽순, 가죽나물, 옻나물 등을 자기 소유의 땅을 사서 심는 이유이기도 하다. 점차 자연물들이 사유화된다. 채취한 것은 자신이 먹고 나머지는 서로 나눠 먹는 것이 인심이 된다. 하지만 이런 인심도 사람에 따라 다르다. 나눠 먹는 경우를 위해서이기도 하지만 냉장고 가득 담아 놓고 자신의 탐욕만을 채우는 것도 문제다. 결국 다 먹지 못하고 나눌 수밖에 없는 것들이다. 나는 자연에서 채취하는 것은 가능하면 다량 거래하지 않는 것이 서로의 평화를 위한 길이라고 생각한다.

직거래와 장터, 장터를 복원해야 하는 이유

올해 첫 죽순 16kg를 채취했다. 고기가 먹고 싶다는 말에 "예람아, 그럼 이 죽순 팔아서 사먹자" 하고 껍질을 벗기지 않은 죽순을 가지고 읍내에 나갔다.

"앗, 장날이 아니네. 어디서 팔지?"

옛날이었으면 장터에 나가서 죽순을 팔고, 그 돈으로 고기를 사가지고 집에 온다. 난 잠시 그 옛날의 환상 속에 있었다.

지금은 어떻게 하나? 시골에는 농협 판매상을 비롯하여 대리 유통업자들이 있다. 곡성에도 몇 군데가 있다. 농민들이 수확한 농생물이나 1차 가공처리 한 것을 가지고 오면, 그것을 가지고 가락시장에 올라가 경매를 하고 입찰된 가격에 교통비를 포함한 약간의 수수료를 빼고 농민에게 입금해 준다. 가락시장에 잘 알고 있는 도매 유통상인이 있으면 배달만 받는다. 곡성에서 나오는 물건을 곡성이나 주변 지역에서 판매하는 것이 아니라 서울 중앙에 올라갔다가 거기서 다시 전국으로 판매되는 시스템이 우리나라의 중앙 물류방식이다. 생산지와 소비자 사이에 거치는 단계는 최소 3단계 이상이며 그 시간은 5일 이상이다. 그런 길고 먼 유통방식에서 당연히 생산자는 가장 낮은 가격, 소비자는 가장 높은 가격으로 거래한다. 직거래는 양자에게 이득이 된다. 농부는 유통업자에게 맡기는 것보다 돈을 더 받을 수 있고, 소비자는 더 낮은 가격에 신선한 것을 살 수 있다는 장점이 있다. 하지만 직거래는 기존 늙은 농부에게는 쉽지 않다. 가족이나 친인척, 친구들이 아닌 전혀 모르는 이들을 직거래 회원으로 확보하는 일은 인터넷 통신을 통해 가능하기 때문이다.

직거래 외에 시골 장터가 있다. 예전부터 상시 장터가 아닌 3~5일 간격으로 서는 시골장은 정보를 교류하는 장소였다. 시골장에 오는 농부들로부터 마을 구석진 곳의 사건이나 소소한 얘기들과 소식들이 전해지고 전문 상인들로부터 멀리 떨어진 지역의 소식들이 전해진다. 시골장에서는 유행하는 상품과 문명의 진척도 알 수 있으며, 여론을 통한 세태를 알 수 있고, 새로운 문화의 장으로서의 기능도 하였다. 이러한 시장의 정보는 지금은 인터넷을 중심으로 한 각종 미디어 또는 집회나 각종 모임을 통해 다양하게 교류되고 있다. 현대 사회는 정보 교류 사회라고 해도 과언이 아니다.

지금 살아 있는 시골장터는 과거의 장터와는 현저히 다르다. 인터넷이나 각종 대형 유통업체들이 즐비하기 때문에 시골장은 교류의 장소라기보다 조그만 재래시장의 개념에 불과하다. 그럼에도 불구하고 시골에서 마을 어르신들의 유일한 외출 시간이다. 장이 서는 날에는 마을 할머니와 할아버지들이 때때옷으로 갈아입고 화장을 곱게 한 채 버스를 기다리고 있다. 이런 날은 어김없는 장날이다. 그들은 장에 가서 장을 보는 것 외에 다른 동네 사람들을 만난다. 승용차가 없이 마을에 오가는 버스에 의존해 움직이는 마을 사람들에게는 장날이 외부 볼일을 보는 날이다. 나도 여기서는 가능하면 장날에 일을 보러 나간다. 매일 자가용으로 움직이는 거리도 만만치 않기 때문이다.

요즘 장터는 농사를 직접 지어 팔고 계시는 듯한 할머니조차도 실은 도매상에서 가져오거나 남의 것을 위탁받아 판매하는 전업 장사꾼이 많다. 장터를 돌아다니는 할머니들이 대부분 그러하다. 씨갑시를 가진 할머니도 그렇다. 하지만 말을 하다 보면 '자기가 직접 지은 농작물'이라는 것이 거짓말로 탄로 난다. 지금은 농민들의 장터가 아닌 상업인들의 장터다. 사실 농부들은 장에 가서 곡물 장사하는 이들에게 자기 물건을 판매하고 돌아오는데, 그것조차도 여의치 않다. 장에서 판매하는 물건들도 때깔이 좋아야 하는데 그렇지 않으면 제값을 받기 어렵다. 그래서 농부를 위한 장터, 농민장터가 부활되어야 한다. 유통 상인들이 대부분을 차지하는 장터는 일반 마트와 크게 다르지 않다. 농민장터가 되어야 정보와 소통 그리고 물물교환을 통한 소박한 장터가 만들어진다. 직거래 장터는 농민장터를 말한다. 그래서 귀농인들이 인터넷이나 통신에만 집중할 것이 아니라 기존 재래 장터에 관심을 가져야 한다. 귀농인들이 참여하여 흥을 돋우고 과거의 장터 풍습을 살릴 수 있도록 해야 한다. 나는 종자는 판매하지 않겠다고 생각했다가 마음을 바꿨다. 장터에서 농사와 세상의 정보를 공유해 보자. 자신의 물건을 장터로 가지고 나오고, 막걸리도 한잔 걸치는 과거의 장터를 복원하는 것이다.

장에 가는 날은 예쁘게 분단장하는 시골 할머니들이나 갓끈을 새롭게 고쳐 쓰는 시골 할아버지처럼, 평상시에는 농사짓느라 허드레 옷차림을 하던 것에서 외출하는 예쁜 옷차림으로 갈아입고 장에 나가서 사람들과 함께 웃고 생활을 교환하는 그런 장터를 복원하면 통신과 인터넷 없이도 지역사회 마을 공동체는 자연스럽게 이루어질 것이다. 물론 지역경제라는 개념도 살아날 것이다. 멀리서 찾아오는 관광 중심의 개발이 아닌 지역 사람들이 서로 교환하며 자립하는 지역경제 말이다. 다른 곳이 무너져도 자급자립이 가능한 지역경제를 불러일으킬 수 있는 것은 지역장터, 농민장터의 부활뿐이다.

개인을 넘어 공동체적 삶을 위한 과제

개인의 자립에 대한 중요성은 이제 충분해졌다. 그렇다면 개인의 자립과 더불어 공동체의 자립은 어떻게 해야 할까? 공동체 또한 농사를 근간으로 하지 않으면 안 된다. 자신이 먹을 것은 자신의 손으로. 농사를 근간으로 하지 않고 식량을 다른 곳으로부터 들여 오는 것은 언제든 무너질 수 있다. 농자천하지대본이기 때문이다.

또한 농사를 통해 삶의 지혜를 배워 나갈 수 있다. 식주의를 손수 만들어 생활하는 농생활이 아니라 거래만으로 외부 사람들의 주머니를 털어 생계를 유지하는 행위는 작금의 사회구조와 다를 바 없다. 그런 공동체는 쉽게 무너진다. 대부분 오래 지속된 공동체는 농사가 근간을 이루었던 곳이다. 농사를 기본으로 하고, 그 외 단체가 유지되기 위한 활동을 하는 것이 공동체 구성원들의 기본 몫이다.

최소한의 화폐로 살아가는 연습, 화폐 없이 살아가는 연습, 갈등을 해결해 나가는 방식 등을 꾸준히 훈련해야 한다. 같이 산다는 것은 혼자보다 낫다고 하지만 사실 알고 보면 협력이라는 큰 둥지를 밑그림으로 시작하였기 때문에 그 구성원들이 동일하게 해 주지 않거나 구성원 간의 갈등이 발생하면 일에는 균열이 생기기 마련이다. 같이 산다는 것은 무척이나 어려운 일이다. 아니 세상에서 가장 어려운 일이다. 같은 마음으로 살아가는 것도, 그렇다고 다른 마음을 인정하면서 살아가는 것도 그렇다. 어렸을 때부터 훈련이 되지 않는 한 이미 습관이나 생각이 굳어진 사람들이 모여서 살아간다는 것은 최고의 어려움이다. 나는 차라리 그런 일을 벌이지 않겠다. 그것은 결국 조직과 관리가 필요하다. 아니면 엄청난 규율이 필요하다. 이것이 종교 공동체만이 살아남는 주요한 이유다.

믿음과 엄격한 규율에서도 쉽지 않은 것이 자유로움 속에서 어떻게 유지될 수 있을까? 한 집단을 이루어 살아간다는 것은 쉬운 일이 아니다. 따라서 집단은 현존의 마을 정도 수준으로 형성되면 충분하다. 각자의 삶을 살아가고 각자의 터전에서 각자 경작하며 서로 협력하는 수준이면 된다. 농사를 기점으로 해서 마을 단위만큼 자연스러운 것은 없다. 그냥 마을이다. 각자의 삶이 영위되는, 마을의 집단성을 강조하지 않는, 그런 고향 마을.

자동차와 통신량 줄이기

나의 과제다. 하지만 당장 실현할 의사가 적극적으로 있지는 않다. 이렇게 살다 보니 유연해진다. 탄력적으로 바뀐다. 그러나 원칙은 변함이 없다. 흙보다 시멘트가 더 많은 시골길이고 또 그렇게 변하게 하는 발전주의자들과 싸우면서도 반드시 승리하고자 하지는 않는다. 이것이 내게 생긴 여유다. 일단 후퇴. 그러나 천천히 그들의 삶을 편하게 길들이면서 무엇을 잃어가고 있는지를 알게 한다. 그렇게 깨닫기가 쉽지 않겠지만 세상일이란 뒤집을 수 있는 것들이다. 양은냄비 같은 한국경제 사회가 얼마나 무수히 파괴하고 건설해 왔는지에 비하면 새발에 피가 될 일이다.

하지만 꾸준히 내가 견지하는 것은 차와 통신의 필요성을 없애는 것이다. 사실 시골에서 자동차 없이 살기란 쉽지 않다. 그만큼 행동의 반경이 줄어들기 때문이다. '차가 없으면 아버지가 돌아가셨을 수도 있었지'라는 극한 변명도 했었지만, 잘 생각해 보면 아버지의 천수가 그것이라면 내가 연락이 제대로 닿았어도 돌아가실 수밖에 없었던 것이다. '휴대전화가 없으면?' 이런 것은 모두 변명에 불과하다. 나의 휴대전화가 잘 터지지 않으면 나는 괜찮지만 상대방이 불편해한다고 하니, 그래도 할 건 다 한단다. 할 말이 없어진다. 내가 휴대전화를 없앤다고 하니까, "강의는 어떻게 하고?"라고 한다. 휴대전화가 없어도 강의 의뢰는 얼마든지 들어온다. 휴대전화가 없으면 강의를 할 수 없다는 것은 어불성설이다. 그만큼 나의 강의가 신통치 않거나 대체할 수 있다는 말이 되니까. 그런저런 것은 모두 핑계에 불과하다. 휴대전화가 없으면 내가 불편할 뿐이다. 차는 더욱더 그렇다. "기동성이 떨어지니까"라고 하자니 시골에 박혀 있는 이유가 기동성 때문은 아니라 할 말이 없다. 단순히 비용의 문제를 떠나 기후온난화의 주원인 화석연료 소비의 주범, 달리는 일상적 살인 도구, 생태환경을 파괴하는 건설과 개발 등을 위한 광범위한 차량 운행은 사라져야 할 것이다. 하지만 나 자신조차도 그런 문제 앞에서 자유롭지 않다.

휴대전화와 차를 줄일 수 있다면 아마도 교류는 현저히 줄어들 것이다. 마을에서 개인이 소유하는 차량을 줄이고 공유 차량을 확보하면 된다. 공유된 차량으로 긴요할 때 사용하면 개인의 부담도 줄고, 자동차가 없음으로써 매우 불편한 상황도 어느 정도 감소시킬 수 있다. 그러면 불필요한 동선도 없어지고, 마을은 일상적으로 협력하는 공유의 끈을 가지게 될 것이다.

지역경제가 아니라 자립경제여야

사람들은 텃밭을 가꿀 때도 아주 예쁜 정원을 생각한다. 거기에 팻말도 붙이고. 예쁘게 꾸민 것은 사람들의 시선을 끈다. 시골 구석에서도 취사시설이 있는 건물과 정원을 꾸며 놓고 치유·체험센터라며 사람들을 모은다. 오토캠핑장도 그렇다. 귀농귀촌 하는 사람들이 농가 소득을 올리는 마을을 만들겠다는 의지 속에는 외지인을 끌어들여 장사를 통해 돈을 벌어 마을 주민들에게 골고루 나눠 주겠다는 열의가 있다. 산나물·약초·효소 체험장을 만들어 방문객들로부터 돈을 꺼내도록 한다. 체험비 외에 물건을 판매하는 것으로. 그래서 지금 대한민국은 축제와 체험 열풍 속에 서 있다.

이러한 지역경제 살리기와 농가소득 올리기 개념은 사실 지역 자립과는 멀다. 왜냐하면 경기가 쇠퇴하면 체험과 축제를 찾아다니는 여행객이 제일 먼저 줄어들기 때문이다. 이것은 여가 소비의 한 축이다. 지역경제가 외부 사람들의 주머니에서 돈을 챙기는 것으로 하는 것은 자본주의 시장경제의 한 아이템에 불과하다. 지역에 있는 자영업의 소득을 올려 지방세수를 확보하려는 자본주의 지자체 방식이다. 지역의 자립도를 높이려면 거래관계가 아니라 지역 주민들이 자연재해나 어떤 환경에서도 자신이 생존하는 데 피해를 받지 않고 살아갈 수 있는 생태적 자립이어야 한다. 농촌은 이미 자연재해나 에너지 자립도에서는 도시보다는 낫지만 완전하게 자립하지 못하고 종속적인 것들이 강화되어 왔다. 지역의 자립도를 높이는 것은 지역에 살고 있는 농부들을 중심으로 한 자립 시스템을 갖춘 것이어야 한다. 농부들이 순환적 생활방식을 통해 자연에서 에너지를 끌어들이고 먹을 것을 책임지고 그 주변에 많은 사람들이 도제식 장인으로 물건을 만들어서 서로 교환해 살아가는 방식일 때 진정 그 지역은 자립이 된다.

만약 영광의 원자력 에너지에 누수가 생겨 전력을 공급받지 못할 때, 시골생활을 못하거나, 석유가 부족해서 농사를 짓지 못하거나, 재해로 길이 막혀 음식 수급이 원활하지 못하거나, 병원이 문을 닫아 감기나 몸살 환자들이 견디지 못하거나, 임신부가 아이를 낳지 못하거나 하는 의존적 일들이 시골에서도 일어난다면……. 상상하기도 싫은 것이다. 하지만 종종 자연재해로 인해 다리가 끊겨 시골 주민들의 불편을 호소하는 방송을 들으면 여느 도시 사람들의 종속적인 생활과 별반 다를 것이 없다.

자립적 공동체는 어떤 외부의 영향에도 자립이 훼손되지 않는다. 6·25전쟁 시기에 강원도 동막골 같은 시골은 전쟁이 난 것도 모르고 살았다. 전쟁으로 인해 생활에 영향을 끼치지 않았기 때문에 알 수도 없었고 불편한 것도 없었다. 이것은 다름 아닌 자립적인 마을이기 때문이다. 그래서 우리는 자립적 공동체, 자립적 경제체제를 만드는 것이 중요하다. 작은 공동체가 많아지고 그것들이 모여 지금의 한 지역이 만들어지는 공동체 간의 연결망이 결국 우리가 지향하는 사회 시스템이다. 이 사회 시스템은 외부에서 어떤 강압과 재해가 오더라도 다시 세워지고 유지할 수 있는 힘이 있다. 따라서 자본주의 시스템의 근간, 돈의 흐름에 우리의 경제를 맡겨서는 안 된다. 이미 자본주의 경제는 망해 가고 있으며 나비효과를 보이고 있지 않은가?

돈 대신 교환의 활성화

우리가 사용하는 것을 직접 만드는 것조차 줄이고 지양하는 것은 소비를 줄일 뿐만 아니라 소득도 줄이는 일이다. 소득이 준다는 것은 노동시간과 노동력 감소를 의미한다. 자원을 덜 소비하는 것은 더 많은 세대들의 삶이 지속 가능하도록 하기 때문이다.

가능한 한 우리는 있는 것을 재활용하고 그런 것들을 서로 교환하여 사용해야 한다. 나는 플라스틱 박스가 내게 있으면 그것을 사용하지 버리지는 않는다. 미관상 좋지 않다고 또는 건강상 좋지 않다고 그것을 버리고 항아리를 산다는 것은 또 다른 고급 소비일 뿐이다. 그런 것이 생태적 생활이라고 생각하는 사람들이 간혹 있다. 한심한 일이다.

도시에서 헌 것을 나누고 생활하는 것을 운동으로 벌인 '아름다운 가게'를 보면, 헌 것은 주고 새로운 또 다른 것을 산다. 이런 행위를 보면 소비만 줄이고 소득이 줄어들지 않는 자본주의적 축적 방식이 온전하게 작용하고 있음을 알 수 있다. 사람들은 소비는 줄이기 원하지만 소득은 감소시킬 이유가 없다고 생각한다. 이것은 자본주의적 축적 방식이 온전하게 작동되는 사고와 생활이다. 소비가 줄면 반드시 소득도 줄고, 자원 사용도 줄여야 한다. 하지만 헌 옷을 교환하면서 비싼 가게 비용이나 인테리어를 보면 부잣집 마나님들의 '자선 활동'으로 보인다는 것은 억지일까.

시골에서는 예부터 아껴 쓰는 것이 일상화되었다. 뿐만 아니라 노동을 서로 교환한다. 마을에서 고추 특작을 하는 사람들은 고추 심기를 품앗이로 한다. 그렇게 하면 일주일 사이에 고추 정식을 끝낸다. 노동의 교환은 시골에서는 일상적이다. 내가 사과를 먹고 싶을 때 사과 수확하는 일을 도와주고 흠이 있는 사과를 받아오는 일, 이런 것도 교환 방식이다. 이렇게 해서 돈으로 들어오는 일보다 다른 필요한 자재로 들어오는 교환방식은 자본주의 화폐금융경제에 저항하는 방편이기도 하다.

자신의 재능을 교환하기도 한다. 한 젊은 귀농친구는 마을 일을 도와주면 할머니들이 쌀을 준다고 한다. 그래서 자기 집에는 쌀이 쌓여 있다고. 할머니들은 여전히 쌀이나 농산물로 그 보답을 한다. 자급자립하는 농부에게는 현금이 없고 대신 잉여의 농생물이 있으니 당연하다.

만약 농부들 간의 교환이 자신이 재배하지 않는 것을 주고받는 것이라면 상호보완적일 수 있다. 헌 옷과 헌 가구, 헌 기계 등 사용하지 않는 것을 나누어서 사용하기도 하지만 필수적인 것을 나누어서 사용하는 것이 오히려 자급자립 생활에 도움이 된다. 예를 들면 전기 커피 메이커가 나한테 도움이 될 리 없다. 가능하면 수동으로 하는 것이 필요할 것이며, 나아가 종이필터가 필요 없는 것이며, 더 나아가서는 커피조차 내가 먹지 않는 것이 내 자립의 생활에 도움이 된다. 이렇게 자급자립에 도움이 되는 방식의 관계, 내가 쌀을 가져가면 신발을 하나 구입하는 것이 가능한 지역자립의 흐름을 만드는 것이 진정한 지역경제다. 이렇게 되면 돈이 부의 축적 단위가 아닌 교환 단위에 불과해지는 데 일조를 하게 될 것이다.

수없이 작은 단위로 나뉘어 살아가는 것

마을이 촌스러울수록 씨족 사회를 이룬다. 내가 사는 마을에는 오씨가 주를 이룬다. 형제지간이나 조카지간이다. 마을에 이해관계가 발생하면 합리적 결정보다 인맥에 좌우된다. 또한 합의적 결정이 없다. 이장의 단독적인 행위가 더 많다. 그러다 보니 외지인들이 오게 되면 겉으로는 반갑게 맞아 주나 이해관계가 닥치면 외지인들은 대부분 찬밥신세가 된다. 그래서 귀농인들 사이에는 여럿이 함께 어울려 한 마을을 만들거나 이주하는 것을 생각한다. 하지만 집단적으로 움직인다고 해도 기존 마을 사람들을 쉽게 바꿀 수는 없다.

나는 마을 사람들과 애써 어울리지 않는다. 주거와 밭이 마을에서 떨어져 있기 때문이 주요 이유이며, 마을 사람들이 한적하게 지내는 겨울에도 내 생활은 그리 한가롭지 않기 때문도 있다. 올가을 마을 입구에서 나락을 말리느라 마을 사람들과 매일 접하며 밥과 술을 먹고 어울렸다. 그러다 보니 자연스럽게 마을 현안에 대해서 얘기를 나누었고, 서로 협력해서 해결해 나갈 과제들에 대해 토의했다. 때로는 촌부들의 술친구로, 때로는 농업인으로 두어 사람의 막막한 고민을 함께 해결하는 역할을 마다하지 않는다. 우리가 잘 살려면 어떻게 해야 하는지, 현실을 분석하며 틈틈이 방향을 알려주기도 한다. 이처럼 필요에 따라 서로 협력하면서 오래전부터 있었던 마을 공동체의 회복을 상상한다.

젊은 남자가 있으면 마을 어르신들을 위해 머슴처럼 일을 해 주는 것도 좋다. 마을 머슴이라고 할 정도의 한 친구가 있다. 그는 실직한 이후 아버지 곁으로 내려올 수밖에 없었다. 아버지도 마을의 머슴처럼 지냈고 그도 똑같이 거절하지 못하고 동네 어른들의 잔일을 해 준다. 요즘 귀농한 사람들 중에서 젊은 남자들이 거의 없는 데다가 머슴처럼 부리는 것을 기꺼이 하는 친구도 없다. 나는 거절할 것은 거절하라고 한다. 처음부터 굳이 할 수 없는 것을 한다고 하거나 잘 보일 필요가 없다고. 그냥 제 모습 그대로, 제 의견 그대로 내 놓고 살라고 한다. 한두 해만 같이 살 것이 아니기 때문이다. 처음에 잘해 주다가 잘 못해 주면 욕을 얻어먹게 된다. 따라서 처음부터 그럴 필요가 없다. 서로 아는 기간이 필요하다. 이 할머니와 저 할머니의 대립갈등을 비켜 나서 본다. 여기도 흥, 저기도 흥 한다. 그들의 갈등에는 그들만이 아는 무언가가 있기 때문이다. 또한 앞에서는 불만을 토로하지 못하면서 뒤에서 험담하는 사람도 가능하면 제지해 보려고 한다. 단, 공공의 문제가 발생할 때는 나라도 나서서 얘기를 한다. 그래야 사건과 사실을 공론화할 수 있기 때문이다. 어느 한편의 미움을 받거나 지지를 받아도 나는 그것을 대수롭게 생각하지 않는다.

귀농한 사람들이 마을 사람들과 어울리는 것은 어려운 일이다. 세대와 인식 차이가 심할 수 있다. 그래서 함께 귀농해 서로 협력하는 것이 보기에는 좋을지 모르나 나는 진정한 자립적 측면에서는 오히려 마을 사람들과 어울릴 수 있는 기회를 박탈하는 것과 같다고 본다. 혼자서 적적하니까 여럿이 뭉쳐서 들어가는 것이 좋다고 하지만 그런 관계가 지속적으로 갈 것인지도 알 수 없는 일이다. 혼자서 하는 것이 버겁고 외로울 것 같아 몇몇이 뭉쳐 옆집을 이루고 살거나 같은 주거를 행하는 것이 아니라면 거창한 구호나 커다란 기대를 갖고 움직이지는 말아야 한다. 서로에게 의존한다는 것은 또 다른 구속이자 다른 자립의 방해물이기도 하다. 결국 살다 보면 가장 최소의 단위, 개인이 남으며 개인은 또 다른 개인과의 관계를 흔쾌히 형성하게 된다. 오롯한 개인은 구속과 배타가 없다. 그래서 개인의 온전한 자립이 되는 규모들이 새로운 가족이든 새로운 마을이든 서로 유기적으로 살아가는 형태여야 한다.

어떤 조직을 가지면 안 된다. 개인 간에는 특정한 사안에 따라 모이기도 하고 흩어지기도 한다. 조직은 조직원의 효율적인 관리를 위해 규칙을 만들게 되고, 유지비용이 든다. 소수 사람들의 더 열정적인 노동이 있어야 조직을 유지할 수 있다. 그렇게 만든 조직은 자기 관성에 의해 더 많은 비용과 노동을 요구하고 비탄력적으로 바뀌게 된다. 그저 유동적으로 아메바처럼 상황에 의해 결속되고 흩어지는 탄력적이고 자율적인 '모임'이 우리에게는 적당하다. 그래서 수없이 작은 단위로 살아가는 것이다. 일시적인 이유로 작은 단위들이 모여 큰 단위로 잠시 형성되었다가 다시 더 작은 형태로 나뉘는 것이다.

우리가 인위적으로 하지 않더라도 조직은 비대하면 비대할수록 보이지 않는 통제가 이루어지고 계급이 분화되며 갈등이 노골화된다. 우리는 끊임없이 흩어져 흘러야 한다. 잠시 소용돌이를 만나서 머물고 또다시 흩어져 흐른다. 이것이 거대하고 도도한 삶과 자연의 흐름이다. 자연은 그렇게 끊임없이 작은 개체로 더 작은 개체로 분화하며, 그 흐름의 보이지 않는 원형 속에서 움직이는 거대한 틀이며, 자연을 이루는 모든 구성원은 그 안에서 자립을 위한 끈들을 자유하고 있는 것이다. 자립은 자유로운 존재의 처음이자 끝이다.